람타,
현실 창조를 위한 입문서

A BEGINNER'S GUIDE TO CREATING REALITY
THIRD EDITION

옮긴이 유리타

람타와 그의 가르침에 대한 소개

아이 커넥

람타,
현실 창조를 위한 입문서

A BEGINNER'S GUIDE TO CREATING REALITY
THIRD EDITION

A Beginner's Guide To Creating Reality
Revised and Expanded Third Edition

Copyright © 1998, 2000, 2004 JZ Knight.

Korean language edition licensed and published by Yoo Hee Jun 2012.
This translation is based upon the English language revised edition, which is the original teaching given by Ramtha; inevitably part of the message may be lost in translation.

이 책의 한국어판 저작권과 판권은 람타 깨달음 학교와 유희준 독점 계약으로 유희준이 소유하며 아이커넥에서 2012년 출판합니다. 영문으로 되어 있는 람타의 가르침이 번역하는 과정에서 본의 아니게 람타가 의도하는 메시지와 다르게 전달되었을 수도 있습니다.

All rights reserved. No part of this book may be reproduced or transmitted in any form or by any means, electronic or mechanical, including photocopying, recording, or by any information storage and retrieval system, without the written permission of JZK Publishing, a division of JZK, Inc.

저작권법에 의하여 한국 내에서 보호를 받는 저작물이므로 JZK, Inc의 자회사인 JZK Publishing의 사전 허락 없이는 어떠한 형식으로도 무단전재와 무단복제를 금합니다.

The contents of this publication are based on Ramtha Dialogues®, a series of magnetic tape and compact disc recordings registered with the United States Copyright Office, with permission from JZ Knight and JZK, Inc.

이 책에 나오는 내용은 Ramtha Dialogues®, 자기 테이프 그리고 콤팩트디스크에 녹음된 일련의 가르침을 바탕으로 한 것이며, JZK, Inc의 제이지 나이트의 허용하에 미국 저작권법에 등록되었습니다.

Ramtha®, Ramtha Dialogues®, C&E®, Consciousness & Energy®, Fieldwork®, The Tank®, Blue Body®, Twilight®, Torsion Process®, Neighborhood Walk®, Create Your Day®, The Grid®, Become a Remarkable Life®, Conquer Yourself®, Gladys℠, Analogical Archery℠, and Mind As Matter℠ are trademarks and service marks of JZ Knight, and used with permission.

이 책에 나오는 Ramtha®, Ramtha Dialogues®, C&E®, Consciousness & Energy®, Fieldwork®, The Tank®, Blue Body®, Twilight®, Torsion Process®, Neighborhood Walk®, Create Your Day®, The Grid®, Become a Remarkable Life®, Conquer Yourself®, Gladys℠, Analogical Archery℠, and Mind As Matter℠ 등은 제이지 나이트의 등록상표이자 서비스 상표이며 그녀의 허가를 받아 본문에서 사용되었습니다.

For more information about Ramtha's teachings contact: Ramtha's School of Enlightenment, P.O. Box 1210, Yelm, WA 98597, USA. www.ramtha.com

람타의 가르침에 대해서 관심이 있는 분들은 여기로 연락하시기 바랍니다: Ramtha's School of Enlightenment, P.O. Box 1210, Yelm, WA 98597, USA. www.ramtha.com, www.ramkorea.com

AN IMPORTANT MESSAGE ON TRANSLATIONS

This book is based on Ramtha Dialogues®, a series of magnetic recordings of lectures and teachings given by Ramtha. Ramtha has chosen American woman JZ Knight as his only channel to deliver his message. The only language he uses to communicate his teachings is the English language. His style of speech is very unique and uncommon, which is often misunderstood as archaic or odd. He has explained that his choice of words, his alteration of words, his sentence construction and arrangement of verbs and nouns, his breaks and pauses in midsentence, are all intentional to reach multiple layers of acceptance and interpretation present in an audience composed of people from a diversity of cultural backgrounds and walks of life.

번역에 대해 알아야 할 주의사항

 이 책에 나오는 내용은 일련의 테이프로 녹음된 람타의 가르침을 바탕으로 한 것입니다. 람타는 자신의 메시지를 전달하기 위해 미국 여성 제이지 나이트를 유일한 채널로 사용합니다. 독특한 람타의 말투와 고어 때문에 그의 말이 간혹 이상하게 들릴 수도 있습니다. 그는 가르침을 전할 때 신중히 단어를 선택하고, 단어 배열 혹은 문장 배열을 변경하거나 문장 중간에 잠시 멈추기도 하는데, 그 이유는 다양한 문화와 사회 각계각층에서 온 청중들 모두가 쉽게 받아들일 수 있도록 하기 위해서 입니다.

 람타에 의해 전달되는 메시지의 진실성을 유지하고, 독자들이 람타 앞에서 직접 가르침을 받는 것처럼 하기 위해 되도록이면 람타가 사용한 말들을 그대로 옮겼습니다. 부정확하거나 이상하게 보이는 문장 혹은 어휘가 있다면, 그 말의 숨은 의미를 파악하려고 노력하면서 다시 한번 읽어보시기 바랍니다. 또한 JZK Publishing의 자회사인 JZK, Inc에서 출간된 원서 'A Beginner's Guide To Creating Reality, Third Edition'를 참고하시기 바랍니다.

— 람타 깨달음 학교(RSE) 편집인

람타, 현실 창조를 위한 입문서
펴 낸 날 : 2024년 06월 26일 초판 6쇄
옮 긴 이 : 유리타
펴 낸 이 : 유기준
펴 낸 곳 : 아이커넥 www.iconnectbooks.com
등록번호 : 제 251-2011-036호
등록일지 : 2011년 6월 1일
주   소 : 경기도 용인시 수지구 수지로 41, 101동 1503호(상현동, 현대프레미오)
전   화 : 031-263-3591
팩   스 : 031-263-3596
편집/교정 : 구혜림, 박재훈
인   쇄 : 삼영애드컴 02-2267-7002
홈페이지 : www.rsekorea.com
ISBN : 978-89-966710-1-5
판매정가 : 20,000원

보라, 한 번도 본 적이 없는 아름다운 여인이, 황금빛 머리카락을 휘날리며 나에게 왔다. 그녀는 백합도, 장미도, 아이리스도 아닌 처음 본 꽃으로 만든 화관을 쓰고 있었다. 그녀의 드레스는, 하늘거리고, 부드럽고, 은은했다. 그녀는 나에게 다가와 거대한 검을 주었다. 그것은 윙윙 소리를 냈다. 아홉 개의 손으로 검의 자루를 잡아야 할 만큼, 그 검은 매우 컸다.

그것은 그 자신이 가장 경이롭게 표현된 있음이었다. 그녀는 나에게 검을 주면서 말했다. "람, 가서 자신을 정복하세요."

― 람타

차 례

일러두기 ... 11
제이지 나이트 추천의 글 ... 13
람타 가르침에 대한 소개 ... 19
독특한 형이상학적 사상체계 ... 21
깨달음: 철학을 지혜로 바꿈 ... 22
람타 가르침의 독특한 형식 ... 26
채널링 람타 — 중요한 것은 메시지다 ... 28
   여성의 가치 — 홀로그램적 접근 ... 30
   채널링에 대한 과학적 검토 ... 32
스승이자 신성한 사제로서의 람타 ... 35
람타가 사용하는 언어 ... 38
두뇌 그리고 언어의 창조적인 힘 ... 39
요약: 람타의 가르침 — 사상체계와 현실의 본질에 대한 해석 ... 45
   람타의 사상체계를 이루는 4가지 근본 초석 ... 45
   하느님을 향한 예수의 주기도문과
   우리의 영을 향한 람타 기도문의 대칭 ... 54

1 부
람타, 깨달음을 향한 마스터의 여정

제 1 장. 람타의 자서전 ... 61
레무리아와 아틀란티스 ... 63
대재앙 ... 66

오나이로의 이주	67
그의 환생 이전	71
미지의 신과의 싸움	75
폭정에 맞선 위대한 행군	79
검에 찔리다	85
람타의 오두막	93
나에게는 자연 이외에 어떤 스승도 없었다	95
깨달음: 바람의 신	104
승천	109
너 자신을 정복하라	113

2 부
람타 가르침의 핵심적 개념

제 2 장. 의식과 에너지는 현실의 본질을 창조한다	**121**
나는 내 육체보다 더 위대하다; 나는 깨달은 존재이다	124
람타 깨달음 학교; 스스로에 대한 확신	134
의식, 에너지, 마음 그리고 두뇌	137
개념을 표현하는 상징들	140
영(Spirit)의 목소리	143
의식과 에너지 훈련	146
제 3 장. 자아의 기원	**149**

가르침을 말로 표현하는 것의 중요성	151
보이드(허공 Void), 존재하는 모든 것의 근원	152
거울 의식과 시간의 창조	159
거울 의식의 스윙 운동	168
인류의 진화	171
호모 에렉투스와 티라노사우루스 렉스	171
신들의 개입	176
4만 년 동안 멈춘 진화	179

제 4 장. 에너지, 의식의 보조자   185

러너	187
에너지, 파동 그리고 입자	187
관찰자는 에너지 장을 붕괴시킨다	190
신이란 생명을 베푸는 것이다	199

제 5 장. 가르침이 위대한 작업(Great Work)에 임하는 학생들에게 주는 영향   205

신은 당신을 한 번도 심판한 적 없다	207
지식은 우리에게 희망을 준다	210
진리는 이론의 실행이다	212

제 6 장. 오라장   219

인간의 육체를 감싸는 에너지 밴드	221

예수아 벤 조셉의 기적	226
양자역학에서의 관찰자 효과	229
그리스도의 부활과 일곱 가지 의식 차원	236

제 7 장. 쿤달리니 에너지와 일곱 개의 씰   241

일곱 개의 씰	243
쿤달리니 에너지	247
두뇌	253
우리의 사고방식에 대한 인지	263

제 8 장. 마무리 연설   267

부록 — 워크북   275

제로 포인트로부터 의식과 에너지의 하강	277
분리된 마음 — 이미지로 사는 것	279
하나된 마음 — 지금 이 순간에 사는 것	281
두뇌	283
관찰자 효과와 신경 세포	284
세포 생물학과 사고 연결	286
거미줄과 같은 세포의 골격 구조	288
블루 바디(The Blue Body®)	290

용어정리   293

그 림

그림1: 스스로 사색하는 보이드 … 154
그림2: 제로 포인트 (Point Zero) … 155
그림3: 보이드가 스스로 숙고하는 실질적인 예제 … 155
그림4: 보이드 안에서 움직이려고 시도하는 제로 포인트 … 158
그림5: 거울 의식의 창조 … 159
그림6: 양손을 사용한 시간의 표현 … 160
그림7: 6 차원 … 161
그림8: 5 차원 … 162
그림9: 제로 포인트로부터 의식과 에너지의 하강 … 163
그림10: 7 차원의 에너지 … 166
그림11: 일곱 차원에 존재하는 에너지 … 168
그림12: 꿈꾸는 것 … 169
그림13: '일치된 현재'(Now Alignment) … 170
그림14: 거울 의식의 스윙 운동 … 170
그림15: 에너지 파동이 입자로 붕괴한다. … 192
그림16: 분리된 마음 — 이미지로 사는 것 … 223
그림17: 이중 슬릿 실험 … 231
그림18: 접혀 있는 일곱 개의 몸 … 235
그림19: 일곱 개의 씰: 인간의 육체에 있는 7가지 의식 차원 … 246
그림20: 카두시어스(Caduceus) … 252
그림21: 두뇌 … 254
그림22: 시간의 화살 … 255
그림23: C&E 자세 … 270

일러두기

람타의 가르침을 출판하는데 있어 중요한 점은 람타가 가르친 내용과 형식을 그대로 표현하는 것이었습니다. 내용을 생략하거나 혹은 인용 부호를 다르게 사용함으로써 의미가 달라지지 않도록 많은 주의를 하였습니다.

람타는 자신의 메시지를 전달할 때 두뇌에서 뉴런이 점화되어 신경학적인 이미지가 일어나도록 단어를 신중하게 사용합니다. 이러한 람타의 의도를 고려하여 독자들에게도 같은 반응이 일어나도록 그의 가르침을 가능한 한 그대로 번역하였습니다. 이 같은 이유로 본문을 읽다 보면, 쉼표가 많이 나오는 것을 볼 수 있습니다. 이 책을 읽을 때 쉼표가 나오면 잠시 멈추고 방금 읽은 단어나 문장이 두뇌에서 점화되도록 충분한 시간을 갖기 바랍니다.

이 책은 위대한 작업(Great Work)을 위한, 람타와 고대 지혜 학교에 대한 일반적인 소개입니다. 이 책에 나오는 내용은 람타의 대화, 강의 내용을 녹취한 것을 바탕으로 한 것이며 제이지 나이트와 JZK, Inc의 허락하에 미국 저작권 법에 등록되었습니다. 여러 가지 다양한 강연에서 발췌한 내용들이 이 책에 많이 수록되었는데, 1부의 '람타, 깨달음을 향한 마스터의 여정'을 제외하고는 람타가 말한 내용을 그대로 실었습니다. 1부의 내용은 옘에서 열린 람타의 강연을 담은 특별 테이프 판에서 발췌하였습니다. 이 테이프는 "람타의 생애"에서 나오는 질의와 응답을 모은 것으로써, 질문들은 대부분 람타의 생애에서 일어났던 사건들과 연관된 것들을 다루었습니다. 이야기의 흐름을 좋게 하기 위해 어떤 내용은 연대기에 맞게 편집되었습니다. 그러나 JZK, Inc의 자회사인 JZK, Publishing에 의해 편집된 어떤 것도 람타가 말한 원래의 내용을 수정하지 않았습니다. 2부에서 다룬, '람타 가르침의 핵심적 개념'은 1996년 2월 3~4일에 열린 C&E 비기너 과정 워크숍에서 발췌한 것입니다.

람타는 보이드, 의식, 시간, 에너지, 공간 등과 같은 추상적인 개념을 설명하기 위해 그림을 사용하거나 그리면서 설명합니다. 이 책 전반에 이러한 이벤트에서 사용된 그림들이 삽입되었습니다. 또한 그러한 그림들을 참고할 수 있도록 가장 기본적인 것들을 부록으로 첨부하였습니다. 람타는 그림을 설명하는 과정에서 특정한 곳을 가리키며 "여기", "이것", "이것들", 혹은 "저것"이라는 말을 사용하는데, 우리는 그러한 것들을 괄호나 혹은 각주로 통일하였습니다. 이것은 독자들이 람타의 강의를 직접 듣는 것처럼 실재감을 느끼도록 하기 위한 것입니다.

람타는 종종 새로운 말을 만들어 그가 사용하는 언어를 정교하게 만듭니다. 새로운 단어들은 그가 가르치는 내용에서 그 뜻이 더욱더 분명해집니다. 또한 그 특별한 가르침은 생소한 단어들을 사용함으로써 더욱더 명확해집니다. 이런 람타의 가르침을 독자들이 좀 더 정확하게 이해할 수 있도록 용어정리를 첨부하였습니다.

— 옮긴이

제이지 나이트 추천의 글

잊혀진 신들을 위한 위대한 작업

"너 자신을 알라. 그러면 그대는 우주와 신들을 알게 될 것이다."

— 델피 신전의 비문

사랑하는 독자들이여:

이 책은 20세기 끝자락으로 가져온 고대 신비학교의 개념을 바탕으로 합니다. 걱정스러울 정도로 물질 만능주의에 빠져 있는 이 시대에, 자신들의 교리와 정치적 음모에 갇혀버린 교회도, 물질의 한계 속에 갇힌 과학도 개개인을 온전하게 만드는 방법을 알고 있지 않습니다. 과학은 자신의 방식을 바꿀 필요가 없으며 다만 시야를 넓히기만 하면 됩니다. 종교도 본래의 관습들을 바꿀 필요가 없으며, 그 출발점인 영적인 것과 그것의 근본 의미를 기억하면 됩니다. 그것의 무한한 힘을 우리의 일상생활에 유용하게 적용하기 위해 눈에 보이는 것과 보이지 않는 것의 연결고리를 복원하는 것은 하늘과 땅 사이의 아득한 공간을 가로지르는 새로운 의식적 다리가 됩니다. 이러한 일을 위대한 작업(Great Work)이라고 합니다. 람타 고대 지혜학교의 취지는 모든 입문자/학생들이 각자 개별적인 건축 돌이 되어 하나의 학교를 구축하는 것입니다.

신비 학교의 핵심 중에 람타가 보이드(Void, 허공)라고 부르는 것이 있는데, 그것은 "물질적으로 아무것도 없는 광대한 무(無)이지만, 잠재적으로 모든 가능성이 존재하는 것"이며, 피타고라스는 그것을 절대자라고 일컬었습니다. 그것은 창조되지 않은 존재, 창조되지 않은 신 그리고 모든 가능성이 탄생하는 무(無)의 본질입니다. 보이드는 현현(顯現)되지 않은 거대함이며 그곳으로부터 덧없는 세상이 드러나게 됩니다. 현현된 세상들은 변하여 결국에는 소멸하지만 보이드는 불변합니다. 이 영원한 본질은 인류에게 드러나지 않았는데, 그것은 우리가 유형의 것들이 무한과 결합되어 있다는 것을 깨닫지 못한 채 오직 유형의 것들만을 인지하기 때문입니다. 그렇다면 인류에게 드러나지 않은 것들을 우리가 알 수 있을까요? 혹은 피타고라스가 질문했던 것처럼 시간의 주재자, 태양들의 혼, 그리고 지성의 근원을 본 자가 있을까요?

람타는 인간이 보이드 혹은 불변함을 볼 수 없다고 가르칩니다. 그것을 본다는 것은 곧 형언할 수 없는 우리의 존재로부터 분리되었다는 것을 선언하는 것이기 때문입니다. 우리는 오직 보이드와 하나 될 뿐이며, 이러한 점에서 차원, 지성, 그리고 형상을 가진 것들과 본질을 부여하는 것의 관계를 정의할 수 있습니다. 그것은 움직이는 영으로서의 신을 신성한 관계로 분명하게 정의하는 것입니다. 우리, 인류는 눈에 보이는 것과 보이지 않는 것 사이에 조화를 가져오는 신입니다. 보이드가 되어가거나 보이드일 때, 학생은 이러한 만물의 중심을 통찰할 수 있고, 이로써 위대한 작업은 시작됩니다. 학생들은 창조의 불을 사용하는 신들을 닮아감으로써 신성한 관계에 가까이 다가서는 입문식을 경험합니다. 이 학교가 하는 일은 의지를 통해 상황을 지배하는 것과 더불어, 과학적인 지식을 영에 관한 비전(秘傳)적 이해와 통합하는 것입니다. 그리하여 자아로서의 신이 현현되는 조화로움으로부터 인간을 분리하는 개인적 시련들을 이겨내는 것입니다.

람타는 우리를 잊혀진 신들(Forgotten Gods)이라고 부릅니다. 대부분의 사람들이 '신은 인류를 창조했지만 인간에게서 멀리 떨어진 장엄한 존재'라고 생각하는 것에 비하면 이것은 아주 적절한 표현입니다. 우리 인간은 자신의 기원과 기억들을 잊어버린 채 신이라는 용어를 정의한 것입니다. 신들이 이

전부터 존재했던 것은 아닙니다. 좀 더 적절히 말하자면 보이드는 최초이며, 영원하며, 그리고 절대적입니다. 상상할 수 없는 숙고를 통해 보이드는 최초의 점을 창조했습니다. 람타는 그것을 제로 포인트(Point Zero)라고 불렀습니다. 이 점은 의식과 에너지를 잠재적으로 지니고 있으며 보이드의 자식입니다. 제로 포인트는 더 이상 쪼갤 수 없는 최소 단위입니다. 그것은 무한한 의식과 에너지를 지니며 창조의 원동력을 만든 최초의 불꽃입니다. 이것은 영(Spirit)이며, 모든 것의 본질이며, 그리고 신으로서 우리 자신을 정의하는 본질입니다. 우리, 영(Spirit)은 성스러운 능력을 육체화한 첫 번째 원칙입니다. 신비한 연꽃에 대한 비유가 이것을 좀 더 명확하게 이해할 수 있게 합니다. 이집트인 입문자가, 그의 무덤에 누워, 별 하나 없는 깜깜한 밤에 떠오르는 하나의 눈 부신 빛을 바라본다고 상상하십시오. 그 점은 찬란하게 빛나는 중심으로부터 사방으로 퍼져 나가는 천 개의 장미꽃잎처럼 빛을 발하며 서서히 열리기 시작합니다. 우리는 절대 근원으로부터 펼쳐지는 꽃입니다. 그 순간부터 신 — 우리, 당신, 나 — 이 현현됩니다. 그 순간, 우리 또한 숙고하기 시작해, 자아가 두 가지 요소로 나누어졌습니다. 이제 우리는 의식과 에너지라는 활동적인 요소를 갖게 되었으며, 고대 사상 학교에서는 이를 영원한 남성(의식)과 영원한 여성(에너지)으로 표현하였습니다. 이러한 의식과 에너지의 완벽한 조합은 완전한 생성과 번성 능력을 이루어, 이후에 세계를 그리고 진정 우리 자신인 신의 본질을 만들어 냅니다. 이러한 완벽한 조합은 시간, 차원, 그리고 공간에서 신이 자신을 펼치는 원인이 됩니다.

신은 이제 우리 자신, 즉 인간으로 정의되었습니다. 영(Spirit)으로서, 신은 육신의 옷을 입고 3 차원 물질계 속에서 미지의 것을 깨달으라는 삶의 목적을 갖게 됩니다. 인간의 혼(Soul)은 이러한 진행 과정을 여행 일지를 남기듯 홀로그램적인 에너지 형태로 기록합니다. 옷으로서의 육신(Body), 기억으로서의 혼(Soul), 그리고 신으로서의 영(Spirit)으로 이루어진 이 혼합체가 분명한 조화 속에서 현실의 창조를 가능하게 합니다. 이러한 지식은 세포의 구조에서부터 신으로서 인간이 가진 초물리적 구조까지 아우르는 생명을 설명해주는 실질적인 열쇠입니다. 육신(Body), 혼(Soul), 영(Spirit)이라는 세 겹의 본성으로 이루어진 3화음은 인간의 마음이라 일컫는 형상을 만들며, 그 마음은 생각체를 구성하고, 그 생각체 주위에 에너지가 물결치면서 우주 현실의 흐름을 창조합니다. 인류는 독보적으로 물질계에서 이러한 것들을 경험하기 위해, 지상에 뿌리내린 물질을 진화시키고 보이드로부터 모든 가능성을 인식할 수 있는 경험으로 이끌어 내는 책임을 가지고 있습니다. 이러한 창조적인 생각들은 세상을 진화시키며, 신성함 그 자체로 향하는 여정의 베일을 하나하나 벗겨 낼 것입니다.

— 제이지 나이트 *(JZ Knight)*

람타 가르침에 대한 소개

독특한 형이상학적 사상체계

람타의 가르침은 독특한 형이상학적 사상체계입니다. 그것이 가진 의미와 영향을 완전히 이해하려면 아주 신중한 검토와 연구가 필요합니다. 람타의 가르침을 사실상 형이상학적이라고 말하는 이유는, 그의 가르침이 인간 존재와 개인, 우리의 운명과 기원, 선악의 본성, 혼, 삶과 죽음, 세상 그리고 인간관계에 대한 근본적인 질문들을 다루기 때문입니다.

람타의 사상체계는 전달하는 내용과 형식이 독특하며, 체계적이고 포괄적입니다. 그것은 현실에 대한 접근법과 세계관을 제공하여 모든 시대에 걸쳐 위대한 철학자나 사상가들을 사로잡았던 수많은 질문의 미스터리를 풀어줍니다.

> "당신이 듣고자 하는 위대한 작업의 가르침이란 무엇인가? 그것은 오컬트에 관한 것이 아니며 진정 뉴에이지에 관한 것도 아니다. 내가 당신에게 전하는 메시지는 지구와 우주의 근원이다. 그것은 전혀 새로운 것이 아니다. 내가 당신에게 말하는 메시지는 이것이다: 당신이 신이라면 — 철학적으로 말하자면, 당신은 정말 그러하다 — 그 메시지는 이러한 원리에 더 가까이 다가갈 수 있는 경험을 유인할 것이다."[1]

1　람타의 세계 순회 소개 연설 중에서, 비디오관(Yelm: JZK Publishing, a division of JZK, Inc., 1998)

람타의 가르침이 전달되는 형식은 메시지 그 자체에 본질적으로 내재되어 있습니다. 그의 가르침은 특정 주제에 관한 지적인 논문이나 혹은 그것들에 대한 분석이 아니며, 또한 맹목적인 믿음을 요구하는 이미 드러난 진리의 형태도 아닙니다. 람타의 가르침은 새로운 종교나 새로운 교회를 세우려는 것도 아닙니다. 그의 가르침은 개개인이 람타의 철학을 접하고 그것을 직접 경험하여 검증할 수 있는 요소와 구조를 포함하는 사상체계입니다. 다시 말해, 이 독특한 가르침은 철학, 혹은 현실에 대한 개념들이, 경험되어 현실의 본질에 대한 지혜가 되게 하는 것입니다.

깨달음: 철학을 지혜로 바꿈

람타의 사상체계가 가지고 있는 이 특성은 중동과 유럽의 고대 그노시스 학교들은 물론 그리스, 이집트, 그리고 중동의 고대 신비 학교들에서 행해진 신성한 지식으로의 입문식과 유사합니다. 람타의 가르침이 서양의 전통적인 철학 학교들과 차별되는 이러한 특성을 주목하는 것은 중요합니다.

우리가 발견한 중요한 차이점은 진리에 대한 개념과 새로운 지식을 습득하는 개인의 능력에 대한 이해입니다. 개인의 지식은 본래 실증적이거나 과학적인 것일뿐만 아니라, 람타에 의하면, 그것은 또한 개인의 진리와 경험이 될 수 있습니다. 배움의 과정에 대한 이 두 가지 접근법을 람타는 분리된 마음(Binary Mind 용어정리 참고)과 하나된 마음(Analogical Mind 용어정리 참고)으로 표현합니다. 분리된 마음은 감각을 통한 지적 분석과 관찰에 의지하는 실증적이고 과학적인 방법으로 지식에 접근하는 것을 말합니다. 하나된 마음은 개인이 새로운 지식을 배울 때, 경험 그 자체를 인지하는 관찰자가 되는 것과 더불어 관찰하는 그 대상을 경험하고 그것이 됨으로써, 배우는 대상과 일치되는 것을 말합니다. 람타의 관점에서, 자신과 상관없는 채로 남아 있는 정보조각은 진정한 지식이 아닌 단지 이론이나 철학 그리고 잠재적인 지혜에 불과합니다. 반면에, 관찰자로서 실행 그 자체와 하나가 되어 경험한 정보와 이론들은 진정한 지식, 지혜 그리고 진리입니다.

> "나는 당신에게 진리를 가르치기 위해 이 자리에 있다. 당신이 경험하는 것이 진리가 될 것이다. 내가 당신에게 말하는 모든 것들은 단지 철학에 불과하다. 나의 철학이 의심된다면, 의심을 정복하는 유일한 방법은 그것을 진리로 나타내는 것이다. 우리가 진리를 얻는 유일한 방법은, 나의 사랑하는 사람들이여, 그 철학을 경험하는 것이다. 만약 당신이 그것을 경험하고 구현한다면, 그것은 더 이상 철학이 아니라, 당신의 진리이기 때문이다." [2]

이런 점에서 람타의 진리에 대한 해석은 그리스나 근대의 개념보다는 고대 중동의 개념과 더 가깝습니다. 히브리어로 진리 — אמת, 에메쓰 — 는 히브리어의 첫 번째, 가운데, 마지막 알파벳들인 알레프, 멤, 타브레프, 세 글자로 이루어져 있습니다. 진리를 의미하는 히브리어 단어의 이러한 배열은 완전함과 전체성을 표현합니다. 이 단어는 이미 경험되고 알려진 것, 즉 과거의 어떤 행위들을 표현하는 데 사용되었으며, 결코 단편적인 정보나 사실을 일컫는 말이 아니었습니다. 히브리어의 진리라는 단어를 번역한 그리스어 — $\alpha\lambda\eta\theta\epsilon\iota\alpha$, 알레테이아 — 는 개념에서 경험적 특성이 상실되어 단순히 알려진 정보에 의해 정의되었거나 혹은 일치된 의견에 따라 진리로 받아

---

2 람타의 세계 순회 소개 연설 중에서, 비디오관

들여진 것을 뜻합니다. 지식을 습득하는 인간의 능력은 이성과 감각만을 활용하여 관찰과 분석에 근거한 과학적인 방법에 국한되었습니다.

객관적 지식과 진리에 대한 서양의 전통적 이해는 인간과 현실의 본질에 대한 근본적인 가정을 바탕으로 합니다. 과학적 방법론은 얻을 수 있는 지식의 범위를 육체의 감각기관들을 통해 관찰되고 검증될 수 있는 현상들로 제한합니다. 이러한 범위 밖에 있는 모든 것은 미신이나 비과학적인 영역으로 치부해버립니다. 즉, 현실의 본질과 인간은 물질성과 유형성을 벗어나지 못한다는 것입니다. 지그문트 프로이트의 정신 분석 요법과 인간 심리구조는 이러한 경향을 잘 반영하는 예입니다.

람타의 사상에서는, 육체와 물질세계는 진정한 세상의 한 측면에 불과합니다. 사실상, 그것들은 단지 의식과 에너지로 구성된 진정한 세상의 결과물과 반영물일 뿐입니다. 인간은 현실의 본질을 창조하는 의식과 에너지로써 가장 잘 표현됩니다. 물질세계는 의식과 에너지의 7가지 차원의 발현 중 하나에 지나지 않습니다. 람타는 의식과 에너지에 대한 개념을 설명하기 위해서 양자역학에서의 관찰자라는 개념을 사용합니다. 또한 그는 의식과 에너지로써 사람을 표현하기 위해 창조자와 주권자로서의 신의 개념을 사용합니다.

"지금까지 주어진 가장 위대한 가르침은 당신이 신이라는 것이다, 진정으로. 그리고 삶이란 빛의 회고(용어정리 '인생 회고' 참고)를 통해 떠오른 전생에서의 미완성된 일들을 마무리할 기회이자, 미지의 것을 깨달으라는, 신성한 존재인, 신의 선물이다."

"우리가 이곳에 돌아온 이유는 신을 위해 위대한 성당을 짓기 위함이 아니라 진정 우리가 누구이며 무엇인가에 대한 혼란을 종식하기 위한 작은 일들을 하기 위한 것이다. 말하자면, 만일 우리가 신 — 나는 당신에게 이렇게 말할 수 있다 — 이라면, 내가 당신에게 말하는 것은 진리가 아니다. 왜냐하면, 진리라는 것은 우리 모두에게 잠재적으로 속하는 선물인 주관적인 현실이기 때문이다." [3]

람타의 이러한 사상체계를 고려했을 때 깨달음이란 개념은, 사람들이 철학을 체험하면서 자신이 신성한 존재이자, 신이며, 현실과 운명의 창조자라는 것, 그리고 현실의 본질을 창조하는 의식과 에너지이자, 양자역학의 관찰자라는 것을 완전하게 의식적으로 알아차렸음을 말합니다. 이러한 맥락에서 람타는 자신을 깨달은 자 '람타'라고 표현하는 것입니다.

깨닫기 위해, 앎을 추구하는 자는 그들에게 알려지지 않은 새로운 사고의 표준을 찾는 자이며, 그것을 경험하여 지혜를 얻습니다. 이미 알려진 것을 넘어 그 자신을 확장하고 진화하기 위해 의식과 에너지를 움직이는 근본적인 추진력은 미지의 것을 깨달으려는 의도입니다. 창조의 7단계는 의식과 에너지가 자신의 반영을 미지의 것으로 확장하고, 진화하여 나타난 결과입니다. 람타의 현실에 대한 관점에서, 인간은 육체가 아니라 육체로 현현된 의식과 에너지이기에 공간, 시간, 그리고 물리적인 법칙에 제한을 받지 않고 지식과 지혜를 얻을 수 있습니다. 인간이 무엇인가를 알고 체험하는데 있어 유일한 제약은 지적으로 생각하고 상상할 수 있는 그의 능력이며, 그것은 새로운 경험과 지혜를 위한 패러다임이 될 수 있습니다.

"나는 나의 사람들에게 이제껏 꿈꾸어 봤거나, 생각했거나, 상상조차 하지 못했던 가능성을 가르치는 선생이다. 나는 그들이 지닌 가능성

---

3   람타의 세계 순회 소개 연설 중에서, 비디오판

을 가르친다. 내가 그들이 그렇다는 것을 가르치는 순간, 그들은 두뇌 신경망에서 그것을 사로잡아 곰곰이 생각할 것이다. 만일 그들이 그것을 숙고하고, 받아들인다면 — 그들이 나에게 '나는 받아들입니다. 그 말이 옳다고 느껴집니다. 나는 수용합니다.'라고 말할 수 있다면 — 그들이 그러한 것을 받아들인다면, 그들은 결코 두려워하거나 걱정하지 않을 것이다. 왜냐하면 신의 의지가 그 꿈을 받아들여 그것을 저절로 실행하기 때문이다. 그러면 그 꿈은 희망을 훨씬 넘어선 새로운 삶과 새로운 경험의 패러다임을 그들에게 가져다줄 것이다. 그것은 그들이 결코 꿈꿔보지 못했던 모든 것이다. 이 모든 것이 내가 선생으로 있는 이곳에서 일어난다."[4]

람타 가르침의 독특한 형식

람타의 가르침을 전달하는 방식은 아주 독특하기 때문에 오늘날 사회의 각 분야에서 무시되기 쉽습니다. 안타깝게도, 메시지의 내용보다는 전달하는 방식에 편견을 갖는 경우가 허다합니다. 마케팅이나 커뮤니케이션, 광고 테크닉, 판매 그리고 선전 광고가 이러한 것을 보여주는 극단적인 예입니다.

람타가 자신의 가르침을 전달하는 독특한 방식은 결코 임의적이거나 피상적인 것이 아닙니다. 람타는 그러한 방식으로 자신의 메시지를 전달하는 이유에 대해 명백하게 밝혔으며, 그의 메시지를 제대로 이해하기 위해서는 현실을 인지하고 평가하는 우리의 전형적인 사고방식과, 선입관, 그리고 무의식적인 편견을 자각하는 것이 중요하다고 설명합니다.

부모가 우리에게 말을 가르치기 시작하는 유년기부터, 우리는 신, 현실의 본질, 물리학과 심리학에 대해 많은 선입견을 품게 됩니다. 이를테면, '신

---

[4] 제이지 나이트와 람타: 친근한 대화, 비디오판 (Yelm: JZK Publishing, a division of JZK, inc., 1998)

은 천국이라는 곳에 사는 남성적인 존재이며, 낯선 사람들은 모두 위험하며, 어두운 곳은 무서우며, 어떤 병은 절대 치유될 수 없으며, 승자가 모든 것을 가지며, 강한 자와 아름다운 자가 세상을 통치한다.'라는 것들입니다. 이러한 편견들은 개인에 의해 한 번도 신중하게 다루어지거나 검증되지 않은 채, 여전히 그들의 현실에서 매일 받아들여지는 경험의 일부가 되어버립니다.

람타의 가르침은 우리가 보통 현실을 인지하는 데 있어 한계를 규정하는 선입견을 스스로 자각할 수 있는 도구를 제공할 뿐만 아니라 종종 개인들에게 새로운 도전을 추구하게 합니다. 그럼으로써 우리는 이전보다 더 많은 것을 좀 더 의미 있고, 무한하고, 의식적이며, 경이로운 방식으로 경험할 수 있게 됩니다.

> "나는 당신이 더 이상 부인하며 살아가지 않고, 신에게 더 가까이 다가가는 것을 이해하며, 당신의 내면에 존재하는 신에게 접근하는 법을 가르치기 위해 여기에 있다. 이것은 모두 철학이지만, 당신의 감각과 육체에 도전할 실용적인 경험들을 가져올 것이다. 만일 당신의 내면에 신이 살고 있다면, 그 신이 일어나 당신의 감각과 육체가 결코 할 수 없었던 놀랄만한 일들을 이룰 것이다. 그로 인해 우리는 아주, 아름다운 증거를 가질 것이다. 그때 우리는 우리 안에 살고 있는 것이 희망을 넘어선 희망이며, 거울에 비친 모습보다 더 많은 것이 우리에게 있으며, 또한 지루하고 힘든 이 시대에 종교와 정치, 국경, 그리고 피부색과 성별이 강요했던 것들보다 훨씬 더 많은 것이 우리에게 있다는 것에 대해 엄청난 환희를 느끼게 될 것이다." [5]

---

5   람타의 세계 순회 소개 연설, 비디오판

채널링 람타 — 중요한 것은 메시지다

람타의 가르침에서 가장 논란을 불러일으키는 것 중 하나는 그가 메시지를 전달하기 위해 사용하는 방식입니다. 람타는 자기 자신의 진리와 경험을 통해 얻은 철학을 제시하면서 자신을 그 철학의 구현이자 자기 사상의 살아 있는 상징이며 현현이라고 강조합니다. 그는 자신이 불멸의 신이자 의식과 에너지이며, 3만 5천 년 전에 사라진 레무리아라는 대륙에서 인간으로 살았다고 말합니다. 그 생애에서 그는 인간의 존재와 삶의 의미에 대해서 많은 질문을 던졌으며, 스스로 관찰과 성찰, 그리고 숙고를 통해 깨달음을 얻어 물질 세계와 죽음을 극복했다고 말합니다. 그는 의식과 에너지로서 자신의 진정한 본질을 의식적으로 완전히 유지하면서 육체를 마음의 차원으로 끌어 올리는 법을 깨달았습니다. 그리하여 그는 아무런 제한이 없는 완전한 자유의 상태로 창조의 다양한 양상을 경험하며, 끊임없이 미지의 것을 깨달을 수 있었습니다. 그는 이러한 과정을 승천이라고 부릅니다.

그가 육체로 인하여 더 이상 어떤 제약을 받지 않는다는 사실은 그가 의식과 에너지로서 다른 형태의 물질 세상과 상호 작용할 수 있다는 것을 의미합니다. 예를 들어 그는 종종 자신을 구름을 미는 바람이라고 하거나, 아침 혹은 낯선 자라고 부릅니다. 그런가 하면 자신을 하나의 문명이 일어났다가 쇠퇴하는 것을 바라보는 거리의 거지라고 부르거나 혹은 우리 인간의 마음으로 상상할 수 있는 모든 것이라고 말합니다.

그는 채널링이라는 현상을 통해서 자신의 가르침을 전달합니다. 실제로, 그 용어는 람타에 의해 알려졌습니다. 그는 자신의 철학을 직접 가르치기 위해 제이지 나이트의 육체를 사용하여 채널링합니다. 제이지 나이트는 그의 메시지를 전달하기 위해 선택된 유일한 채널입니다. 그녀는 1977년 처음 람

람타 가르침에 대한 소개

타와 만났을 때를 다음과 같이 말합니다.

"람타가 육체를 떠나는 법을 내게 가르치기 시작했을 때 아주 흥미로웠습니다. 그것은 마치 죽는 것처럼 느껴졌기 때문입니다. '당신이 죽는 순간 이러한 경험을 할 것이다.'라고 그는 말했습니다. 만약 그가 당신 앞에 나타나, '당신은 곧 죽을 것이다. 하지만 고통은 없을 것이다. 그 일은 짧은 시간 동안 일어날 것이며, 당신은 다시 돌아올 것이다.'라고 말한다면 당신은 어떻게 하겠습니까? 마치 마취과 의사처럼 '자, 이제 당신은 편안하게 잠이 들 겁니다.'라고 말하는 그의 말을 믿겠습니까? 람타는 '이것이 당신이 해야 할 일이다.'라고 말한 후, 응시할 지점을 가리키면서 몇 개의 단어들을 읊게 하였습니다. 그는 나와 이 일을 했고, '바로 이러한 방법으로 나는 내 몸을 떠나는 것에 익숙해졌으며, 바람과 가까워질 수 있었다.'라고 말했습니다."

"람타의 설명을 이해한 후, 커피 테이블 위에 있는 조화 데이지 꽃을 열심히 응시했지만, 아무 일도 일어나지 않았습니다. 그러자 그는 '죽을 정도로 숨을 참지 마라. 왜 숨을 멈추는가? 숨을 멈추거나 의자를 꽉 잡지 않아도 된다. 그냥 편하게 하라.'라고 말했습니다."

"그래서 나는 다시 시도했습니다. 그러자 갑자기 나는 터널 끝 불빛을 따라가고 있었고 윙윙거리는 바람 소리를 들었습니다. 찬란한 빛에 부딪히는 순간 나는 빛 기둥 앞에 서 있었습니다. 그 순간 람타를 보지 못했지만, 그가 내게 했던 말은 기억합니다. 그것은 아주 아름다웠고 사랑스러웠습니다. 그는 말했습니다. '지금 이 순간의 당신이 진정한 당신 자신이며, 당신은 당신 육체를 떠났다.'"

"그 순간 나는 아무런 고통도 느끼지 않는다는 것을 알았습니다. 내 몸의 무게도, 내가 다른 차원에 있다는 것도 느낄 수가 없었습니다. 왜냐하면 그 순간 나는 차원을 느낄 수 있는 육체를 가지고 있지 않았기 때문입니다. 그 순간 어떠한 두려움도 느끼지 않는다는 것을 알아차렸습니다. 나는 이곳이 가장 자연스럽게 느껴졌습니다. 마치 내가 바닷속을 노니는 물고기가 된 것 마냥 편안함을 느꼈습니다."

"그러자 그는 나를 다시 내 몸으로 돌아오게 하였고 그제야 나는 내 몸을 느낄 수 있었습니다. 나의 심장은 아주 빨리 뛰고 있었습니다. 내 몸이 안정을 되찾기까지는 오랜 시간이 걸렸습니다. 내 몸을 떠나 있던 동안 람타가 자신의 에너지를 내 몸에 넣었기 때문입니다. 그는 내 몸을 45분 동안 입고 있었습니다. 그 후 그는 떠났고 나는 다시 내 몸으로 돌아왔습니다."[6]

여성의 가치 – 홀로그램적 접근

람타가 자신의 육체를 사용하지 않고 여성을 통해 메시지를 채널링하는 이유는 신과 신성함은 남성들만의 특권이 아니며, 여성 또한 천재적이고 깨달은 신으로서의 능력을 갖춘, 신성을 표현할 수 있는 가치 있는 존재라는 것을 나타내기 위함입니다. 또한 람타의 철학에서 중요한 것은 메신저 혹은 어떤 특정한 형상이나 이미지를 숭배하는 것 – 지난 세월 동안 깨달음을 위한 엄청난 노력들을 헛되게 만든 – 이 아니라 메시지 자체를 듣는 것입니다. 이것은 또한 인간의 진정한 본질은 육체나 성별에 국한되지 않는다는 것을 보여줍니다. 그렇기 때문에 채널링이 람타의 사상체계에서 가능한 것입니다. 제이지 나이트라는 사람에게 일어나는 채널링은 진정 람타의 가르침일 때만 가능합니다.

6　C&E 워크숍에서 제이지 나이트의 도입 연설, 1995년 10월 7~8일, 테이프판 324. (Yelm: Ramtha's Dialogues, 1995)

"람타가 말했습니다. '자, 나는 당신의 허락하에 한동안 당신의 육체를 사용할 것이다.'

그리고 내가 말했습니다. '네? 제 육체로 무엇을 하려는 거죠?'

그러자 그가 말했습니다. '나는 당신의 육체를 사용해서 사람들을 가르치려고 한다.'

'글쎄요, 왜 내 몸을 사용하려고 하나요? 당신은 아름답습니다. 당신의 모습을 직접 보여 주세요.'

그가 말했습니다. '그렇게 할 수 없다. 이 문명의 사람들은 어떤 형상이나 우상에 빠지기 쉽기 때문이다. 그들은 가톨릭 신앙에 깊숙이 빠져 있다. 그들은 기독교 전통에 깊숙이 빠져 있다. 또한 그들은 신이 자신의 내면에 존재하는 것이 아니라 외부에 존재한다고 믿는다. 그리고 그들은 신이 남성이며 그리스도 또한 남성이었다고 믿는다. 그들은 형상은 믿으면서 자신은 믿지 않는다. 그래서 나는 형상이 없는 존재로 남으려고 한다. 당신의 육체를 이용하여 사람들을 가르칠 것이지만, 그것이 나의 육체가 아님을 모든 사람들이 알 것이다.'

'알겠어요, 하지만 나는 여성입니다. 당신도 아시다시피 나는 여자이기에 여자만이 가질 수 있는 것들이 있습니다.'

그는 말했습니다. '알고 있다.' 그는 계속 말했습니다. '여성들은 지금까지 살아오면서 가장 학대받은 집단이다. 여성들은 신의 신성한 권리를 한 번도 제대로 누리지 못했으며 천국에서도 그들을 지원하는 자가 없었다.' 그리고 그는 말했습니다. '종교적 교리를 따르고 신봉하려는 남자들에 의해서 여성들은 학대받고 동물과 같은 취급을 받았다. 사실상, 여호와는 여자를 경멸하였다. 그래서 여성의 몸을 통해 이 가르침이 드러나는 것이 중요하다.' 그는 계속해서 말했습니다. '그래서 여성들이, 이 가르침을 배울 때, 신은 아버지가 아닌 어머니이기도 하며, 또한 아버지인 동시에 어머니이기도 하며 그리고 아버지도 어머니도 아니라는 것을 깨닫게 될 것이다.

또한, 그리스도는 한 남성이 아닌 수많은 남성들이었으며, 그리고 이제 수많은 여성들이 그리스도가 될 것이며, 신의 아들이 되는 것은 또한 신의 딸이 되는 것임을 깨닫게 될 것이다.'

그는 말했습니다. '여성들이 추구할 수 있는 가장 위대한 일은 남성과 동등한 신성함을 갖고, 어떤 남성으로부터도 아무런 방해 없이 자신의 신성함을 드러내는 것이다. 여성에게 '거울을 보라, 그러면 당신은 신의 얼굴을 보는 것이다.'라고 말하는 것은 어려운 일이다. 그들이 당신을 믿지 않을 것이기 때문이다. 만일 당신이 여성들에게 신의 얼굴을 보라고 말하며, 십자가에 매달려 고통받는 예수의 얼굴을 보여준다면, 그들은 당신을 믿을 것이다. 그러나 그들은 자신을 믿지 않는다.' 나는 그 말을 이해했습니다."[7]

채널링에 대한 과학적 검토

채널링이라는 현상의 정확성이 람타 메시지의 진실성을 그대로 보여줍니다. 이것은 우리가 고려해야 할 중요한 사항입니다. 과학의 발전으로 채널링이라는 현상을 생리학적, 신경학적 그리고 심리학적인 측면에서 정밀하게 조사하고 연구할 수 있는 검사 방법과 측정 장비가 개발되었기 때문입니다. 제이지 나이트를 통해서 일어나는 채널링 현상이 사기나 속임수가 아니라는 것은 이미 과학적 자료들을 통해서 입증되었습니다. 1996년 과학자, 심리학자, 사회학자 그리고 종교 전문가 등 18명의 학자로 구성된 연구팀이 제이지 나이트가 람타를 채널링 하기 전과 하는 동안 그리고 한 후에 일어나는 육체의 변화에 대해 다양한 장비를 사용하여 면밀히 연구하였습니다.

세이브룩 대학원의 스탠리 크리프너 박사의 지휘 아래 저명한 심리학자

---

7 C&E 워크숍에서 제이지 나이트의 도입 연설 1995년 10월 7~8일, 테이프판 324. (Yelm: Ramtha's Dialogues, 1995)

들로 구성된 연구팀은 1년 동안 최첨단 기술과 장비들을 동원하여 제이지 나이트와 그녀의 학교에 대해 여러 가지 심리학적, 생리학적 테스트를 시행했습니다. 그들은 제이지 나이트의 자율신경계 반응이 너무 극단적이었기 때문에 의식적인 속임수, 정신분열증, 다중 인격 장애와 같은 가능성을 전적으로 배제한다고 결론지었습니다. 스탠리 크리프너 박사는 세계적인 명성을 가진 신경학자이자 세이브룩 대학원의 동료 교수인 이안 위크라마세케라 박사와 함께 일련의 테스트를 실행한 후 이렇게 말했습니다. "채널링에 대해 극단적으로 회의적이지만, 열린 마음으로 테스트에 임했습니다. 우리가 제이지를 테스트하는 동안 이안은 무척 놀랐습니다. 왜냐하면 람타가 제이지의 몸 안에 들어왔을 때 나타난 심리생리학적 반응으로 인하여 그래프를 그리는 기록장치의 바늘이 한끝에서 다른 한끝으로 껑충 뛰었기 때문입니다. 그는 지금까지 한 번도 그러한 극단적인 변화를 본 적이 없었습니다. 그녀는 절대로 속임수를 쓸 수 없었습니다. 우리가 조작을 방지하는 장치를 부착하여 그녀의 생리학적 반응을 테스트했기 때문입니다. 우리가 얻은 결과는 결코 조작될 수 없는 것입니다."[8]

콜로라도의 응용 심리생리학과 바이오 피드백 협회 대표인 위크라마세케라에 따르면, 제이지 나이트가 트랜스 상태에 빠지고 람타의 의식이 그녀의 몸에 들어왔을 때, 그녀의 심장 박동수는 분당 40회로 내려갔다가 분당 180회로 올라갔다고 합니다. 휴식 상태일 때 그녀의 평균 심장 박동수는 85~90회입니다. 그는 이렇게 말했습니다. "이러한 박동수는 조깅을 하거나 심각한 심리적 충격을 받은 사람에게 나타나는 수치입니다. 하지만 당시 제이지 나이트는 아주 평온한 상태였습니다. 그것은 생리학적으로 어떤 극단

---

[8] 자아를 찾아서: 현실 구성에서의 의식의 역할, 현대 영성에 대한 좌담회, 비디오판

적인 무언가가 일어나고 있다는 것을 연구팀에게 보여주는 것이었으며, 지금까지 알려진 인간의 모든 능력을 기준으로 하여 볼 때, 속임수로는 절대 그런 결과를 얻을 수 없습니다." 크리프너 박사는 이렇게 말했습니다. "최면 상태에서는 어떠한 명확한 생리학적 변화가 일어나지 않기 때문에 어느 누구도 속임수를 쓰거나 연기할 수 없습니다. 연기한다 해도 실질적으로 극미한 변화밖에 일어나지 않습니다." [9]

게일 할리 박사는 이렇게 말했습니다. "제이지 나이트의 부드러운 푸른색 눈은 초점없이 강렬하고 진한 람타의 회색 눈으로 바뀌었습니다. 그녀의 피부색은 약간 어두워졌고, 턱은 경직되었으며, 그녀의 거동은 람타처럼 호전적이면서 위엄 있는 모습으로 변했습니다. 그녀의 걸음걸이는 뻣뻣해졌습니다." 할리 박사는 제이지 나이트가 람타처럼 행동하거나 연기할 수 없다고 결론지었습니다. "람타가 그녀의 육체를 통제할 때, 그녀의 외모에서 일어나는 극단적인 변화는 속임수라고 주장하기에는 지나치게 설득력이 없습니다. 제이지 나이트를 비롯한 람타 스쿨의 몇몇 학생들을 상대로 최면 능력 테스트를 실행했는데, 그들 모두 아주 높은 점수를 받았다는 것은 주목할만한 일입니다. 왜냐하면 최면 능력과 이중인격 그리고 다른 기질성 질환들은 서로 상쇄시키기 때문입니다. 하나의 수치가 올라가면 다른 수치가 내려갑니다. 크리프너 박사는 "동시에 두 가지를 가질 수 없다."라고 설명합니다. [10]

실험을 통해서 수집한 모든 극적인 데이터를 검토한 후, 크리프너 박사는 빌딩을 나서면서 제이지에게 지나가는 말로 이렇게 말했습니다. "제이지, 나는 당신이 어떤 사람인지 모릅니다. 하지만 적어도 당신이 사기나 속임수를 쓰지

---

9   각주 8과 동일
10 자아를 찾아서: 현실 구성에서의 의식의 역할, 현대 영성에 대한 좌담회, 비디오판

않는다는 것은 확실합니다." 크리프너 박사는 다음과 같이 말했습니다. "무심코 던진 그 말이 그녀에게 얼마나 많은 것을 의미하는지 나는 전혀 알지 못했습니다. 아마 그녀가 오랫동안 사람들로부터 숱한 비난과 비판을 받아왔기 때문이겠지요. 그리고 이 실험 결과로 나타난 극단적인 통계를 보고 이안과 나는 무척 놀랐으며, 주저 없이 이러한 의견을 말할 수 있습니다." [11]

위크라마세케라는 이 연구 자료를 저명한 미국 심리학 단체에서 발표하였습니다. 크리프너 박사 또한 여러 가지 과학 학술 단체에서 이 연구 자료를 발표하였습니다. 이 연구는 미국 심령 연구 협회에서 발간하는 1988년 1월호 저널에 "람타 현상: 심리학적, 현상학적 그리고 지자기적인 데이터"라는 주제로 소개되었습니다. [12]

> "근심하거나 걱정하거나 두려워하지 마라. 내가 당신들에게 말했던 것들을 두려워하지 마라. 나를 내 딸이라고 생각하거나 혹은 사기꾼으로 여기지 마라. 나의 신, 인간은 그것보다 더 위대한 지성을 가지고 있다. 이 메시지를 들어라. 여기에서 중요한 것은 메시지이다. 그리고 메시지는 당신들에 대해 전혀 나쁜 말을 하지 않는다. 대신 당신들의 모든 훌륭한 점에 대해 말한다." [13]

스승이자 신성한 사제로서의 람타

람타의 가르침은 명백하면서도 그 안에 함축적인 의미를 담고 있습니다. 그의 가르침은 마치 예술가의 작품처럼, 작품 안에 예술가가 전하는 특별한

---

11 각주 10과 동일
12 스탠리 크리프너 박사, 이안 위크라마세케라, 쥬디 위크라마세케라 그리고 찰스 위스테드 3세, 미국 심령 연구 협회 저널 1988년 1월호 "람타 현상: 심리학적, 현상학적 그리고 지자기적인 데이터"
13 제이지 나이트와 람타: 친근한 대화, 비디오판

메시지와 예술가에 대한 좀 더 일반적인 메시지를 동시에 담고 있습니다. 이미 앞에서 언급했듯이 람타는 지적인 공론(空論)을 통해서가 아닌 자신의 경험을 통해서 가르치기 때문에 람타 자신이 바로 그의 가르침 자체입니다. 그리하여 람타라는 존재에 대한 통찰력을 가진다는 것은 곧 그의 가르침에 대한 통찰력을 갖는다는 말입니다.

두뇌가 어떻게 작용하는가에 대한 그의 심도 있는 지식과 인간 본성에 대한 이해는 학생들이 그의 가르침을 좀 더 효율적으로 이해하고 파악할 수 있게 합니다. 그는 다양한 문화, 철학 그리고 종교적 배경에서 온 학생들이 그의 가르침을 쉽게 공감하고 받아들일 수 있도록 다양한 묘사나 단어, 사례 그리고 용어의 정의와 개념들을 사용합니다. 람타는 아주 역동적인 스승입니다. 람타는 그의 메세지를 전달할 때, 논증적인 연설만 하는 것이 아니라 몸짓과 음악, 훈련, 그리고 생생한 예로 학생들을 몰두하게 하여 배운 것에 대한 더 큰 통찰력을 얻게 합니다.

때때로 그는 청중들에게 어떤 특정 주제에 관한 깊은 철학적 사색을 하도록 이끌거나 자신의 메시지를 강조하기 위해 극적인 표현을 사용합니다. 예를 들어 보이드(Void, 허공)가 스스로 숙고하는 것과 의식과 에너지가 7개의 현실 차원을 창조하는 것에 대한 개념을 설명할 때 그는 강렬하고 역동적인 이교도 춤을 추면서 설명합니다.

람타는 모든 청중이 같은 속도로 자신의 가르침을 이해하고 받아들일 수 있도록 하기 위해 많은 시간을 할애합니다. 그는 학생들이 그때그때 배운 내용을 다른 사람과 소리 내어 설명하는 것이 중요하다고 끊임없이 강조합니다. 그럼으로써 모든 학생들이 람타의 가르침을 좀 더 확실하게 이해할 수 있으며, 또한 람타는 그들의 이해 수준과 그들만의 배경 지식을 좀 더 효율적으로 파악할 수 있습니다.

람타 가르침에 대한 소개

람타는 가르침의 원리를 설명한 후, 학생들을 입문시켜 그러한 지식이 개인적 경험과 지혜가 되게 합니다. 람타가 직접 고안한 다양한 훈련들로 이루어진 입문식을 통해 학생들은 그 지식을 경험할 기회를 갖게 됩니다. 이런 점에서 람타는 다른 스승들과 다릅니다. 그는 마스터 스승이면서 입문 사제의 역할을 동시에 수행합니다. 또한 스승으로서 그는 자신이 말하고 의도하는 것을 구현하는 힘을 가지고 있습니다. 이것은 람타의 가르침에서 중요한 측면이며 이런 점에서 그의 가르침은 영지주의, 철학적 사조, 그리고 고대 신비 학교에 비견될 수 있습니다. 하지만 람타의 사상체계를 자세히 살펴보면, 형식이나 내용 면에서 그들과는 현저하게 다르다는 것을 알 수 있을 것입니다. 람타는 자신의 사상체계를 그러한 명칭으로 부르지 않으며 대신 고대 지혜학교, 시대의 지혜라고 부릅니다.

> "왜냐하면 나는 당신을 신에게 입문시킬 사제이기 때문이다. 바로 내가 당신을 신에게 귀의하도록 가르칠 것이다. 그러나 당신을 머나먼 곳으로 데려다 주고, 놀랄만한 일을 하게 하는 것은 당신 자신이라는 신이다. 당신의 모든 지적인 영광인, 인성으로는 천만번의 생을 산다고 할지라도 결코 그것을 성취할 수 없을 것이다." [14]

이러한 모든 점을 고려할 때, 책을 통해 얻는 람타의 가르침은, 그가 강연을 통해 사람들에게 전달하는 것의 일부에 불과하다는 것을 인식해야 합니다. 사람들을 가르치면서 그가 사용하는 억양이라든지, 말대신 몸짓으로 보여주는 역동적인 요소들이 빠져 있기 때문입니다.

---

14 관찰자 1장, 1998년 2월 20~24일, 테이프판 376. (Yelm: Ramtha Dialogues, 1998)

람타가 사용하는 언어

람타는 독특한 언어를 구사합니다. 모든 철학에서 개념을 전달하는 데 사용하는 언어와 용어는 대단히 중요합니다. 어떤 언어와 용어를 사용하는가에 따라 그 개념과 철학에 대해 좀 더 깊게 분석하고 토론할 수 있기 때문입니다.

람타의 사상체계에서는 언어 문제가 크게 부각됩니다. 우선, 영어는 람타가 원래 사용하던 언어가 아니며, 또한 그가 가르치려는 개념들은 보통 사람들이 쉽게 경험하고 받아들일 수 있는 영역을 초월한 것들이기 때문입니다. 하지만 우리가 알지 못하는 추상적인 개념은 우리가 알고 있는 어떤 것과 연관시키고 추론함으로써 그 의미를 이해할 수 있습니다. 그래서 람타는 자신의 개념을 설명할 때 우리에게 익숙한 여러 가지 방식으로 다양한 단어와 이미지를 사용합니다.

> "이런 모든 것들이 어디에서 왔을까? 의식과 에너지가 어디에서 왔을까? 이것을 이해하려면 당신은 아주 열심히 집중해서 들어야 한다. 왜냐하면 나는 제한된 언어로 그것들을 설명할 수밖에 없기 때문이다. 나는 당신이 두뇌에서 그림으로 그릴 수 있는 단어들만을 말할 것이다. 그리하여 내가 가르치는 동안 당신 두뇌는 끊임없이 그림을 그릴 것이다. 당신 두뇌는 언어로 말을 하는 것이 아니라 홀로그램 즉 그림으로 말을 하기 때문이다. 사실상, 말이라는 것은 진정한 언어인, 이미지를 표현하는 소리이다. 그래서 내가 당신들을 가르칠 때, 당신 두뇌가 신경학적으로 내적 이미지를 점화시킬 수 있는 단어들을 사용한다. 그리고 이러한 이미지들은 당신에게 당신이 어디에서 왔는가에 대한, 개념이나, 영상을 줄 것이다. 그렇지만 그것은 이러한 설명을 훨씬 더 초월한다는 것을 기억하라. 이제 이해하겠는가? 몇 명이나 이 말을 이해했는가? So be it (용어 정리 참고)." [15]

---

15 람타: 개인 현실 창조, 테이프판380, (Yelm: Ramtha Dialogues, 1998)

그는 다른 사람들이 정의한 개념을 많이 사용하지만, 그것을 상황에 맞게 의미를 부분적으로 변경하거나 수정하여 사용합니다. 그중에서 가장 눈에 띄는 것은 신에 대한 개념입니다. 독일의 유명한 이상주의자들은 "신에 대해서 심도 있는 토론을 하기 전에, 우리는 우선 신이라는 용어 그 자체가 가지고 있는 의미에 대해서 먼저 정의할 필요가 있다."라고 주장했습니다. 람타가 체계적으로 그리고 독특하게 사용하는, 또 다른 중요한 용어는 '의식(意識 consciousness)'입니다.

또한, 그는 새로운 단어를 만들어 그가 사용하는 언어들을 재정의합니다. 새로운 언어들은 그의 가르침의 흐름에서 그 의미가 뚜렷해지며, 그런 특이한 언어들을 사용함으로써 그의 특별한 가르침 역시 명확해집니다.

최근에 열린 이벤트에서 람타는 다음과 같이 지적했습니다. "언어가 가진 빈약함 때문에, 당신들에게 말하지 못하는 것들이 있다."[16]

두뇌 그리고 언어의 창조적인 힘

그 외에도, 람타의 사상체계에서 가장 중요한 부분은 두뇌가 의식을 처리하는 것에 대한 그의 독특한 해석입니다. 그는 두뇌가 의식을 처리하여 생각을 만들고 그것을 다시 의사소통을 위한 말로 바꾼다고 합니다. 람타는 처음 입문한 학생들에게 다음과 같이 설명합니다.

> "의식과 에너지는 현실을 창조한다."
> "세포에 생명을 주는 것은 의식이지만 의식은 두뇌와 다르다. 두뇌는 의식을 창조하지 않는다. 두뇌는 생각을 창조한다."

---

16 블루 컬리지, 2000년 3월 5일, 테이프판 443.4. (Yelm: Ramtha Dialogues, 2000)

"의식과 에너지는 절대 근원(the Source)이다. 그것이 생명을 부여할 때는, 하나의 생각 때문에 생명을 부여한다. 육체, 즉 인간의 육체는 두뇌를 가지고 있다. 두뇌는 의식과 에너지의 흐름을 위한 수단이다. 의식과 에너지는 두뇌가 가진 힘의 원천이다."

"두뇌의 역할은 신경학적인 수준에서 의식과 에너지의 자극을 받아 생각들을 창조하는 것이다. 졸지 마라. 두뇌는 실질적으로 의식의 흐름을 일관성 있는 생각의 형태로 토막 내는 것이다. 그리하여 생각은 신경 시냅스 경로에 고착되어버린다."[17]

언어란 신경 시냅스에 의해 선택된 하나의 동결된 의식의 세 번째 단계이며, 두뇌는 그것들을 점화하여 생각이라고 하는 홀로그램적인 그림으로 바꾸어버립니다. 존재론적 측면에서 볼 때, 언어의 근본적인 의미는 단어들이 궁극적으로 발생하고 점화하는 상태에서 의식과 에너지가 가지고 있는 창조적인 특성에서 찾을 수 있습니다. 음성 언어가 가지고 있는 창조력과 파괴력 그리고 영속성은 더 이상 중요하게 생각되지 않고 있습니다. 오늘날 마법의 주문이나 앙심을 품은 저주에 관한 이야기들은 진부한 것으로 간주되어 오직 전설이나 신화 혹은 판타지에서만 나옵니다. 그러나 이러한 이야기들 속에 숨겨져 있는 진실은 무엇일까요?

16세기 말 위대한 사상가이자 스페인 르네상스와 스페인어 연구의 선구자로 알려진 살라망카 대학의 교수였던 프레이 루이스 데 레온은 유명한 기독교 신비주의 사상가인 성 요한의 친구이자 그에게 신학을 가르친 사람이었으며, 또한 아빌라 테레사의 편집자였습니다. 이들은 종교 재판에서 이단으로 판정받았다가 나중에 무고로 풀려났습니다. 오늘날 그들은 위대한 표

---

17 입문 C&E 워크숍 2월 3-4, 테이프판 326. Ramtha's Dialogues 1996(Yelm: Ramtha Dialogues, 1996)

상으로 그리고 성자로 인정받고 있습니다. 프레이 루이스 데 레온은 유대교와 기독교 신비주의에 대한 개념에 이어 용어에 관한 독특한 철학을 발전시켰습니다.

그는 자신의 철학 저서 ≪데 로스 놈브레스 데 크리스토(De los Nombres de Cristo)≫에서 어떤 용어나 명칭은 바로 그 안에 그것이 의미하는 바를 담고 있다고 설명했습니다. 그리하여 그는 우리가 어떤 명칭을 생각한다면, 우리는 또한 그 명칭이 갖고 있는 본질을 반드시 가지고 있다고 결론지었습니다. 그에게 언어는 단순히 사회적 약속이거나 아무런 의미 없는 무언가가 아닌 창조적인 힘을 포함하는 것이었습니다. 즉 람타의 용어를 사용하자면, 언어는 의식과 에너지를 포함한다는 것입니다.[18]

창조적인 의식과 에너지로서의 단어를 가장 명백하고 근접하게 표현한 언어는 고대 히브리어일 것입니다. 유대 율법 제1편, 창세기는 'Barah', ברא 라는 단어가 들어간 'Barashith', בראשית로 시작됩니다. 여기에서 두 번째 단어로 'Barah'가 단독으로 쓰였는데, 이것은 명사나 동사로 모두 사용될 수 있습니다. 즉 고대 아람어와 시리아어에서 'Barah'가 단수 명사로 사용되면 어원(語源 root-word)이라는 뜻을 암시하며, 동사로 사용되면 창조의 행위를 뜻합니다. 창세기의 내용이 창조에 관한 이야기라는 점을 고려한다면 이 이중적 의미는 결코 임의적인 것이 아닙니다. 창세기는 기존에 있던 어떤 물질의 도움 없이 신의 말씀과 명령으로 7일 동안 일어나는 천지 창조를 묘사한 것입니다.

창세기에서 신은 자신이 창조한 것들을 존재하도록 명령하고 그것을 매우 좋은 행위로 보고 인정하는 모습이 묘사되었습니다. 이러한 내용은 'Ba-

---

18 프레이 루이스 데 레온, ≪데 로스 놈브레스 데 크리스토(De los Nombres de Cristo)≫
    (스페인: Coleccion Austral, Espasa Calpe, 1991)

rah'라는 용어에 아주 심오한 배경을 부여하여 이 단어의 의미를 더욱더 강하게 합니다. 유대교와 유대교 신비주의, 그리고 중세 기독교 신비 철학은 언어와 생각이 창조적이며 신성한 능력을 가지고 있다는 이해를 바탕으로 세워졌습니다. 언어는 명상의 핵심이었으며, 또한 그것은 인간을 신성에 더 다가가게 하는 중개자 같은 역할을 해왔습니다. 이러한 점을 고려할 때, "신의 말씀이 가진 창조의 힘"과 "의식과 에너지가 가진 창조의 힘"은 상응한다는 것을 쉽게 알 수 있습니다. 이것은 생각이 말로써 표현되고 실체로써 나타나는 것입니다.

이 두 개념 사이에 중요한 차이가 있습니다. 창세기에 따르면 언어가 창조력을 가지는 유일한 순간은 여자나 남자가 아닌 신에 의해 사용될 때뿐이라는 것입니다. 즉 그것은 신성한 속성으로 간주됩니다. 하지만 람타의 해석에 의하면 모든 사람이 언어가 가진 창조적인 힘을 사용할 수 있습니다. 그러나 인간이 이 중요한 본질을 활용하지 못하는 것은 자신이 가지고 있는 신성함뿐만 아니라 인간의 근본적인 자유 의지까지 잊어버렸다는 것을 보여줍니다.

"신에 대한 정의는, 곧 당신에 대한 정의로 이어진다. 당신은 의식과 에너지이며, 당신 의지가 어떤 것이건 그것은 빛을 발한다. 그렇다면 왜 7개의 썰(용어정리 참고)에 대해 말하는가? 왜냐하면 우리의 의지는 이 영역 어느 곳에서라도 작용할 수 있기 때문이다. 인간의 육체는 7개의 왕국 — 육체의 내면, 외면 그리고 위, 아래 — 이라 불리는 것을 그대로 옮긴 완벽한 복사판이다. 이 왕국들에 실행 가능성과 존재의 정당성을 실질적으로 부여하는 것은 우리의 의지와 선택이다. 오로지 그것뿐이다. 하지만 그것이 모든 것이다. 그것이 모든 것이다."

"의식과 에너지는 행동하는 본질적인 법 — 그것만이 유일한 법이다, 만일 우리가 그렇게 부르기 원한다면 — 이다. 그리고 그것은 활동하고, 실로 무한하여 자신을 스스로 부양한다. 우리가 그것을 유일한 법이라 부르기 원한다면, 그것은 유일한 법이다. 그 안에서 당신의 의지는 절대적으로 자유로울 수 있다."[19]

의식과 에너지의 법칙은 개개인의 인식 수준에 따라 확연히 드러나지 않는다 할지라도 항상 인간에게 작용합니다. 람타는 사람들이 자신의 의도가 정확히 무엇이며, 어떤 것에 집중해야 하는지 모르기 때문에 그들의 의지가 구현되지 않는다고 말합니다. 그런가 하면 인간으로서의 한계를 정복하고 깨달음을 얻은 사람들은 삶에서 자신의 진정한 의도를 자유자재로 조정하고 자각하여 삶을 창조할 수 있습니다.

"의식과 에너지가 현실을 창조한다는 것을 이해하지 못하는 한, 당신은 항상, '하지만', '왜', '나는 할 수 없어', '너무 힘들어', '실패', '부족'을 말할 것이며, 그리고 이러한 것들을 언제나 경험하게 될 것이다. 놀라운 것은 의식과 에너지가 당신이 원치 않는 것도 창조한다는 것이다."[20]

"의식에는 어떠한 정해진 법이 없다. 어떠한 의식이든 그것이 곧 법이다. 그리고 미지의 것을 깨닫는 것, 그것이 바로 법이다. 의식은 자유롭다. 에너지는 생각의 부속물이다. 그것은 소립자를 붕괴하여 입자로 변화시켜 이미 알고 있는 것들을 당신의 밴드(용어정리 참고)로 끌어오는 자기장을 만든다. 우리의 삶에 속한 모든 사람은 우리가 누구인지에 대한 관점을 반영하며 그 관점은 감정적인 보상을 위한 것이다."[21]

---

19 여인이 떠나는 여정 2000년 1월 9일, 테이프판 437.1. (Yelm: Ramtha Dialogues, 2000)
20 각주 19와 동일
21 블루 컬리지 주말, 2000년 1월 7일, 테이프판 437. (Yelm: Ramtha Dialogues, 2000)

람타는 더 나아가 의식과 에너지 법칙은 언어가 문장 안에서 동사와 명사를 구성하는 방식으로 표현된다고 설명합니다. 동사는 의식과 에너지의 행위 그 자체이며, 명사는 그 행위로 인하여 창조된 현실을 보여줍니다. 그래서 람타는 현실이 실제로 어떻게 창조되는가를 진정으로 모방하려면, 동사가 문장 처음에 나오고 명사가 뒤따라야 한다고 말합니다. 람타가 사용하던 언어는 이러한 구조를 갖추고 있었습니다. 고대 그리스어와 같은 몇몇 고대 언어들도 또한 이러한 형식의 흔적을 보여줍니다.

람타가 사용하는 영어는 다소 투박하거나 고어체의 형식으로 보이기 때문에 독자들은 람타의 가르침을 읽을 때 이러한 점을 고려해야 합니다. 람타는 자신의 생각을 전달하는 데 있어 아주 신중하고 철저합니다. 그의 모든 행동이나 그가 사용하는 모든 용어는 그에 해당하는 정확한 이유와 의미를 가지고 있으며, 그러한 것들은 그의 전체 메시지에서 일관적으로 나타납니다. 람타의 가르침을 출판하면서, 가장 크게 중점을 둔 것은 그가 전달하고자 하는 가르침의 내용과 형식을 되도록이면 그대로 옮기는 것이었습니다. 또한 일부 문장을 생략하거나 구두점을 추가함으로써, 그가 전달하고자 하는 의미가 왜곡되거나 달라지지 않도록 최대한 노력했습니다. 그럼에도 불구하고 그의 가르침에 대한 인간의 인지 능력과 이해력이 가진 한계를 극복할 수 없다는 것을 알고 있습니다.

이러한 메시지가 제대로 전달되고 그것이 가지고 있는 본래의 아름다움과 독창성을 있는 그대로 받아들일 수 있는 유일한 방법은 독자들이 그것들을 삶의 진정한 패러다임으로 포용하는 것입니다. 그러면 그 메시지가 약속한 대로 진리와 지혜의 결실을 맺을 것입니다.

"나는 당신에게 진정으로, 엄청난 양의 정보를 주었다. 그럼에도 불구하고 내가 사용하는 언어가 항상 이해될 수 있는 것은 아니기에, 그것이 하나의 핑곗거리가 되었음이 분명하다. 내가 한 말들이 생각의 흐름을 위해 손질되고 순서가 바뀌는 것을 보았다. 비록 생각의 흐름을 위해 말들이 손질되었지만, 삭제된 말들은 엄청난 힘을 가지고 있다. 이 시간, 모든 인류의 혼안에 깊게 드리워져 있는 짙은 그림자를 다루기 위해 당신 내면에 존재하는 신이 일어나는 것이 보인다.

    자, 이 단어들은 강력하다. 왜냐하면 이것들은 단순한 단어들이 아니기 때문이다. 단어들은 그것들의 명칭과 에너지가 가지고 있는 영향, 그리고 그것으로 인한 효과에 따라 배열된다. 그래서 과거에 내가 사용했던 단어들은 그 순간을 강조하려고 일부러 사용한 것들이었다. 나는 그것들을 전달하는 자이다. 그러므로 나는 그것들의 본질을 드러내야 하는 책임이 있다." [22]

요약: 람타의 가르침 — 사상체계와 현실의 본질에 대한 해석

람타의 사상체계를 이루는 4가지 근본 초석

- 물질적으로 아무것도 존재하지 않지만, 잠재적으로 모든 가능성을 가진 광대한 보이드 (Void, 空).
- 의식과 에너지가 현실을 창조한다.
- 신을 보라. 당신들은 잊혀진 신이다.
- 우리의 목적은 미지의 것을 깨닫는 것이다.

람타의 가르침은 방대한 양의 주제들을 다루지만 모든 것들은 람타 사상

---

22 자신을 보호하는 것, 1991년 2월 6일, 테이프판 304. (Yelm: Ramtha Dialogues, 1991)

체계의 근본 개념들을 상세하게 설명해주는 역할을 합니다. 람타는 자신이 전하는 모든 메시지는 다음 한 문장으로 귀결된다고 계속해서 강조합니다. "당신은 신이다." 우리는 이 말을 어떻게 해석해야 할까요? '신'에 대한 정의는 아마 지구 상의 사람들만큼이나 많을 것입니다. 람타의 가르침을 제대로 이해하려면 우리가 가지고 있는 신에 대한 개념과 람타가 설명하는 신에 대한 정의, 현실의 본질이 어떻게 다른지를 아는 것이 중요합니다.

모든 것의 본질은 무엇일까요? 그것들의 근원은 무엇일까요? 그것들의 실체는 무엇일까요? 그것들의 운명은 무엇일까요? 이러한 질문에 대한 람타의 접근은 보이드에 대한 그의 개념에서 출발합니다. 보이드는 존재하는 모든 것들이 발생한 근원입니다. 그는 보이드를 "물질적으로 아무것도 존재하지 않지만, 잠재적으로 모든 가능성을 가진 광대함"이라고 설명합니다. 보이드에는 아무것도 없습니다. 어떤 움직임도, 행위도 없습니다. 신이 누구인가에 대해 일신론적인 종교의 교리들을 비롯한 많은 철학가들은 신을 전지하고 무한하고, 절대적이고 모든 것을 초월한 불변의 존재로 생각하였습니다. 람타의 사상체계에서 절대와 무한 그리고 불변은 보이드의 속성입니다. 보이드는 스스로 완전하고, 자족하며, 그리고 휴식 상태에 있으며 아무것도 필요로 하지 않습니다. 보이드가 비록 모든 것을 품을 수 있는 광대함으로 보일지라도 그것의 본래 상태에서 보이드는 스스로에 대한 지식이 없습니다. 왜냐하면 지식은 하나의 행위이기 때문입니다.

"처음 그 이전으로 돌아가 보자. 당신은 다음을 상상할 수 있겠는가? 만약 시간이라는 것이 두 개의 의식 포인트 사이에 존재한다는 개념 — 철학적으로 이해하겠는가? — 을 바탕으로 한 것이라면, 두 개의 의식 포인트가 없었을 때는 무엇이 있었겠는가? 졸지 마라. 자, 두 개의 의식 포인트가 없었다면, 아무것도 없었을 것이다. 'nothing'이라는 단어의 의미를 아는가? No—thing. 무(無). 아무것도 없는 광대함을 상상할 수 있겠는가? 그것은 이전에도 있었고 지금도 존재한다.

자, 여기에서 당신은 혼란스러워진다. 이 상태는 항상 있었다. 바로 이 것이 당신을 혼란스럽게 하는 것이다. 당신은 존재하는 어떤 것이 아무것도 아니었다는 것과 그것을 창조한 창조자가 결코 없었다는 것을 상상할 수 없다. 그것은 항상 있었다. 바로 이것이 옐로 브레인[23]을 당황케 한다. 그것은 항상 존재하였다. 강력하다. 우리는 이것을 — 받아 적도록 하라 — 보이드라고 부른다. 보이드. 이제 그 옆에 보이드의 정의를 적어라. '물질적으로 아무것도 존재하지 않지만, 잠재적으로 모든 가능성을 가진 광대함' 옆에 앉은 파트너에게 당신이 방금 적은 보이드의 정의를 읽어주고, 이것에 관한 이야기를 나눠라.

우리는 보이드를 물질적으로 아무것도 존재하지 않지만, 잠재적으로 모든 가능성을 가진 광대함이라 부른다. 자, 입문자들이여, 이 말을 따라 하라. 내가 처음 여기에 왔을 때 나는 이것을 '모/부 원리'(용어정리 참고)라고 불렀다. 그것은 모/부 원리, 보이드라고 불린다. 또한 그것은 절대 근원이라 불린다 — 절대 근원. 보이드를 에테르라 잘 못 정의하기는 했지만, 보이드에 대해 제대로 이해한 훌륭한 과학자가 있었다. 이 과학자 — 그의 이름은 데이비드 봄이다 — 는 입자가 이동하지 않는다는 것을 발견하였다. 그것들은 이동하지 않는다. 그것들은 나타났다가 사라진다. 얼마나 놀라운 생각인가! 그것들은 그렇게 나타났다가 사라지지 않는가? 그렇다. 그들은 바로 여기에서 나타났다가 사라지곤 한다."

"그는 보이드가 가능성을 접고 펼치고 연다고 말했다. 그의 말이 옳았다."[24]

---

23 옐로 브레인은 람타가 신피질을 일컫는 말로서 분석적이고 감정적인 생각이 머문다.
24 람타: 개인 현실 창조, 테이프판 380. (Yelm: Ramtha Dialogues, 1998)

아리스토텔레스의 철학과 토마스 아퀴나스의 신학에서 발견할 수 있는 창조자, '최초의 원인' 그리고 '제 1 운동자'라는 신의 개념을 람타는 스스로 숙고하여 자기 자신을 알아가는 '보이드'로 표현했습니다. 이러한 숙고의 행위는 보이드가 자각의 시점을 만들어 자기 자신을 알아가는 내면의 고유한 움직임을 말합니다. 자각의 시점은 제로 포인트, 관찰자, 최초의식, 의식과 에너지 그리고 신이라는 다양한 이름으로 불립니다. 제로 포인트는 광대한 보이드에서 미지와 가능성의 상태로 존재하는 모든 것을 깨닫고 경험하고자 하는 근본적인 의도가 있습니다. 이것이 진화의 기반입니다. 스스로 숙고하는 보이드는 인간의 근원이자 기원입니다. "당신은 신이다."라고 하는 람타의 말은 인간을 관찰자, 제로 포인트의 구현 그리고 창조적인 의식과 에너지로 일컫는 말입니다.

제로 포인트는 보이드의 숙고 행위를 모방함으로써 미지의 것을 깨닫고 진화하려는 본성을 충족합니다. 이러한 일을 하면서, 제로 포인트는 거울 역할을 하는 인지의 기준점을 만들어 그것을 통해 자신을 스스로 인식하게 됩니다. 람타는 이 거울 의식을 2차 의식이라 부릅니다. 제로 포인트는 보이드의 품 안에 머물며, 그것이 알 수 있는 것은 무한합니다. 제로 포인트와 거울 의식 사이에서 일어나는 반영이 시공간 안에 드러난 존재의 차원 즉 환경을 만들어 냅니다. 영(Spirit)은 제로 포인트의 역동적인 측면입니다. 그것은 미지의 것을 알고 경험하고자 하는 의지 혹은 의도입니다. 제로 포인트와 거울 의식은 보이드에 잠재해 있는 모든 가능성을 탐험합니다. 그러한 탐험으로 일곱 개의 의식 차원이 형성되었으며, 그리고 그에 부합하는 일곱 단계의 시간과 공간, 그리고 주파수가 생성되었습니다. 창조의 행위를 통해 일곱 가지 의식과 에너지의 차원으로 내려가는 과정을 하강의 여정이라고 말합니다. 그리고 신 혹은 보이드로 돌아가는 과정을 진화의 여정이라 부릅니다. 혼은 영과 다릅니다. 람타는 혼을 생명의 서(書)라 부릅니다. 혼은 하강과 진화의 여정에서 얻은 모든 경험과 지혜들을 기록합니다.

인간이 처한 곤경은 망각, 기억 상실, 자신의 기원과 운명에 대한 무지라는 말로 표현됩니다. 여행자, 혹은 거울 의식은 존재의 차원 중 가장 밀도가 높고, 가장 느린 이 세상과 자신을 동일시 한 나머지 자신의 불멸성과 신성함을 잃어버렸습니다. 인간은 자신의 내면에 존재하는 신인, 자신을 낯선 존재로 만들었으며, 외부에서 도움을, 의미를, 그리고 구원을 찾고 있습니다. 이러한 행위를 하면서 인간은 자신의 신성을 부정하고 현 상태에서 자유로워질 수 있는 기회조차 차단합니다.

람타의 사상체계에서는, 물질세계 — 가장 밀도가 높은 차원 — 와 물질적인 육체를 사악하거나 바람직하지 않거나 혹은 본질적으로 나쁘게 보지 않는다는 것을 주목해야 합니다. 현실에 대한 이원론적인 해석은 일반적으로 그노시스 전통 — 선과 악, 좋은 것과 나쁜 것, 빛과 어둠, 죄악과 정의 사이의 대립을 강조 — 에서 발견할 수 있는데 람타의 사상체계에서는 이런 것들을 철저하게 배제합니다. 우리의 진정한 본질과 운명에 대한 무지, 그것을 부정하는 것은 바람직하지 못한 상태에 있는 것입니다. 의식과 에너지로서의 우리가 자신을 스스로 제한된 존재라고 주장하는 것은 어리석은 일이며, 그러한 한계를 만든 것도 우리 자신입니다.

위대한 작업(Great Work)은 람타의 가르침을 실질적으로 적용하는 것이며, 이를 통해 사람들은 자신을 알고 깨달음을 얻을 수 있는 기회를 얻게 됩니다. 깨달음의 길은 제로 포인트로 되돌아가는 진화의 여정입니다. 이 여정을 마치면, 인간은 미지의 것을 깨닫는 자신의 사명을 완수하게 되며 자신의 경험을 통해서 얻은 영원한 지혜를 보이드로 가져갑니다.

"태양계, 우주, 별, 성운 그리고 텔스타라 불리는 모든 것이 존재하는 공간은 무엇일까? 당신이 눈부셔하며 보고 있는 것보다 중요한 것은 그곳에 아무것도 존재하지 않는다는 것이다. 그것은 무엇인가? 무(無), 보이드이다. 그것은 빛, 별자리, 항성계 그리고 성운들의 시초일까? 그렇다. 그것은 보이드라 불린다. 보이드란 무엇인가? 그것은 시간과 거리, 공간 없이 존재한다."

"고대 학교는 새로운 진리를 바탕으로 하는 것이 아니라 사실상 세상의 근본에 관한 것이다. 태양계는 어떻게, 왜 생겨났는가, 당신과 태양계는 어떤 관계이며 그 여정은 무엇인가, 우주란 진정 무엇이며 더 큰 그림과 비교할 때 당신은 왜 그렇게 작은가? 당신은 이 학교에서 그러한 것들을 배울 것이다. 이것은 새로운 진리가 아니라 오래된 진리이다."

"이 학교는 근본 초석 위에 세워졌다. 이 학교를, 아무것도 볼 수 없지만 모든 것을 느낄 수 있는 하나의 거대한 빌딩으로 생각해 보라. 이 학교의 근본 초석은 의식과 에너지이다. 내가 방금 뭐라고 했는가? 옆에 앉은 파트너에게 그 말을 하라. 의식과 에너지, 그것이 이 학교의 근본 초석이다. 의식과 에너지, 이 말이 무엇을 의미하는지 아는가? 힘과 의도를 지닌 꿈이다. 바로 그것을 의미한다. 이 학교는 이러한 초석 위에 세워지기 시작하였다."

"또 다른 초석은 당신이 신이라는 것이다. 그것을 말하라. 더 크게 말하라. 자, 이제 당신이 그 말을 했다고 해서 산 채로 불에 타지 않는다, 그렇지 않은가? 이것은 신성 모독이 아니다. 이것은 절대 진리이다. 다시 한번 말해보라. So be it. 신이 된다는 것은 놀랄만한 일이지만 몇 가지 책임이 따른다. 자, 앞서 말한 대로 다른 초석은 당신이 신이라는 것이다. 이외에 다른 초석들은 무엇일까? 초석들이 모여서 정사각형을 만든다. 의식과 에너지가 현실을 창조한다. 당신은 신이다."

"이것들을 정사각형으로 만들기 위한 다른 초석은 무엇일까? 다른 초석은 바로 당신의 삶이 이미 알려진 것을 진화시킨다는 것이다. 그것을 말하라. 다시 한번 말하라."

"이것은 당신 이웃들의 삶을 진화시키기 위해 참견하고, 바쁘게 살아가야 한다는 의미인가? 그런 뜻인가? 이 말은 당신 자신의 운명을 책임지라는 것이다. 당신 자신의 운명은 당신의 삶 그 자체이다. 당신이 무엇을 창조했으며, 당신이 감정적으로 집착하는 것이 무엇인가를 주시하여, 그 감정을 다스려 지혜로 만들어 새로운 인생의 패러다임을 만들어야 한다. 당신이 그렇게 할 수 있다면 당신은 절대 죽지 않을 것이다. 무덤 안에서 당신의 생을 마감하지 않을 것이다. 당신이 더 많은 것을 창조하면 할수록 당신은 점점 더 젊어질 것이다. 당신이 젊어질수록 당신은 더욱 더 지혜로워질 것이다. 당신에게서 새로운 아이디어가 끊임없이 나올 수 있을까? 옆에 앉은 파트너에게 그것에 대해 말하라. 자, 어서 말하라. 우리는 이것이 구현되기를 원한다."[25]

"그리고 이것은 당신이 더 큰 꿈을 꾸고 그것을 이루는 일을 시작조차 하지 못했다는 사실을 증명하는 것이다. 그것을 어떻게 알 수 있을까? 자, 이것을 보라. 당신은 두뇌의 10분의 1도 사용하지 않는다. 10분의 1조차."[26]

가르침에 입문하는 학생들을 위해 람타가 만든 위대한 작업(Great Work)의 모든 훈련은, 보이드가 스스로 숙고하여 의식과 에너지를 탄생시키고 그리하여 현실의 본질을 창조하는 과정을 모방하여 만든 것들입니다.

결론적으로, 람타 철학의 4가지 기본 초석은 보이드의 개념, 의식과 에너지가 7가지 차원의 현실을 창조한다는 것, 그리고 "당신은 신이다."라는 것과 "우리의 사명은 미지의 것을 깨닫는다"라는 것입니다. 람타 사상의 흔적들은

---

25 람타: 개인 현실 창조, 테이프판 380. (Yelm: Ramtha Dialogues, 1998)
26 각주 25와 동일

고대로부터 내려온 구전 속에서 많이 발견됩니다. 세월의 흐름 속에서 그것들이 거의 사라졌거나 내용이 많이 왜곡되어 메아리밖에 남아 있지 않습니다만, 그 중의 일부는 다음에 열거된 사상이나 개념에 나타나 있습니다. 그것들은 고대 이집트인들과 파라오 아크나톤 그리고 자라투스트라의 철학들, 깨어난 자로서 자신을 표현한 붓다, 소크라테스의 미덕에 대한 이해와 영혼의 불멸, 플라톤의 유니버설 유형에 대한 개념, 예수아 벤 조셉의 생애와 가르침, 세인트 토마스 사도의 업적, 진주의 찬송가(The Hymn of the Pearl), 요한복음서, 티아나의 아폴로니오스, 오리겐, 마니, 카타리파 신도들과 알비주아 신도들, 아시시의 성 프란시스, 유대교와 기독교의 신화들과 성 요한의 마운트 카멜에 대한 스케치(Ascent of Mount Carmel) — 이 작품에서 말하는 정점은 사실 인간의 머리, 즉 정수리를 의미합니다 — 외에도 미켈란젤로와 레오나르도 다빈치와 같은 다양한 예술가들의 작품들, 아빌라의 테레사의 글들과 신비주의적 체험들, 프레이 루이스 데 레온의 연구들, 유럽의 르네상스 운동의 인본주의자들, 장미 십자 회원들, 극동의 마스터들에게서도 람타 사상의 흔적을 발견할 수 있습니다.

 마지막으로, 람타의 가르침에서 자주 언급되는 것은 예수아 벤 조셉[27]의 생애와 가르침에 대한 그의 재해석입니다. 그는 예수아 벤 조셉의 생애와 가르침에 대해 인용하면서 그것들에 대한 새로운 시각과 통찰력을 제시합니다. 예수에 대한 람타의 독특한 해석은 임의로 정보를 조작하는 것과는 다릅니다. 람타가 예수의 생애와 가르침에 대해서 일반적으로 알려져 있는 것과 다르게 설명할 때마다 그는 자신의 주장이나 가정을 뒷받침할 수 있는 설득력 있는 증거들을 제시합니다.

---

27 람타는 예수 그리스도를 그 당시의 유대 전통에 따라 예수아 벤 조셉이라고 부릅니다.

람타 가르침에 대한 소개

　공관 복음서에 있는 예수의 주기도문과 영(Spirit)을 향한 람타의 기도문을 비교하면서 지금까지 쓰인 소개문을 마치려 합니다. 이 두 기도문은 유사한 점들이 많습니다. 주기도문은 기독교에서 하느님에게 예배드릴 때 사용하는 전통적 기도문으로서, 예수님의 가르침을 대표하는 것입니다. 반면 영을 향한 람타의 기도는 학생들에게 자신의 가르침에 대해 근본적인 확신을 갖게 하고, 그것을 선언하게 하는 도구를 제공합니다. 이 기도문은 신성한 창조의 미스터리, 영, 그리고 하강의 여정과 신에게로 복귀하는 진화의 여정으로 인도하는 강력한 입문서입니다.

하느님을 향한 예수의 주기도문과 우리의 영을 향한 람타 기도문의 대칭

주기도문　람타의 기도

주기도문	람타의 기도
하늘에 계신 우리 아버지,	오, 나의 사랑하는 영이여,
	나의 강력한 영이여,
	전능한 존재여,
	하늘과 땅의 힘으로 충만한 존재여.
아버지의 이름을 거룩하게 하시며	나를 당신의 힘으로 가득 채우소서.
	오, 나의 영이여,
아버지의 나라가 오게 하시며	나를 그대의 현현된 왕국으로 가득 채우소서.
아버지의 뜻이 하늘에서와 같이	그리하여 내가 하늘의 보이지 않는 것들을 가져와
땅에서도 이루어지게 하소서.	지상의 보이는 것들을 정복하는
	함선이 되게 하소서.
오늘 우리에게 일용할 양식을 주시고	내게 일용할 양식을 현현케 하고
우리가 우리에게 잘못한 사람을	나의 죄, 나의 의심, 나의 슬픔을 알고
용서하여 준 것같이	살아가게 하여
우리 죄를 용서하여 주시고	진리를 깨닫도록 하소서.
	오, 나의 강력한 영이여,
우리를 시험에 빠지지 않게 하시고	나를 현혹되도록 하지 마소서.
악에서 구하소서.[28]	나를 설복하려는 것들로부터 나를 보호하소서.
	그리고 나를 통하여 신성한 신을 현현하소서.
	나는 그렇게 말합니다.
	So be it.
아멘.	인생을 위하여.[29]

28　마태복음 6:9-13 신 예루살렘 성경
29　우리의 전능한 영: 구현의 힘을 향한 지름길, 1996년 2월 23일, 테이프판 327.09. (Yelm: Ramtha Dialogues, 1996)

람타 가르침에 대한 소개

　람타 기도문에 나오는 용어들은 예수의 주기도문과 뚜렷하게 대칭됩니다. 이것은 예수의 메시지를 해석할 수 있는 중요한 단서가 될 수 있습니다. 우리가 이러한 람타의 말을 예수의 가르침에 적용하면 그의 메시지는 나그 함마디 전집[30](Nag Hammadi collection)의 사도 도마의 업적과 놀랄 만큼 일치한다는 것을 발견하게 됩니다. 도마 복음이 쓰여진 시기는 요한 복음과 공관 복음서보다 이른, 1세기 중엽이라고 보기에 이것은 중요합니다.

　　"이 기도문이 당신의 마음을 다소 불편하게 한다면, 아마 그것은 당신에게 깊이 뿌리 박힌 종교에 대한 기억과 그것에 대한 혐오감 때문임을 알기 바란다. 하지만 내 말을 들어라. 이것은 태곳적부터 알려진 것이다. 이 땅의 아주 위대한 마스터들이나 그리스도들이 사람들에게 이러한 지식을 전달하였다. 그러나 신성한 미스터리의 많은 부분이 강탈당했고 그것들을 둘러싸고 엄청나게 변질된 종교가 세워졌다. 그리고 가장 엄청난 변질은 종교가 신의 관리인이 되어 모든 신도들의 혼을 궁극적으로 지배하게 되었다는 것이다. 더욱이, 그들은 이러한 지식을 손에 넣고, 그리스도만이 이러한 일을 할 수 있다고 말했다. 이것은 사실이 아니다. 더

---

[30] 우선 이 책에서 내가 주장하는 것은 도마는 그 어떤 역사적 관점으로 보아도 '그노시스 신도'가 아니라는 것입니다. 요한의 위경에 등장하는 그노시즘, 세계의 기원, 유그노스토스, 피스티스 소피아 등이 무엇을 했든 간에, 도마 복음은 그들과는 다른 것을 이야기 하고 있었습니다. 그노시스를 말하는 복음서를 보고 싶다면 빌립의 복음서를 읽어야 합니다. 도마 복음은 체계적이지 않지만 포괄적인 내용을 담고 있으며 그 내용의 대부분은 유대 지혜와 묵시록에서 얻은 것들입니다. 도마 복음의 내용으로 미루어보아 그것은 기독교의 초창기에 만들어졌음을 알 수 있습니다. 도마 복음은 처음 세례를 받은 새로운 기독교 신도들을 가르치기 위해서 사용되었던 격언들로 이루어진 전집입니다. 그것은 사도 요한의 초기 설교 형태를 반영하는 것처럼 보이며 Q 문서(많은 학자들이 마태와 누가가 여기에서 많은 내용을 참조했다고 믿는 격언 자료집)와 비슷한 시기에 완성된 것일 수도 있습니다. 도마는 서기 50~70년대에 생존했던 것으로 추정됩니다.
"만일 이러한 결론을 내린다면, 현재 기독교 내에서 인정하지 않는 도마 복음은 학문적으로 새로운 위치와 평가를 얻게 될 것입니다. 도마 복음에 대한 나의 구체적인 주장이 받아들여질 것인가는 그다지 중요하지 않습니다. 오히려 도마 복음이 1세기 중엽으로 자리매김하여야 하는 것이 더 중요합니다. 그렇게 되어야만 기독교 역사에서 도마에 대한 새로운 해석이 재개될 것이기 때문입니다." 스테반 L. 데비에스, 《도마 복음과 그리스도교의 지혜》 (New York: Seabury Press, 1983), 2 페이지.

나아가, 그들은 신이 사람들로부터 멀리 떨어진 곳에 존재한다고 가르쳐 왔다. 이것은 사실이 아니다."

"이 기도문에서 '오, 나의 사랑하는 영이여!'라고 말하는 것을 주목하라. 우리는 우리를 위한 신의 궁극적인 계획과 힘을 본래의 주인인 신에게 돌려주려 하며, 그렇게 되어야 한다. 우리는 우리 내면에 존재하는 신성과 그것의 힘을 끌어내려는 것이다. 우리는 창조할 수 있는 의지를 부여받은, 신성의 투사체이다. 우리가 우리의 신성을 불러일으키는 그 순간, 우리는 그것을 우리 내면의 심오하고 위대한 곳으로부터 끌어내는 것이다. 이것은 종교적인 기도가 아니다. 이것은 개개인의 영(Spirit), 즉 전능한 신 — 전능한 신 — 을 불러일으키는 기도이다."[31]

람타의 기도문에는 그의 철학의 기본적인 요소들이 담겨 있습니다. 기도문은 외부에 존재하는 어떤 초월적인 신이 아니라 인간 내면에 존재하는 신, 우리들 각자의 영, 역동적인 제로 포인트의 측면에 대해 주목합니다. 우리들 각자의 영은 전능하고 절대적인 존재이자, 보이드의 자식으로 묘사됩니다. 한편 천국이라는 개념은 보이드가 가지고 있는 엄청난 가능성의 바다로 풀이됩니다. 그리고 지구는 이러한 가능성들이 구현되고 표현되는 곳을 일컫는 단어입니다. 천국은 창조적인 원리인 의식과 에너지이며, 지구는 그것이 7개의 차원으로 구현되고 표현되는 곳입니다.

인간의 인성(Personality) — 이차 의식 혹은 거울 의식 — 은 관찰자, 혹은 최초 의식에게 기도하는 자입니다. 그것은 눈에 보이지 않는 가능성들을 위한 도구가 되어 미지의 것을 깨달으면서 자신의 욕구를 표현합니다. 육체를 부양하여 인간의 형상으로 생명을 유지함으로써 얻는 가치는 우리가 가지고 있

---

31   우리의 전능한 영: 구현의 힘으로 향한 지름길, 1996년 2월 23일, 테이프판 327.09.
     (Yelm: Ramtha Dialogues, 1996)

람타 가르침에 대한 소개

는 죄나 의심 그리고 슬픔을 자각하는 기회를 갖게 되는 것에 있습니다. 다시 말해, 삶에서 중요한 것은 과거의 경험들을 되풀이하며 고수해온 모든 감정을 풀어주어, 자신의 진리로 만드는 것입니다. 우리의 혼(Soul)은 신으로 돌아가는 진화의 여정을 계속하기 위해 우리의 삶에서 해결해야 할 것들이 무엇인지 끊임없이 보여 줍니다. 이 기도문의 목적은 우리의 신성과 하나가 되기 위한 것, 즉 깨달음을 얻기 위한 것입니다. 개개인을 통해서 신성함을 구현한다는 것은 신/여자, 신/남자가 되는 것이며, 그럼으로써 더 이상 시공간에 구애받지 않는 불멸의 존재가 되는 것입니다. 람타 기도문 마지막 구절을 보면 어떤 외적인 힘이나 초월적인 존재에게 탄원하는 것과는 분명하게 다름을 알 수 있습니다. 이 기도문은 관찰자와 신으로서 인간의 창조적인 힘을 명확하게 인정하고, 구현하라는 강력한 명령에 가깝습니다.

람타의 가르침은 우리에게 삶의 신비로움을 바라보게 하는 독특한 시각을 열어줍니다. 이러한 가르침은 지금까지 철학이나 과학 그리고 종교가 대답해 주지 못했던 여러 가지 질문들에 대해서 새로운 의미를 발견할 수 있는 틀을 제공합니다. 이것은 또한 우리로 하여금 과학이나 종교에 의해 고착되어버린 한계를 초월하여 시야를 넓히는 새로운 경험을 할 수 있게 합니다. 람타의 사상체계는 종교가 아니며 또한 현실에 대한 철학적인 해석도 아닙니다. 그것은 람타가 인류의 구성원으로서 경험을 통해 입증한 진리입니다. 이런 점에서 람타의 사상체계는 람타의 지식이자 람타의 과학입니다. 이제 람타에 의해 길은 닦여졌으며, 그 길을 탐험하고 미지로 향하는 여정을 떠나고자 하는 모든 사람에게 그 문은 활짝 열려 있습니다.

— 제이미 F. 릴 아나야

2000년 3월 16일

1부

람타, 깨달음을 향한 마스터의 여정

제 1 장
람타의 자서전

레무리아와 아틀란티스

나는 깨달은 자 람타이다. 나는 람으로 알려졌다. 나는 이 세상이 생겨난 이래 최초의 정복자였다. 존재들이여, 나는 당신들이 알고 있는 이 세상의 4분의 3을 정복하였다. 나의 원정은 63년 동안 계속되었다. 나는 인더스 강 동북쪽에서 2백만에 달하는 내 백성들이 보는 가운데 승천하였다. 나의 백성들은 현재 인더스, 티베트, 네팔 그리고 몽골 남부 지역의 인구를 구성하고 있다. 내 백성들은, 이를테면, 레무리아인과 이오니아인 — 훗날 마케도니아인으로 불리는 — 의 피가 섞인 혼혈이며, 그들의 피부색은 아틀라시아에서 탈출한 부족들과 섞였다. 내 피는, 존재여, 그들 모두 안에 있다.

나는 아틀라시아 대륙의 유랑민이 아니었으며, 오나이라 불리는 남쪽 끝단 항구에서만 살았다. 그곳에는 아틀라시아와 뮤(Mu)를 연결하는, 운하 또는 수로라 불리는 것이 있었다. 뮤가 의미하는 것이 레무리아임을 알고 있는가? 이곳은 모든 것들의 가장 위대한 발상지이다. 만일 사람들이 문명의 요람이 어디였는지 찾기 원한다면, 바로 이곳이었다.

그 운하는 뮤가 거대한 짐승[1]으로 들끓었기 때문에 아틀라시아로 오는 피

---

1   공룡

난민들로 가득 차 버렸다. 그 짐승들은 '창조'라는 강의에서 그대들에게 설명한 것처럼, 또 다른 창조물의 흔적이다.[2] 그 당시 많은 사람들이 살고 있었고, 그들의 건축물은 모두 지하에 있었다. 레무리아에서 지상에 사는 사람들은 아무도 없었으며 모두가 산속에서 생활하였다. 그 당시에는 단지 하나의 거대한 산맥밖에 없었는데, 그것은 지금의 태평양 연안 북쪽까지 뻗어 있었다. 거대한 대평원으로 이루어진 뮤 대륙에 살던 모든 사람은 산속에서 움막을 짓고 살았다. 그들은 지하에 놀랄만한 터널 망, 고속도로, 샛길들을 구축했는데 이러한 모든 것들은 지상의 거대한 동물로부터 자신들을 보호하기 위한 것들이었다. 지상의 동물들은 갈수록 많아지고 난폭해졌으며, 또한 계속 진화함으로써 그들의 몸집은 더욱더 거대해졌다.

레무리아가 곧 물에 가라앉을 것을 알면서도 조국에 그대로 남겠다고 한 사람들도 많았다. 이미 층(Stratum)에는 엄청난 양의 물이 고이기 시작했다. 땅이 물에 가라앉으면서 땅 위에 살던 모든 동물들과 짐승들이 자취를 감추었다. 그러한 일이 일어났을 때 지구의 지축이 움직였으며, 레무리아의 높은 지역은 엄청난 추위에 휩싸였다. 그 추위는 모든 것을 종결시켰다. 대륙이 가라앉으면서 사랑하는 조국, 레무리아와 함께 남기로 했던 모든 사람들 역시 가라앉았다. 그들에 관한 이야기는 그 시절의 기억들과 함께 역사의 한 페이지로 남게 된 것이다. 젊은 사람들은 아틀라시아와 레무리아를 잇는 수로를 통해 아틀라시아로 피난하였다.

그곳에서 우리들은 노예, 개 혹은 혼이 없는 비천한 것들이나 마음이 없는 무지한 것들로 불리었다. 높은 지성을 가진 아틀라시아인들은 눈에 보이지 않는 앎, 영성이 강한 뮤에서 온 피난민들을 좋아하거나 존중하지 않았

---

[2] 창조, 특별 테이프판 005.(Yelm: Ramtha Dialogues, 1980), 또한 '인류 역사에 관한 마스터의 회상. 1부, 인간 문명, 기원 그리고 진화' 참고 (Yelm: JZK Publishing, a division of JZK, Inc. 2001).

다. 나의 선조들은 미지의 신을 숭배하였다. 아직도 그 이름은 다양한 문명의 신성한 제단에서 많이 발견할 수 있다.

운하를 통해 도착한 곳은 오나이라고 하는 아틀라시아에서 가장 큰 항구 도시였다. 당신들이 살고 있는 이곳[3]이 거대한 도시라고 생각하는가? 항구 도시였던 오나이는 뉴욕시와 뉴욕시를 둘러싸고 있는 해안선 지역 모두를 합친 것보다 훨씬 더 컸다. 내가 살던 오나이는 그렇게 큰 항구 도시였다. 아틀라시아와 레무리아 사이에 두 대륙을 가르는 거대한 늪지대가 있었다. 늪지대 중간은 거대한 사발처럼 움푹 들어갔는데, 그곳에 물이 고여 있어 사람들은 그곳을 사발이라고 불렀다. 그 늪지대는 사람들이 다닐 수가 없었으며 범죄자들도 그곳에 들어갈 엄두를 내지 못했다. 그 늪지대는 두 대륙을 가르는, 암묵적으로 합의된 국경이었다.

그 당시 아틀라시아는, 진정, 생각으로 순수한 에너지의 힘을 완성했던 위대한 문명의 대륙이었다. 그들은, 참으로, 지성을 숭배하였다. 그리하여 지금 미국이라 불리는, 당신들의 나라 이쪽 동부는 지성으로, 서부는 영성으로 알려진 것이다. 이것은 사실이다. 이곳에는 그러한 경향이 여전히 남아 있다. 대도시가 있는 이곳 해안선은 아틀라시아의 북부에서 멀리 떨어진 섬들이 있는 해안 지대였다. 당신이 아메리카 대륙이라 부르는 곳은, 브라질 — 좋은 이름이지 않은가? — 과 남아메리카로 불렸다. 그 땅들은 이런 식으로 불렸다. 그것들은 하나의 거대한 땅이었으며, 그것들이 한 데 모여, 하나의 지점이 형성되었을 때, 아틀라시아라고 하는 광활한 대륙이 생겼다. 이러한 두 개의 거대한 대륙과 아틀라시아는 레무리아로 연결된 운하에 의해 나뉘어졌다. 그것은 오나이 남부에 있었던 유일한 항구였다.

---

3 이 세미나가 열렸던 도시, 뉴욕

대재앙

　당신들은, "람타, 바다에 있는 모든 물은, 어디에 있었는가?"라고 물을 것이다. 그것은 계속 층 속에 있었다. 물은 항상 그 층 속에 있었다. 바로 이것이 비옥한 테라라는 경이로운 산물을 만들었다. 이 층은 태양 빛을 받아, 지상에, 그 빛을 골고루 퍼뜨렸다. 최후의 날에, 어떻게 혹한이 닥쳤을까? 아틀라시아인들이 여행과 전쟁을 목적으로 빛을 완성했을 때, 그리고 물이 거대한 수로로 쏟아졌을 때, 생각과 사물 그리고 그 엄청난 빛이 그 층에 있는 거대한 수로를 절단하였다. 그곳에서, 물은 당신들이 수증기라고 부르는 대기의 작용으로 바뀌기 시작했다.

　조금씩 조금씩, 이러한 일이 시작되자, 레무리아 땅 내부는 우르릉 대는 소리를 내며 요동치기 시작했다. 그리고 요동이 시작될 때, 빛으로 인해 구멍이 뚫린 층에서 레무리아 대륙으로 엄청난 물이 쏟아지기 시작해 대홍수가 일어났다. 레무리아에 물이 덮치자, 지구는, 기울기 시작했다. 태아가 들어 있는 자궁 막이 뚫리면, 양수가 한쪽으로 쏠리면서 태아가 심하게 요동치며 옆으로 밀리는 것과 같은 일이, 테라에도 일어났다.

　거대한 행성 위로, 물들이 떨어지자, 행성의 온도가 바뀌어, 진정으로, 엄청난 추위가 몰아쳤다. 추위가 오고, 태양 빛을 잡아두었던 층에 구멍이 생기면서, 그 층 주변에 있던 모든 것들이 응결되었다. 그리하여 따뜻한 기운이, 그 뚫린 구멍을 통과하지 못하게 되자 엄청난 혹한이 닥쳤다. 이 모든 것들은 한 치의 오차도 없이 일어나, 그들이 개, 가치 없는 것들이라고 부르던 레무리아인들과 아틀라시아인들에게 위협이 되었던 모든 동물들이 순식간에 사라졌다.

　엄청난 붕괴와 대재앙으로 레무리아가 가라앉기 시작했을 때 아틀라시아에 어떤 일이 일어났을까? 아틀라시아는 균열되기 시작하였다. 레무리아 북부가 먼저 가라앉고, 혹한이 닥쳤을 때, 수로가 생겨났다. 땅 밑으로 경사가 생기면서 대륙의 곳곳이 엄청난 물로 채워지기 시작했다. 아틀라시아를 지탱하던 대륙들은 수로로 물이 들어오자 분리되면서, 수로를 따라 나뉘어 이동하기 시작하였다. 브라질과 남아메리카라 불리는 대륙은, 한때 서로 연결되어 있었으나, 지금 그 자리에는 거대한 수로가 흐르고 있다.

 아틀라시아인들은 이러한 일들이 그들의 지성적 행위의 결과라고 확신하였다. 그들은 자신들이 세계의 지배자이며, 그 가공할 만할 빛이 전혀 끔찍하지 않았다고 굳게 믿었기 때문이다. 사실 그 가공할 만할 빛이라는 것은 당신들의 레이저보다 좀 더 정교하고 실용적이었을 뿐이었다. 아틀라시아인들은 기계에 대해 전혀 지식이 없었던 피난민들을 경멸하였다. 그들은 멀리에서 층이 파괴되고 갈라지는 것을 목격했으면서도, 자신들에게는 결코 아무 일도 일어나지 않을 것이며, 그 층에 생긴 구멍은 돌발적인 사건에 지나지 않는다고 믿을 정도로 아주 오만했다.

 아틀란티스 대륙 ― 그것은 아틀라시아로 불렸다 ― 은 붉은 문명이었다. 당신들이 인디언이라 부르는, 붉은 인종의 선조는, 아틀라시아인들이었다.

오나이로의 이주

 내가 살았던 그 당시, 긴 피난 행렬은, 오나이의 빈민가로 불리는 곳에 정착하였다. 내가 당신들에게 말했던 일들이 일어나기까지는 오랜 시간이 걸렸다. 처음 층이 뚫리고, 대륙이 갈라져 수로가 생기기까지 당신들의 시간으로 600년이 걸렸다. 순식간에 일어난 것이 아니라, 오랜 시간이 걸린 것이다.

모든 피난민들이, 아틀란티스의 남부에 사는 동안, 과학 기술은 이미 엄청난 쇠퇴기를 맞이하였고, 아틀란티스의 북부는, 이미 무너져 밑으로 가라앉기 시작했다. 그들이 빛을 잘못 사용하고 있었기 때문이다. 알다시피, 그들은 빛을 이용하여 여행할 수 있었다. 그들의 비행선은 빛으로 여행하였다. 빛은 곡선이 아니라 직선으로 나아가기 때문에, 그 비행선들은 곡선으로 이동할 수 없었다. 그들은 위로 올라가려 했다. 그래서 빛으로 비행선을 가동하여 올라갔다. 그러자 그곳의 층이 파괴되었으며, 그 즉시 북부 지역에 엄청난 물이 쏟아져 내렸다. 물들이 밀려왔을 때, 어마어마한 흔들림이 있었다. 테라에 막대한 압력이 가해졌다. 지금은 당신들의 동부 라인이지만 그 당시 북부 지역이었던 이곳은 붕괴되고, 갈라지며, 쇠퇴하기 시작하였고, 물결의 소용돌이 아래 거대한 산들이 무너지고 가라앉았다. 그곳이 그렇게 무너져갔다. 어떠한 사전 경고 없이, 거대한 땅덩어리가 물속으로, 계속해서, 순식간에 사라져갔다.

그대들의 책 중의 책에, 이 시기에 대해 가장 적절하게 묘사된 구절이 있다. "보라, 최후의 날에 그들은 독수리가 별들 사이로 둥지를 트러는 기세로 날아오르지만, 나는 그들을 떨어트렸노라."[4] 그것은 그들의 이야기다. 그것은 미래가 아니라 과거를 이야기한 것이다. 그들은 계속 빛을 잘못 사용하였고, 더욱더 지층을 파괴하였다. 그리고 보라, 지구 밑에 있었던, 지층이 갈라진 표면에서 빛이 나타나기 시작하였다. 테라 바닥을 둘러싼, 당신들이 적도라고 부르는 것 밑에 있는 지층 표면에 남아 있던 모든 물이, 정체되었다. 균일하게 온기를 발산해왔던 빛을 운반하는 물속의 흐름이 깨졌기 때문이다. 그것이 자리를 이탈하였다. 이 대륙은 하나하나 무너지고 완전히 가라앉았다.

---

[4] "네가 독수리처럼 높이 오르며 별 사이에 깃들일지라도 내가 거기서 너를 끌어내리리라. 나 여호와가 말하였느니라." 오바댜 1: 4.

나는 최후의 100년이라 불리던 시기에, 아틀라시아로 왔다. 최후의 100년 동안, 당신들이 캐롤라이나라고 부르는, 그것에 맞는 적절한 명칭인, 그 대륙 — 그것들은 산꼭대기에 잔해로 남아있다 — 은 완전히 산산조각 났다.

그 특정한 시기의 아틀라시아 문명인들은, 자신의 선조들이 생각의 힘을 이용했던 과학 기술을 더 이상 사용할 줄 모르는 폭군으로 전락하였다. 폭군들은 민주주의 체제를 수립했다. 민주주의 체제에서 그들은 공공을 위한 법이 아닌 부당한 법으로 사람들을 지배했으며 레무리아인과 슬럼가에 사는 사람들 그리고 피난민들을 개, 아무것도 아닌 것, 혼이 없는 무지한 지성의 낭비로 취급하였다. 나는 이러한 시대에 살았다. 우리는 더 이상 위대한 빛을 가질 수 없었다. 아틀란티스의 과학 대도시 중심부에서, 최후의 대지진이 일어나면서 위대한 빛들은 사라졌고, 모든 것들이 파괴되었다.

죽은 말의 울음소리(Dear Horse Drones)[5]라는 곳이 있다. 이곳은 당신들의 동부 해안 밖에 있다. 그곳에는 바람이 없다는 것을 아는가? 그 끔찍하고 지옥 같은 곳으로 들어선 뱃사람들은 바람이 전혀 불지 않기에 그곳에서 나오지 못하고 죽었다. 아무런 바람도 불지 않는 그곳은 아틀란티스의 과학 중심부가 있었던 장소였다. 또한 그곳에는 거대한 문이 있다. 그 문은 지구 내부의 문명으로 통하는 거대한 기둥 혹은 진공관에 의해서 통제된다.[6] 그곳에는 왜 생명이 없을까? 그 당시 후반기에 축적되었던, 초월적 지성의 보편화라는 사고방식은 여전히 모든 것들을 지배하려는 태도를 발산하고 있다. 이것이

---

5 사르가소(Sargasso) 바다는, 북위 20~35도에서 서경 30~70도에 자리 잡고 있다. 사르가소 바다의 해류는 죽은 듯이 고요하다. 이곳은 세계에서 가장 강한 해류들로 얽혀 완전히 격리되어 있기 때문이다. 마치 태풍의 눈처럼 이곳은 대서양 지역에서 완전히 고립되어 있다. 사르가소 바다를 둘러싼 해류 안으로 들어선 어떤 것도 빠져나오는 것이 거의 불가능하다. 버뮤다 삼각지를 연상케 하는 이곳은 선원들에게 아열대 무풍지대(Horse Latitude)라고 불린다. 오직 바람에 의지하며 항해하던 배들이 식량과 물을 아끼기 위한 최후의 수단으로 말과 가축들을 배 밖으로 던졌기 때문이다.
6 고대 지혜라는 진주의 재발견, 2부 인류 역사에 관한 마스터의 회상, 2장 "지구 중심부의 생명" 참고 (Yelm: JZK Publishing, a division of JZK, Inc. 2002).

바로 그곳에 어떤 생명도 존재하지 않는 이유이다.

내가 어렸을 때 세상을 다스리는 것은 빛이 아니라 폭군, 악독한 법이었다. 인간의 생명은 아무런 가치가 없었다. 붉은 사람들 즉 인디언들이 왜 그렇게 잔인하게 학살을 당했을까? 그들은 그 당시 백인들을 학살했던 자들이었기 때문이다. 그들은 한때 테라 전체를 다스리는 지배자였으나 그들의 카르마 때문에 그렇게 학살을 당한 것이다. 그들은 두 대륙을 연결하던 늪지대를 쓸모 없는 땅이라 불렀으며, 그곳에 온갖 쓰레기와 시체들을 버렸다. 그대들은 항상 물에 젖어 있는 습기 찬 땅에 무엇인가 심으려고 한 적이 있는가? 그곳은 황인종들에 의해 재배의 과학이 탄생하여 벼가 자라는 곳이었으나 아틀란티스를 고향이라고 부르는 사람들에겐 그저 쓸모없는 땅에 불과했다.

이 지상에 살았을 때, 이 지상에 살았을 때 내가 했던 유일한 일은 폭군들을 상대하는 것이었다. 그것이면 충분하지 않은가? 그것이 빛보다 더 강하지 않은가? 진정 그러하다. 사랑하는 존재들이여, 생명이 아무런 가치가 없었던 그 시대의 삶은 참으로 비참하였다. 생명은 정말 아무런 가치가 없었다. 그들은 거리의 굶주린 여자들을 지나칠 때면, 우리에게 했던 것처럼, 재스민과 장미향이 듬뿍 배인 고상한 리넨 손수건으로 코를 막았다. 우리는 단지 고약한 냄새를 풍기는 불쾌한 존재였다. 이러한 시대에 내가 태어났다.

내가 순종하고 배우면서 살아갈 때, 나는 일종의 떠도는 부랑자와 같았다. 가녀린 나의 몸은 몹시 허약했다. 화로를 피우기 위해 불쏘시개를 가져올 힘도 없었다. 제대로 먹지 못했기에 영양실조에 걸렸던 것이다. 겨울과 순백의 고요함이 찾아왔을 때, 나에게는 몸을 따듯하게 해 줄 털옷조차 없었다. 그렇게 내 몸은 점점 쇠약해졌다.

내가 아주 어린, 작은 소년이었을 때, 그 시대의 꿈들은 매우 초라했다. 나의 혈통은 이 땅의 배설물이라 불렸기 때문이다. 우리들은 지구의 쓰레기였다. 의식적으로 뛰어난 나의 민족과 혈통은 땅 위에 살았던 거대한 짐승들을 모두 삼켰던 바닷물과 함께 가라앉는 편이 나았을 것이다.

당신에게 침을 뱉고 오줌과 똥을 누어도 참아야 하며, 그것을 씻는 것이 허락되지 않아 오직 눈물로 닦아야 했던 가치 없는, 혼이 없는, 쓸모없는, 구역질 나는, 불쾌하고, 천한 존재로 불리는 것에 대해 잠시 생각해보라. 어머니와 아버지가 없다는 것에 대해서 생각해보라. 굶주림의 고통을 참기 위해 침을 삼키는 당신보다 훨씬 더 잘 먹는 거리의 개를 생각해보라. 그럴 때 내가 어떤 꿈을 꿀 수 있었다고 생각하는가? 창조하기 시작한 인간들은 지성의 오만한 어리석음에 빠져, 자신이 너무나 우월하기에 자신의 피부색보다 못하거나 혹은 자신의 문에 달린 장식품보다 못한 것들은 아무런 가치가 없다고 여겼다. 그들의 오만함에 견줄 만한 것은 아무것도 없었기 때문이다. 그들의 오만함에 견줄 만한 존재가 되는 것, 그것이 나의 꿈이었다.

그의 환생 이전

누가 람타가 되기를 선택했는가? 나다. 누가 당신이 되기를 선택했는가? 당신이다. 나와 마찬가지로, 당신은 응결된 생각이 육체라는 것으로 나타나기 전, 물질을 이해하는 과정에서 진화할 수 있는 유전자 패턴을 결정하였다. 당신이 높은 차원에서 낮은 주파수 차원으로 한 번도 내려온 적이 없다면 낮은 차원을 이해할 수 없다. 당신 존재가 순수한 상태에 있을 때에는 낮은 차원을 이해할 수 있는 지식을 가지고 있지 않다. 그리하여 당신은 신의 왕국 전체를 전혀 이해하지 못한 채 그저 그곳에 있게 된다.

나는 내 육체를 창조하지 않았다. 나는 영원의 안뜰이라 불리는 곳에, 머물러 있었다. 영원의 안뜰이란, 이를테면, 평평한 층이다. 그곳은 테라의 맨

틀이라 불렀다. 나는 그곳에서 온전한 하나의 집단과 함께 있었으며, 다섯 인종이 이 세상으로 하강한 후에도, 마스터여, 지구의 맨틀 안에 있으면서 이 세상으로 나오지 않았었다. 교미 행위가 곳곳에서 일어나고 그 결실의 씨앗이 생기기 시작하면, 누가 그 안에 계속 머무르려고 할까? 그것은 이상한 일이 아니었다. 만약 신이 자신의 사랑하는 형제를 위해 창조력을 확장하여 자신을 둘로 나눈다면, 어떤 혼과 영이 그 씨앗 속에 들어가 살게 될까? 그는 그 둘로부터 창조되었기에 다른 형제가 되지 않을 것이다. 그렇게 될 수 없다. 그 둘로부터 창조된 자식은 하나의 혼과 하나의 영이 있어야만 한다. 몸은 쉽게 만들어지지만, 혼과 영은 영원하다. 나는 육체를 통해서 표현하기를 열망했다. 그렇게 안될 이유가 있을까?

모든 이들이 처음 시작할 때, 무모한 신이었듯이, 나 또한 여러 가지 면에서 무모한 신이었다. 경쟁심으로 인한 생각과 이해의 오용으로 우리는 아름다운 곳을 파괴하였다. 나는 그들 중의 한 명이었고, 당신도 그들 중의 한 명이었다. 우리들은 왜 우리가 창조하는 것을 통해 표현하고 싶어할까? 우리가 현실로 표현하지 않는다면, 현실이 존재하는지 어떻게 알 수 있을까? 우리가 그것의 일부가 되어보지 않는 한, 우리가 창조한 것이 존재한다는 것을 어떻게 알 수 있을까?

그리하여 인류는 번영하였고, 자신을 사랑하는 신의 충만함 속에서 삶과 문화, 그리고 사랑이 퍼져 나갔다. 내가 이 세상에 오기로 한 것 — 안뜰 혹은 맨틀에 있는 모든 존재들이 이 세상에 나오기로 한 것처럼 — 은 자연스러운 흐름이었으며, 나는 이 세상에 태어나길 선택하였다. 나는 테라를 좋아했다. 내가 테라를 좋아한 것은, 우리에게 희망이었기 때문이다. 테라는 아름답고, 빛나고, 순결한 곳이었으며, 우리는 과거의 그릇된 실수를 통해 배웠다. 나는 지구에 동참하고 싶었다.

내가 알지 못했던 것은, 일단 진동이 한층 더 낮은 영역으로 내려온다면, 더 낮은 곳에 살기 때문에, 더 높은 영역을 잊게 된다는 것이었다. 안뜰을 떠나, 이 세상에 태어나는 모든 사람들은 높은 곳을 잊었지만, 그것은 그들의 본능 안에 존재했다. 동물들이 그들의 본능을 가지고 있듯이, 인간들 또한 그들의 본능을 가지고 있다. 그러나 완전한 기억으로 가지고 있는 것은 아니다. 영이 육체의 완성으로 기쁨이 넘치는 순간, 기억 전체를 갖게 되지만, 에고는 그렇지 않다.

그렇게, 나는 이 세상에, 무지한 야만인으로 태어났다. 인간이 다르다는 것 — 야만인인지 아닌지 혹은 왕인지 아닌지 — 을 어떻게 이해할 수 있었을까, 이러한 것들에 대한 나의 태도가 다르다는 것을 어떻게 알 수 있었을까? 내가, 그것들이 되어보지 않았기에, 나는 그것들을 단정 지을 수 없었다. 높은 차원에 있는 요소들은 낮은 차원에 있는 요소들을 결코 판단할 수 없다. 오직 낮은 차원의 요소들만이 높은 차원의 요소들을 판단할 수 있다. 높은 차원에는 낮은 차원의 요소가 없으므로, 낮은 차원의 요소들을 이해할 능력이 없기 때문이다. 무슨 말인지 알겠는가?

나는 태어나기 전 인간이 다른 인간의 노예가 될 수 있다는 것을 알지 못했다. 쓰레기 같은 인간의 삶에 대해서, 진정 알지 못했다. 권리 박탈, 노예상태, 그런 것들을 어떻게 알 수 있었겠는가? 나는 그러한 것들을 경험한 적이 없었다. 내가 무지한 자, 야만인, 혼이 없는 자, 어리석은 개라는 경험을 하고 나서야, 비로소 나는 나 자신이 될 수 있었다. 우리는 그렇게 취급받았다. 내가 아틀라시아라고 불리는 귀족 계급의 희생물이 되어보지 않고서, 그들보다 낮다는 것을 어떻게 알 수 있겠는가? 당신이 살고 있는 나라의 일반적인 지식을 갖지 못할 정도로 당신이 무지할 때, 당신은 자신을 받아주지 않는 사회의 변두리에 얹히게 될 것이다. 만약 그들이 당신을 받아준다면, 그것은 그들 자신의 결함을 상기시킬지도 모르기 때문이다. 에고는 그런 것을 좋아하지 않는다. 변형된 에고는 자신이 변질되었다는 것을 떠올리고 싶어 하지 않는다.

나는 람타가 되기를 선택하였다. 당신은 당신이 되기를 선택했고, 당신의 혼은 당신의 부모, 당신의 피부색과 성별, 그리고 당신이 어디에서 살 것인가 즉 장소를 결정했다. 맞는가? 그래서 당신은 당신인 것이다. 그와 마찬가지로 내 삶에서 나는 람타였고 람타로 잉태될 수 있었다. 나는 오직 나의 위대함의 형상이었지 결코 그것보다 못한 존재로 드러난 적이 없었다. 나의 위대한 형상은 혐오스럽고, 경멸받으며, 사랑받지 못하는, 가치 없는 존재, 지구 상의 더러운 존재로 바뀌어버렸다. 그리하여 그것이 나의 형상이 되었고, 나는 그렇게 보였다. 그럼에도 불구하고, 유전학적으로 말할 때, 내가 나오기로 선택했던 혈통과 계보에는 보이지 않는 가치에 대한 위대한 앎이 있었다. 사람들은 그들의 혈통과 계보에 매달렸고, 곧 거대한 바닷속에 잠길, 그들의 조국에 매달렸다. 이러한 피난민들은 눈에 보이지 않는 앎에 매달렸지만, 우리의 지배자들은 기계들, 왕국들, 권력 그리고 질서와 같이 눈에 보이는 현실로 나타나지 않으면, 그것을 믿지 않았다.

내가 라뮤스트, 람이라 불리는 가문에서 태어난 이유는 내가 그 혈통을 선택했기 때문이다. 내가 출생했던 그 가문 — 혼 안에 비슷한 감정을 지닌 집단 — 은 그들이 극복해야 할 감정적 이해를 갖고 있었다. 감정적인 창조성을 가진 가문으로부터 태어난 사람들도 있는데 그들은 단지 진보하기 위하여 기계, 법령, 폭정, 분리 그리고 증오를 창조하였다. 당신이 어느 가문에서 태어났을 때, 당신은 그 가문이 어떠한 가문이라는 것을 분명히 알 수 있다. 그저 당신의 눈을 내면으로 돌려 당신의 영광이 어디에 있고, 당신이 집중하는 것이 무엇인지 알기만 하면 된다. 당신은 이미 그것을 알고 있기 때문에 내가 말할 필요가 없다. 나는 진보에 역행하는, 뮤라고 하는 곳에서 레무리아인으로 태어나기를 선택했다.

아버지가 없다고 해서 내 어머니를 원망하지 않았다. 우리의 아버지가 다르다고 해서 형제들을 미워하지 않았다. 우리가 극심하게 가난했어도 어머니를 원망하지 않았다. 내가 그렇게 태어나기로 선택한 것에 대해 나의 신을 원망하지 않았다. 존재들이여! 이 점은 당신들이 기필코 배워야 한다. 감정에 치중한 가문과 진보에 치중한 가문이 부딪쳤을 때 일어났던 일은, 결국 전쟁이었다. 전쟁, 이 말이 무슨 뜻인지 아는가? 전쟁을 알기 위해 위대한 군대에 속할 필요는 없다. 당신은 아주 예리한 혀만 있으면 된다.

미지의 신과의 싸움

내 생에서, 어린 소년이었을 때, 나는 어머니가 거리에서 그녀의 사랑스러움을 빼앗기는 것을 보았다. 내 삶에서, 우리가 살았던 곳 도처에서, 그러한 끔찍한 일들이 일어나는 것을 보았다. 어머니가 그런 일을 당한 후, 그녀의 뱃속에서 아이가 자라는 것을 보았고, 그것이 누구인지 알았다. 그리고 어머니가 흐느껴 우는 모습을 보았다. 왜? 그 이유는 분명했다. 어머니가 이 약속된 땅에서 고통받았던 것처럼 또 다른 생명이 태어나 거리에서 고통을 받아야 하는가? 어머니가 여동생을 낳는 것을 도와주었다. 어머니가 너무 허약해 혼자 힘으로 아이를 낳을 수 없었기에 내가 어머니의 출산을 도와야만 했다. 그리하여 작은 여자아이가 세상을 향해 소리치며 태어났다. 하지만, 그것은 기쁨이 아니었다. 확실히 그것은 기뻐해야 할 일이 아니었다. 나는 어머니 앞에서 용감해야만 했다. 어머니가 너무도 굶주려 허약했기 때문에, 갓난아이가 아무리 젖을 빨아도 그녀의 부드러운 가슴에서는 젖이 나오지 않았다. 어머니의 품에서 젖을 빨던 여동생은 점점 허약해졌다.

우리가 왜 이러한 고통을 당해야만 했을까? 우리는 소작농이었고, 가치 없는 것이었으며, 지배받는 땅에 사는 아무것도 아닌 존재였기 때문이다. 누가 이 땅을 지배했을까? 이 땅을 가진 사람들이었다. 그들은 우리에게 그들의 땅에 살며 경작하도록 했지만, 노동의 대가로 아무것도 주지 않았다. 그렇다면 그들은 우리가 거둔 수확물을 어떻게 했을까? 그들은 그것들을 곡창에 쌓아놓고, 배불리 먹으면서 그들의 기름진 배를 두드렸다. 이것은 정말 불공평하지 않은가? 대체 사람들이 말하는 신은 대체 누구인가? 어머니는 아이에게 먹일 젖이 나오지 않아 울고 있었기에, 나는 정말 화가 났다.

발이 무척 빨랐기 때문에 거리를 돌아다니며 남의 개를 죽이거나 들새들을 잡았고, 밤에는 지주의 곡식을 훔쳤다. 어머니는 내가 구해온 것들을 먹고, 그 힘으로 여동생에게 젖을 먹일 수 있었다.

갓난아이였던 여동생이 어머니의 마지막 남은 힘을 모두 빨아 어머니가 죽었다고 해서, 곧 죽을 동생을 원망하지 않았다. 그 힘은 모두 새로운 생명에게 주어지고, 그 생명은 계속 나아갈 것이기 때문이었다. 어머니는 여동생을 품에 안은 채 죽었다. 아무것도, 더 이상 아무것도 남지 않았다. 그 후 여동생은 심한 설사병에 걸려 먹는 것마다 토해내어 결국 몸 안의 생명을 모두 잃어버렸다. 그렇게 그들은 이 세상을 떠났다.

아직 어린 아이에 불과했던 나는 깊은 밤 나무들을 모아 어머니와 동생을 눕힌 후, 그 위에 나무를 덮었다. 그리고 어머니와 어린 여동생을 위해 기도하였다. 나는 그들을 깊이 사랑했다. 나무에 몰래 불을 붙였다. 불이 너무 빨리 타 시체 타는 냄새가 사방으로 퍼지면 사람들이 시체를 사막에 던져버릴까 봐 두려웠기 때문이다. 그러면 하이에나들이 달려들어 어머니와 동생의 시체를 뜯어먹을 것이고 이것에 대해 마을 사람들은 전혀 개의치 않을 것이다. 나는 조심스럽게 불을 지펴서 그들을 태웠다.

비록 어린 나이였지만 붉은 인종 — 그들은 아틀라시아인으로 불렸다 — 에 대한 증오는 거대한 독사처럼 내 존재 안에서 커져갔다. 나의 남동생마저 한 성주의 성적 노리개로 끌려간 후, 나에게는 정말 아무것도 남아 있지 않았다.

나의 조상들은 별과 달 너머에 있는 것들을 숭배하고 사랑했다. 그들은 눈에 보이지 않는 것을 사랑했다. 그들은 그것을 미지의 신이라고 불렀다. 어린 소년이었을 때 나는 나와 나의 어머니를, 그리고 내 어린 여동생과 나의 민족을 사랑할 능력이 없는 미지의 신을 원망하지 않았다. 나는 그를 원망하지 않았다. 그를 증오했다.

내가 살던 당시, 나의 민족 중 어느 누구도 인간답게 살지 못했다. 우리에게 인간의 존엄성과 고귀함 같은 것은 전혀 없었다. 그러던 어느 날 아주 먼 곳에 어렴풋이 보이는 신비로운 거대한 산을 발견하였다. 그 산의 정상으로 올라가 미지의 신을 만나면 그의 부당함에 대한 나의 증오를 선포하리라. 그리하여 나는 여행을 시작하였다.

내가 살던 오두막집을 떠나 거의 눈에 보이지 않을 정도로 멀리 떨어진 거대한 산을 향해 달렸다. 나의 여행은 산에 도착하기까지 90일 — 메뚜기와 식물 뿌리 그리고 개미 등으로 허기를 채우며 — 이 걸렸다. 만일 신이 있다면, 우리의 땅을 지배하는 사람들이 우리보다 높은 곳에 사는 것처럼, 그 역시 우리 위에 살고 있을 것이라 생각했다. 산의 정상에 도착해 신을 찾았으나, 그는 그곳에 없었다. 단지 혹독한 추위만이 있을 뿐이었다. 나는 추위에 내 눈물이 얼 때까지 서럽게 울었다. 그리고 소리쳤다. "나는 인간이다. 나는 왜 인간답게 살지 못하는가?"

그러자, 보라, 한 번도 본 적이 없는 아름다운 여인이, 황금빛 머리카락을 휘날리며 나에게 왔다. 그녀는 백합도, 장미도, 아이리스도 아닌 처음 본 꽃으로 만든 화관을 쓰고 있었다. 그녀의 드레스는, 하늘거리고, 부드럽고, 은은했다. 그녀는 나에게 다가와 거대한 검을 주었다. 그것은 윙윙 소리를 냈다. 아홉 개의 손으로 검의 자루를 잡아야 할 만큼, 그 검은 매우 컸다.

그녀는 말했다. "오, 람, 오, 람이여, 진리를 배운 ― 우리 불쌍한 존재들의 영을 일깨운 ― 당신에게 간절히 바랍니다. 이 땅에는 분명 오랫동안 존재해온 진리가 있습니다. 당신의 기도를 들었습니다. 당신은 강한 신념과 능력을 지니고 있습니다. 이 검을 받아 잘 사용하십시오." 그리고 그녀는 사라졌다. 나는 나의 광기와 내가 보았던 환영들에 의해 눈이 멀었었다. 나는 더 이상 혹독한 추위에 떨지 않았으며, 오히려 따뜻한 기운을 느낄 수 있었다. 내 눈물이 떨어져 얼어붙은 곳을 다시 바라보니, 그곳에 아름다운 꽃 한 송이가 피어있었다. 나는 그것이 희망의 꽃임을 알 수 있었다.

날개가 달린, 크로샴 검은 있음이 그 자신을 가장 아름다운 모습으로 표현한 것이었다. 그녀는 나에게 검을 주면서 말했다. "가서 자신을 정복하세요." 그 후의 이야기는 당신들이 모두 아는 이야기이다. 그 검을 주었던 존재는 하나의 독립적인 개체가 아니다. 날개가 달린 그 검을 만든 것은 '있음의 조화'이다.

나는 나의 큰 검을 가지고 산에서 내려와 돌아가신 어머니가 살았던 오두막집으로 돌아왔다. 누가 어머니의 젖을 빨고 있었는가? 그것은 당신이었다. 왜냐하면 당신은 나의 왕국이었고 나의 집이었고 나의 꿈이었기 때문이다. 그리고 당신은, 기근에서 살아남았다. 내가 그 안으로 들어갔을 때 그들은 그들의 문을 열었기 때문이다. 그리고 내 몸은 더 이상 힘없이 움직이지 않았다. 나는 람이었다.

많은 사람들이 그 후의 이야기에 대해 알고 있다. 정복하고 극복할 수 있게 만든 원동력, 그것은 내 혼에 있는 감정이었으며 복수하고자 하는 욕망이었다. 나는 전쟁을 일으켰다. 그 당시 오만한 아틀라시아인들에 대항하는 어떤 군대도 없었다. 내가 군대를 만들었다. 나는 미지의 신에 겁먹었고, 검을 받았으며, 나 자신을 정복하라는 말을 듣고 위대한 산에서 내려왔다. 검이 너무 커 그 검을 빼서 다른 사람의 목을 칠 수도 없었다. 내 팔이 검의 손잡이에 닿지도 않았다. 나는 아주 많이 울었지만, 검에서 영예로움을 얻었다. 그리고 내가 오나이로 돌아왔을 때, 그 도시를 정복할 수 있었다.

폭정에 맞선 위대한 행군

오나이를 정복한 후 오나이의 잔해들과 시체들을 태우는 데 오랜 시간이 걸렸다. 흐르는 물에서 악취가 났지만, 땅으로는 스며들지 않았다. 그것은 매우 다행이었는데, 물이 악취를 정화했기 때문이다.

온갖 공격과 전투 끝에 도시를 하나하나 정복할 때마다, 존재여, 나의 군대는 점점 커지고 강해졌다. 처음부터, 나는 폭정을 증오하였다. 그리고 나는 오직 죽을 각오로 싸웠다. 두려움을 갖고 싸우지 않았다. 나는 두려움을 전혀 몰랐다. 오직 증오만이 있을 뿐이었다. 당신을 죽일 수도 있다는 생각이 들만큼의 강한 상대라면, 당신은 최고의 적을 만난 것이다. 그러나 존재여, 두려움이 없을 때, 오직 정복만이 있을 뿐이다. 영웅은 그렇게 만들어진다.

나는 울고 싶었다, 존재여, 내가 가진 그 불가사의하면서도 가공할 만한 검으로, 끔찍하고 잔인한 일을 저지르고 있다는 것을 알았기 때문이다. 이 모든 것이 너무도 끔찍했기에 울고 싶었다. 나는 내가 증오했던 그 끔찍한 것이 되어 버렸다. 이전에 나와 함께했던 사람 중 좋은 와인과 수많은 책을 가진 덥수룩한 눈썹의 한 학자가 있었다. 그는 야만인인 나를 가르치려 했다.

알다시피, 나는 그렇게 대단한 전사는 아니었다. 그 당시에는 다른 사람들에 비해 체구도 작았다.

나는 길을 따라 걷다 갑자기 방향을 바꾸어, 검을 받았던 산으로 도망쳤지만, 도저히 나를 따르는 사람들을 떼놓을 수 없었다. 한참을 달린 후 뒤를 돌아보면 사람들은 여전히 나를 향해 달려오고 있었다. 내가 가던 길을 멈추면 그들도 따라 멈추었다. 그들이 멈춘 자리에는 먼지가 하얗게 일어났다. 노인들은 천으로 얼굴과 머리를 감싼 후 옆으로 묶었으며, 바람이 불면 접힌 옷자락에 먼지가 내려앉았다. 맨발인 사람들도 있었고, 굽이 낮은 신을 신고 있는 사람들도 있었으며, 부츠를 신은 운 좋은 사람들도 있었다. 그리고 그들은 모두 조리 도구나 무기 혹은 자질구레한 물건들을 담은 보따리를 들고 있었다. 그들은 한 줄로 서서 나를 바라보았다. 그때 나는 어느 모로 보나 어른이 아니었다. 어린 소년에 불과하였다.

한번은 아주 빠르게 달렸다. 언덕이 보이자 언덕 너머로 질주하다가 갑자기 멈춘 다음 작은 고원으로 달려가 그 꼭대기까지 올라갔다. 그들을 완전히 따돌렸는지 보기 위해 땅에 엎드려 내려다보니, 그들은 밑에서 나를 바라보고 있었다. 개들은 짖어대고, 나귀들은 소리 지르고, 말들은 울고, 먼지는 뿌옇게 일어났다. 결국, 나는 자리에서 일어나 그들을 내려다보며 소리 질렀다. "왜 나를 따라옵니까?" 그들은 아무 말도 하지 않았다. "당신들이 따라오는 것을 원치 않아요. 어느 누구도 좋아하지 않는다고요. 나는 당신들과 전혀 상관없어요. 당신들이 싫어요. 모두가 싫다고요. 따라오지 마세요. 나를 내버려두라고요." 나는 울화가 치밀어, 두 눈이 충혈되었다.

그러자 한 젊은 남자가 사람들 속에서 걸어 나왔다. 그는 작은 하프를 들고 있었고, 하프를 아주 잘 탔다. 그는 갈색, 황토색의 질 나쁜 염료로 제대로 염색이 되지 않은 거친 튜닉(소매가 없는 헐렁한 웃옷)을 몸에 걸치고 있었다. 그의 양팔은 단단하였고 불룩했으며 기름을 바른 것처럼 윤기가 흘렀다. 그는 무릎까지 내려오는 튜닉을 입고 있었으며, 그 밑으로 보이는 다리는 햇볕에 그을린 농부의 다리처럼 튼튼해 보였다. 아주 곱슬거리고 검은 그의 머리는 목까지 흘러내려 왔다. 그런 그의 모습은 아주 아름다웠다. 그가 하프를 타며 황홀하고 사랑스러운 노래를 부르기 시작했다.

모든 사람들이 수군거리며 노래를 부르기 시작한 젊은이가 앞으로 나올 수 있도록 길을 비켜주었다. 그의 노래에도 아랑곳하지 않고 등을 돌리자 그는 말했다. "위대한 람이여, 들어주세요. 당신께 드리는 선물입니다." 내가 뒤를 돌아보자 그는 희망을 잃은 사람들을 위한 희망의 노래를 부르기 시작했다. "우리는 보이지 않는 땅에서 온 아무것도 할 수 없는 사람들이며, 가족들이며, 이름 없는 영혼들입니다. 모든 것들이 파괴되었을 때 우리는 겨우 살아남았습니다. 그리고 우리의 피부색과 신념으로는 아무것도 할 수 없어 자유를 찾기 위해 여기에 모였습니다. 위대한 당신은 우리를 해방시켰으며 먹을 것을 주었습니다. 당신은 우리의 가족입니다. 당신이 어디에 있건 우리도 그곳에 있을 것이며, 당신이 누운 자리에 우리도 누울 것이며, 당신이 갈증을 푸는 곳에서 우리도 갈증을 풀 것입니다. 당신이 어디를 가건 우리는 당신과 함께할 것입니다."

노인들도 노래를 따라 부르기 시작하였다. 가사를 제대로 알지 못하는 사람들도 같이 흥얼거렸다. 그러자 곧 모든 사람들이 경이로운 화음을 이루며 노래를 즐겼다. 나는 무릎을 꿇고 울었다. 그들은 위대한 소년 정복자를 위하여 계속 노래 불렀다. 여자들이 춤추기 시작했다. 나이 든 여인들은 불을 지피고 빵 반죽을 꺼내 손으로 모양을 만든 다음 불에 구웠다. 그러자 맛있는 고깃국, 발효되지 않은 빵, 시큼한 와인, 사람들의 땀, 노랫소리, 담배 피우며 뱉는 침, 동물들의 오줌, 똥 냄새가 가끔가다 풍겨오는 재스민 향기와 섞여 주변을 가득 채웠다. 사실상 그들은 그곳에 터를 잡은 셈이었다.

나는 구석으로 가 앉았다. 이 모든 일에 대해 어떻게 해야 할지 몰랐다. 내 어머니조차 보살피지 못했는데, 이 많은 사람들을 어떻게 보살필 수 있단 말인가? 사람들은 여전히 노래를 불렀다. 잠을 잘 수가 없었다. 잠시 잠들었다 깨어나면 그들은 여전히 똑같은 노래를 부르고 있었다.

잠시 후 잠자리에서 일어나 앉아 있으니 누군가가 오는 소리가 들렸다. 나의 나이 든 선생님이었다. 그는 두 눈이 어디를 보고 있는지 알 수 없을 정도로 덥수룩한 눈썹을 가지고 있었다. 그를 볼 때마다 나는 마법사를 떠올리곤 했다. 그가 내 옆으로 다가와 바닥에 가죽을 깐 후 그 위에 편하게 앉았다. 그리고 좋은 향이 나는 와인을 꺼내 잔에 따라 마시고는 그 와인을 나에게 주었다. 나는 무례하게 그것을 병째 마셨다. 그러자 그는 인상을 쓰면서 고개를 돌렸다. 그가 나에게 약간의 빵과 치즈를 주면서 말했다. "자네에게 소개할 사람이 있네." 나는 그에게 심한 욕을 퍼부었지만, 그는 내 말에 전혀 개의치 않았다. 하프를 든 젊은이가 우리에게 왔다. 젊은이는 재빠르게 한 치정도 물러나 앉더니 별을 바라보면서 하프를 켜기 시작했다. 나는 아주 짜증이 났다. 나이 든 선생님은 나에게 와인을 더 마시라고 권했다. 와인을 마시자 음악 소리는 갈수록 달콤하게 들렸다.

아침에 깨어났을 때 해는 이미 중천에 떠 있었다. 태양을 향해 독설을 퍼부었다. 고개를 숙이고 바라보니, 벌레 한 마리가 몸으로 기어 올라와 어깨와 팔꿈치 사이를 오르내리는 것이 보였다. 잽싸게 손으로 그것을 떨쳐냈다. 그때 누군가가 나에게 시원한 물을 주었다. 하프를 연주하던 자였다. 나는 그에게 어떤 말도 하지 않았다.

그가 말했다. "주인님, 우리를 받아 주십시오. 우리는 모두 하나의 위대한 가족이며, 우리 모두 당신을 사랑합니다. 그들이 외치는 소리를 들으십시오.

그들은 당신을 필요로 하며 당신을 사랑합니다. 우리는 위대한 가족이 되고자 모였습니다. 우리는 당신이 어디를 가든 당신을 따를 것이며 당신과 함께 죽을 것입니다. 그들이 외치는 소리를 들으십시오."

귀를 기울이며 내려다보니 온갖 소리가 들렸다. 노인들은 조용히 웃고 있었고 여자들은 미소를 띠고 있었으며 아이들은 신나게 놀고 있었다. 나는 그들에게 조용히 하라고 청했고, 그들이 조용해지자 말하기 시작했다. 그리고는 어디로 가야 할지 모르겠지만, 어딘가는 갈 것이고, 집이 없다면 따라와도 좋다고 말했다. 그러자 우렁찬 함성이 터져 나왔다.

모든 사람들이 그들의 막사를 정리하였다. 내가 내려와 야영지를 가로질러 걷다가, 멈추고 둘러보자, 그들도 멈추고 나를 바라보았다. 내가 한 걸음 내디디면 그들도 한 걸음 내딛고, 내가 달리면 그들도 같이 달렸다. 그들이 나와 함께라는 생각이 들자 그때부터 우리는 행군을 시작했다. 우리는 오나이 인근에 위치한 성을 포위해 공격했고, 나는 그렇게 용감한 전사들을 한 번도 본 적이 없었다. 노인들이 그렇게 날쌜 수 있다는 것을 알지 못했다. 여자들도 아무런 망설임 없이 부상자들을 그렇게 신속하고 유연하게 돌볼 수 있다는 것을 알지 못했다. 그리고 아이들이 그렇게 차분할 수 있다는 것도 결코 알지 못했다.

성을 정복할 때마다 훨씬 더 많은 사람들을 얻었으며, 그들도 나의 가족이 되었다. 매번 전쟁이 끝나고 모든 것들이 평정되면, 사람들은 똑같이 함성을 지르고 춤을 추었다. 여자들은 발효하지 않은 빵을 구웠고, 남자들은 침 튀기며 내기를 했다. 나는 즐거운 가족을 갖게 된 것이다. 행군은 계속되었고 군대는 갈수록 커졌다. 내가 승천할 당시 나의 백성은 2백만 명이 넘었다. 모두 신나게 함성을 지르는 강한 군대였다. 이것이 나의 이야기이다.

나는 더 이상 어린 소년도, 무지한 야만인도 아니다. 더 이상 정복자도 아니다. 나는 나이다.

내가 왜 람으로 불렸는지 아는가? 위대한 산에서 선택되어 산 아래로 내려온 자라고 하여 사람들이 나를 람이라 불렀기 때문이다. 그 후 나는 다른 왕국을 공격하여 함락시키지 않았다. 그들 스스로 항복하게 하였다. 그런 후 우리는 그 땅에, 그리고 우리가 가는 모든 나라에 정의를 심었다. 우리가 지나간 자리에는 온갖 아름다운 꽃들이 자유롭게 피어나기 시작하였다.

분노와 적개심 그리고 나의 욕망을 통해, 나는 고귀함과 명예로움을 느꼈으며, 당신들이 말하는 위대한 존재가 되었다. 존재들이여, 영웅이 무엇인지 아는가? 음, 나는 진정 영웅이었다. 그 영웅은 생명을 구하고 삶의 과오들을 바로 잡았지만, 그 또한 잘못을 저지르고 있다는 것을 깨닫지 못하는 자였다. 나는 그 후 10년 동안 수많은 폭군들을 살해하는 일에 사로잡혔고 나의 피부색은 점점 유명해졌다.

내가 어떻게 빛과 싸워서 그렇게 장렬하게 이길 수 있었을까? 사람들의 태도와 싸웠기 때문이다. 사랑하는 마스터들이여, 그 층에서 최후의 물들이 쏟아져 오나이에 대홍수가 나기 전 나는 승천하였다. 승천하기 전에 나는 수단과 이집트를 거쳐 페르시아 지역 — 지금은 더 이상 그때의 모습을 볼 수 없다 — 을 지나 태양이 유난히 아름다운 인더스 강에서 가장 멀리 떨어진 북동부 구석까지 여행하는 특권을 누렸다. 태양이 북쪽이나 남쪽이 아닌 동쪽에서 떠서 서쪽으로 지는 이유를 아는가? 태양이 남쪽으로 진다면 층에 가려져 아주 좁은 부분을 제외하고는 더 이상 볼 수 없게 될 것이다. 그렇다면 얼마나 안타까운 일이겠는가? 태양이 동쪽에서 떠올라 서쪽으로 지는 것은 정말 좋은 일이다.

나는 내 인생의 말년에 태양과 달과 바람과 별들을 그리고 삶의 모든 것을 완전히 사랑하는 경이로운 기쁨을 누렸다. 우리들은 수많은 폭군을 정복했지만, 나의 가장 큰 불행은 나 자신도 종교적 폭군으로 변해가는 것이었다. 그것은 다른 어떤 것보다 치명적이었다. 당신들은 완전히 깨어났는가?

검에 찔리다

행군한 지 10년째 되던 해였다. 우리는 유명한 계곡에 들어섰다. 그곳은 땅 위에서 폭정을 일삼으며 두려움을 갖게 하는 무리와 약탈이 없었기 때문에 주민들과 더불어 항상 평화로웠다.

우리 일행이 니케이야 계곡 입구에 도착했을 때 사절단이 우리를 방문하였다. 그 당시 우리는 야영지를 향해 가고 있었으며 캠프에서, 당신들의 시간으로 거의 3개월 동안 정착하고 있었다. 여인들은 가사일로 바빴고, 모든 이들이 매일 야영 준비를 하며, 생계를 위해 양과 소떼들을 돌보고 있었다.

엄청난 천둥번개와 함께 폭풍우가 거세게 몰아치던 어느 날 오후, 귀족처럼 생긴 사신이 우리를 방문하였다. 그는 체구가 큰 새까만 누비안들이 들고 온 가마를 타고 왔다. 천둥번개와 함께 내리는 폭우로 새까만 누비안들의 몸에서 물이 줄줄 흘러 샤프란 모래 위로 떨어졌다.

그들이 지고 온 가마를 땅에 내려 놓은 후 화려한 커튼을 걷자, 니케이야 지역의 악명 높은 정치가가 모습을 드러냈다. 그러자 맨 앞에서 행군을 이끌어온 이 수행인들은 람과 람의 군대를 위해 좋은 소식을 가져온 이 존재의 등장을 모두 귀하게 여겨야 한다고 소리쳤다.

나는 가마 안의 부드러운 방석 위에 오만하게 앉아있는 그 존재에게 저주를 퍼부었으며, 점잖고 선량한 사람들이 그를 보살핀다는 사실을 경멸하였다. 그 당시 나는 내 존재의 하느님과 함께할 수 있었지만, 폭군들이 내 어머니와 누이 그리고 내 존재의 순수함을 뺏어갔기 때문에, 모든 것들을 증오했고 화가 났다. 끔찍한 람의 시절이었다.

그를 직접 나가 맞이하지 않고 내 천막 안으로 들어오라고 하였다. 그리고 그를 기다리게 하였다. 잠시 후, 지루함을 견뎌낼 인내심이 없던 그는 람이 자신에게 불공평하고 불친절하게 대한다고 무례하게 따졌다.

내가 나타나자, 그는 람과 람의 측근들이 니케이야 계곡에 있는 나보르 궁전에 초대받았다고 선언했다. 람과 람의 군대가 그들의 땅을 짓밟고 태우거나 혹은 사람들을 죽이지 않겠다는 조약을 체결하기 위해 결성된 대의회로부터 받은 초대였다.

그의 말을 듣고 나는 그에게 호의를 보였고, 그의 고결한 주인에 대한 나의 징표로 카르투슈(서양의 장식 모티브의 일종, 혹은 그것을 사용한 장신구)를 주면서, 적합한 수행원들과 함께 3일 후에 그의 주인을 만나겠다고 말했다.

당신들에게 나보르 궁전에 대해 도착했을 때를 설명하고자 한다. 궁전 가까이 가면 물이 세차게 흐르지 않는 거의 말라버린 얕은 강바닥을 건너야 한다. 그 강을 통해서 작은 물줄기들이 이 돌에서 저 돌로 흘러가다가 반대편에 있는 작은 산의 구멍으로 사라지고 궁전 가까이 다다르면 강 저편에 텔라만[7]이라는 거대한 언덕이 보인다.

거대한 성채가 우리 눈앞에 나타났다. 음산해 보이면서도 웅장하고 아름다운 성채였다. 밝지도 그렇다고 예쁘지도 않은 색깔의 무딘 화강암으로 이루어진 성벽은 오랜 세월 동안 여기저기 얼룩이 져 여러 가지 다른 색을 띠고 있었다. 청동으로 만든 성문은 단단해 보였다. 그 당시 철이라고 불리는 검은 금속은 보편화되지 않았기에 강한 것을 만들기 위해선 청동을 사용하였다. 성채를 내려다볼 수 있는 망루에는 다양한 색상의 비단으로 된 커다란

---

7   고고학: 텔(tell) 혹은 튜물러스(tumulus,봉분)는 유적과 잔해가 묻혀 있는 인공 언덕을 말한다. 이집트와 중동에서 장소에 대한 명칭의 하나로서 이 단어를 사용한다.

깃발이 꽂혀 있었다. 람의 일행이 작고 보잘 것 없는 강 저편에서 나타나자 트럼펫이 울렸다.

우리가 도착한 그곳은 아무것도 자라거나 피어날 수 없는 황폐한 땅임을 알 수 있었다. 그런데 이토록 메마른 땅에서 어떻게 이런 궁전을 유지할 수 있을까 무척 궁금하였다. 거대한 성문이 열리자 우리 일행은 안으로 들어갔다. 그러자 근사한 남자들이 우리를 맞이하였다. 그들은 여자가 아닌 남자를 상대하는 남자들이었다. 그들은 나보르 성주에게 속한 자들이었으며 성주를 저버릴 자들이 아니었다. 그들은 우리에게 많은 호의를 베풀었다.

그들은 지체 없이 지금까지 한 번도 보지 못한 이국적인 미녀들이 기다리고 있는 방으로 우리들을 안내하였다. 그녀들은 황동과 청동 그리고 화려한 보석과 장신구들로 치장하는 것에 기쁨을 느끼는 듯하였고 속이 비치는 얇은 옷을 입고 있었다.

정원은 무척 아름다웠다. 나보르 궁전은 아름다운 향기로 가득 찼으며, 분수에선 재스민, 백합, 장미향이 나는 물이 흘러나왔다. 정원의 나무들은 손질이 잘되어 광이 났으며, 나무줄기에 손을 대니 부드러운 나무껍질을 느낄 수 있었다. 나뭇잎들은 푸르고 탄력 있었으며 꽃은 활짝 피어 있었다. 정말 특별한 정원이었다.

성안에 있는 도로 또한 훌륭하였다. 도로 바닥은 지금까지 한 번도 보지 못한 단단하고 하얀 대리석으로 되어 있었다. 그 대리석은 아주 하얘서 높은 산꼭대기에 있는 눈도 그처럼 희지 않을 것 같았다. 모든 것들이 순수하고 깨끗하였다. 우리들은 계속 놀라움을 금치 못했다. 대리석에 발을 내려놓자 발을 통해 시원한 기운이 몸으로 퍼졌다. 그곳은 니케이야 계곡의 황량함 속에 은신하고 있는 안락한 휴양지였다.

우리는 그들의 안내를 받으며 보라색, 흰색 그리고 붉은색 꽃잎들이 문밖으로 열을 지어 뿌려져 있는 정원을 지나치고 있는데, 정원을 따라 세워진 담 뒤에서 음악 소리와 알아듣기 힘든 이야기들을 나누는 나긋나긋하고 어렴풋한 목소리가 계속 들려왔다. 그들은 내 모든 것을 매료시켰으며, 모두 하나같이 미인이었다.

우리들이 묵을 숙소가 준비되었다는 통보를 받았다. 서로 흩어지지 않기 위해 우리들은 같은 숙소에 묵었다. 방들은 아름다운 그림들과 화려한 장식으로 꾸며져 있었으며, 어느 방을 가건 방금 들렀던 방보다 더 아름다웠다. 우리가 묵는 큰 방의 난간은 나무와 꽃들로 무성하였고 비옥한 정원과 연결되어 있었다. 정원의 연못에는 신기한 물고기들이 가득 있었다. 건물 곳곳에 쿠션과 화병 그리고 매끄럽고 하얀 단지들과 향료들이 있었고 벽에는 내가 알 수 없는 전투가 그려진 벽화와 장식들이 걸려 있었다. 목에 건 목걸이 이외에는 아무것도 걸치지 않고 시중드는 것만 아는 귀머거리이자 벙어리인 하인들이 우리를 정성껏 받들었다.

레몬 나무로 만들어진 작은 탁자는 진주로 장식되어 있었고 그 위에는 향이 좋은 와인과 과일, 야자열매, 고기 등등 온갖 음식들이 우리를 위해 후하게 준비되어 있었다. 우리는 생전 경험해보지 못한 안락함을 즐겼다. 그리고 나서 우리의 시중을 들기 위해 대기하고 있는 귀머거리이자 벙어리인 하인들을 신기한 눈으로 바라보았다. 그들은 우리가 원하는 것을 어떻게 알 수 있을까? 그들은 한시도 우리 곁을 떠나지 않고 우리의 모든 거동을 살폈다.

우리가 묵는 호화로운 방에서 나가면 가로수가 늘어서 있는 정원이 나온다. 정원에는 많은 석상들이 있는데 그것들은 동물이나 신의 모습이 아닌 인간의 모습을 한 석상들이었다. 모두 같은 모양을 한 석상들은 정말 아름다웠다. 쾌적하고 푸르른 정원에 다정하게도 산들바람이 불어왔다.

밤이 다가오자 정원에 등과 횃불이 밝혀졌다. 불빛은 이 아름다운 장소를 더욱더 신비롭게 감쌌고 매혹적으로 만들었다. 높은 사신이 우리에게 왕을 알현할 때가 되었다고 알렸다. 우리는 모두 기분이 좋고 상쾌하였다. 깨끗한 옷을 받아 입고 안내하는 대로 긴 복도를 따라갔다. 복도에는 정원에서 보았던 나무들이 잔가지에 꽃이 핀 채로 심어져 있는 크고 묵직한 화분들이 있었다.

우리는 큰 호위병들이 지키고 있는 대기실에 들어갔다. 그곳에는 아주 특이하게 생긴 벙어리가 우리를 기다리고 있었다. 그는 체구가 작았으며 머리카락은 햇빛에 바랜 양 누런 색을 띠고 있었다. 그의 눈빛은 따듯했으며 근육이 발달한 것을 보아 운동선수이거나 수색대원일 것이라 짐작했다. 그는 신성한 장소에는 무기를 갖고 들어갈 수가 없으니 검을 달라고 요청하였다. 그에게 내 검을 주니 그 검을 보물인양 아주 경건하게 받아 들었다.

문이 열렸으나, 예비회담이었기 때문에 나의 수행원들은 들어갈 수 없었다. 방에 들어가니, 기름과 향수 그리고 오색 찬란한 보석들로 치장을 하고 금으로 만든 신발을 신은 남자들이 있었다. 그들은 황폐함과 그것으로 인한 모든 폐해에 대해 알지 못하는 것이 분명했다. 그들은 깨끗하게 치장했지만 속은 썩었기 때문에 그들을 경멸하였다. 분명히 이곳에도 그들의 행위로 인하여 고통받는 자들이 있겠지만, 어느 누구도 대항하지 못하고 복종할 뿐이었다. 그들은 나에게 안으로 들어오라고 명령하였다. 방안에는 네 명의 남자가 나를 기다리고 있었다.

그들에게 가까이 다가가자, 그들은 달콤한 말로 내 군대가 얼마나 위대하며, 우리의 진영이 그들의 궁전과 계곡 가까이에 주둔하기를 얼마나 원하는가를 말했다. 그리고 그들의 문화와 우리의 위대한 병력이 합치면 얼마나 엄청난 위력이 될 것인가에 대해서 설명했다. 나는 아무 말도 하지 않았다. 그러던 중 한 명이, 우리 군대가 엄청나게 큰 힘을 가진 야만인들이라고 선언하자, 나는 그에게 돼지라고 부르며 침을 뱉었다.

그의 눈은 증오심으로 이글거렸으며 그들은 나에게서 멀리 떨어졌다. 그 순간 내 뒤에서 아주 강력한 존재가 나타나 거대한 검으로 나를 찔렀다.

검이 내 등을 뚫고 들어와 갈비뼈를 부수고 폐, 기도 그리고 근육들을 가르고 내장 옆을 찢었다. 내 몸을 가른 그 금속으로 인하여 뜨거운 피가 철철 나오는 것을 느낄 수 있었다. 그것은 결코 잊지 못할 경험이었다. 나는 검에 찔린 것이었다. 그는 잔인하게 검을 더 깊숙이 찔렀으며 칼자루가 내 등에 닿자 검을 뽑았다.

나는 바닥에 쓰러지고 있었다. 바닥이 천천히 나에게 다가오는 것을 바라보았다. 바닥에 쓰러지면서 흰 대리석 사이로 회색의 홈집들을 볼 수 있었다. 온기라곤 전혀 없는 차가운 대리석 바닥에 얼굴을 부딪치며 쓰러졌다. 바닥에 쓰러졌기에 내 얼굴을 볼 수 없었고, 입은 부드러우면서도 차갑고 잔인한 대리석 표면에 달라붙었기에 내 안 깊숙한 곳에서 터져 나오는 신음 소리조차 낼 수 없었다. 그리고 내 존재로부터 흘러나오는 선홍색 강물을 보기 시작했다. 완벽해 보이는 바닥에는 균열이 있었고, 나는 선홍색 강물이 바닥의 그 틈새로 흘러들어 가는 것을 바라보고 있었다.

그것은 나로부터 서서히 빠져나가는 생명 — 그것은 생명 — 이었다. 내가 사랑했던 여인은 어찌 될 것인가? 그녀는 더 이상 살아 있지 않았다. 내가 사랑했던 어머니는 어떻게 될까? 어머니도 이 세상에 없었다. 달콤한 여인의 애무는 어떠할까? 나는 그것에 대해서 전혀 알지 못했다. 나의 씨, 내 자식들은 어떻게 될까? 내가 죽으면 그들은 고아가 되어 무시당할까? 굶주림이 내 존재를 덮칠 때 나의 하소연을 들어주던 커다란 나무는 어떻게 될까? 한때 내 집이라고 생각되었던 그 산은 지금 어디에 있을까? 이제 다시는 그 산을 보지 못할 것이다.

메아리 소리가 들렸다. 그리고 그 소리는 내 존재 안에서 울려 퍼졌다. 나는 목구멍에서 나오는 뜨거운 생명의 강물을 계속해서 토했다. 나는 죽어가고 있었다. 나는 폭정을 혐오했고 다른 사람들을 노예로 만드는 야비한 자들을 경멸했던 잔인한 존재였다. 나의 삶이 끝나고 있었다.

내 존재에서 분출되는 피를 바라보고 있을 때 어떤 소리가 들렸다. 그 소리는, "일어나라!"라고 말했다. 그 소리가 다시 나에게 "일어나라!"라고 말했다. 나는 내 존재의 무릎을 끌어당기기 시작하였다. 그러자 차고 있던 빈 칼집이 바닥에 긁히는 소리가 났다. 두 손바닥으로 바닥을 짚은 채 머리를 끌어당기며 얼굴을 들었다. 머리를 똑바로 세운 후 왼쪽 발을 당겨 안정을 시킨 다음 무릎에 두 손을 올리고 상처를 보지 않은 채 일어섰다. 그리고 피를 토했다. 내 입에서 피가 뿜어져 나온 것이었다. 나를 검으로 찔렀던 존재는 자신의 검을 떨어트리며 목에 걸고 있던 부적을 손에 쥔 채 달아났다. 곱슬거리는 수염을 하고 머리와 피부에 기름을 바른 남자들 역시 그런 내가 불사신으로 보였는지 도망갔다.

안간힘을 다해 상처를 쥐어 잡은 손가락 사이로 피가 강물처럼 솟아 내 존재의 다리로 흘러내렸다. 문 앞에서 나에게 검을 달라고 했던 벙어리가 머리를 땅에 조아리면서 살려달라고 빌었다. 그는 비록 말을 할 수 없었지만 온몸으로 자비를 빌었다. 그를 살려주었다. 내 배가 갈라져 내장이 나오는 판에 이 남자를 벌할 힘이 어디 있었겠는가?

그에게 내 진영으로 가서 구스타비안 모노쿨루스와 케세이라는 부하들을 찾아 데리고 오라고 시켰다. 그 남자는 잠시 생각을 하고 도망가더니, 금세 다시 돌아와 내 검을 돌려주고는 가버렸다.

상처 부위를 손으로 움켜쥐어 단단히 틀어막고 있으면, 죽는 것이 멈춘다. 그것만이 내가 할 수 있는 유일한 일이었다.

구스타비안 모노쿨루스와 케세이가 오는 것이 보였다. 그들은 이 완벽한 왕국을 완전히 초토화시켰다. 그런 후 나를 우리 진영에 있는 한 무리의 여인들에게 데리고 갔다. 여인들은 애정으로 정성스럽게 나를 보살폈다. 아무것도 할 수 없는 상태에서 자신의 몸을 여인들의 손에 맡겼을 때, 사람은 다른 시각으로 삶을 바라보게 된다.

내가 죽어갈 때, 나를 일어서게 하고, 죽음으로부터 나를 지켜준 그 목소리를 잊을 수가 없었다. 나는 그 목소리의 얼굴을 찾으려고 했다. 부상에서 회복한 후 계속된 정복의 여정에서, 나는 내가 정복한 것들을 사랑하기 시작했다. 과거와는 달리 내가 정복한 땅을 완전히 초토화시키지 않았으며, 대신 협상을 하거나 용서해 주었다. 계속 행군하는 동안 나는 사람들에게 자비를 베풀었다.[8]

마스터여, 나 자신을 찾았을 때, 신인 나 자신을 찾았을 때가 되어서야 나는 그 목소리를 찾았다. 나에게 일어나라고 말한 것은 바로 나였다. 신성한 이유, 생명, 원리, 이해, 목적은 나 자신이었다. 마스터, 이 깨달음으로, 우리들은 앞으로 다가올 세대들의 사고를 바꾸었다.

나는 거대한 검에 찔리고 나서야 비로소 나의 목적을 알 수 있을 만큼 겸

---

8   학생: "당신을 알던 나의 전생에 대해서 말씀해 주시기 바랍니다."
    람타: "당신에게 말해 주겠다."
    "당신은 나의 분신이었던, 내 검을 가져다준 벙어리 하인이었다. 니케이야 계곡에 있던 나보르 궁전의 모든 것들이 초토화되었을 때, 당신은 죽지 않았었다. 당신은 따뜻한 보살핌을 받았으며 나중에 우리 행군의 일원이 되어 나의 초탈을 지켜보았다. 당신은 120살 이상을 살았다. 그리고 당신은 말을 할 수 있는 혀를 가지고 있지 않았기에, 한 번도 말을 하지 않았지만, 마스터, 당신의 눈과 생각 그리고 존재로 많은 사람들을 가르쳤다. 당신은 그렇게 나를 알았다."
    학생: "감사합니다. 그래서 내가 당신에게 특별한 감정을 느끼는 거군요."
    람타: "마스터, 그것은 사실이다. 그리고 내 말을 듣도록 하라. 많은 사람들은 영이 빠져나갈 때까지 삶 혹은 작은 목소리가 자신에게 말하는 소리를 높이 평가하지 않는다. 삶을 즐기면서 사랑하고, 삶에 적극적으로 참여하면서 풍요롭게 살아가는 모든 사람들에게 축복이 있을 것이다."
    학생: "So be it."
    람타의 생애, 특별판 021. (Yelm: Ramtha Dialogues, 1984)

손해졌고, 내가 왜 검에 찔렸는지 그리고 왜 그런 일이 일어났는지 알게 되었다. 행군을 시작한 후 10년째 되는 해부터 당신들의 시간으로 63년이 지나서야 나는 완전한 깨달음을 얻을 수 있었다. 나는 람타이다. 나는 그것을 바랬다. 그것을 원했다. 나는 미지의 신을, 그것이 무엇이었건 사랑했다. 63년 동안 증오가 어디에서 오는지, 누가 만든 것인지, 그리고 왜 생기는 것인지에 대해 숙고하고 알게 되면서 나는 나 자신을 받아들일 수 있었다. 그랬을 때, 내 마음은 사고, 지혜, 창조, 그리고 깨달음의 세상으로 치솟는 거대한 새처럼 자유로워졌다.

증오, 그것을 정복하기 위한 욕망이 있었다. 이를 위한 가장 원시적인 방법은 다른 사람들 안에 있는 그것을 죽여버리는 것, 그리고 다른 사람들에게 반영되는 내가 경멸하는 나의 증오를 없애버리는 것, 그런 후 혼조차 갖지 못한 가난하고 불쌍한 사람들에게 모든 것을 주는 것이었다. 그렇게 하였음에도 불구하고 나는 제대로 잠을 잘 수 없었다. 왜냐하면 나는 고뇌하는 존재였기 때문이다. 비록 모든 것을 다 가졌지만, 나, 람타의 연약한 면 때문에 마음의 평화를 누릴 수 없었다.

람타의 오두막

위대한 행군을 하지 않는 기간 — 폭군을 공격하기에 앞서 2년 동안 그를 감시하고 지켜본다고 생각해보라 — 이 있었다. 2년이라는 기간은 엄청나게 많은 사람들과 동물들이 살 수 있는 작은 도시나 오두막을 지을 충분한 시간이었다.

당신이 가장 위대한 집을 지었다고 하더라도 그것은 고원에 비할 바는 아니다. 고원이 무엇인지 아는가? 그것은 마치 누군가 정상을 빼뜨리고 산을 만든 것과 같다. 그들의 건망증 덕분에 그곳은 아주 안락한 장소가 되었다. 그곳에 거대한 야영지가 세워졌고, 옆에는 강이 흘렀으며, 이전부터 있던 올리브 나무들은 무성하게 자라있었다. 올리브 나무의 잎사귀 뒷면은 은빛이다. 그것을 알고 있었는가? 그것들은 에메랄드와 은빛을 띠며 매우 아름답다. 그곳에 내가 살던 작은 오두막이 있었고, 나의 모든 자식들이 살고 있는 궁전이 있었다. 그 궁전은 진정 아이들의 놀이터였다.

그러나 나의 진정한 집은 고원 위였다. 그곳에선 죽음, 소멸, 전염병, 빈곤과 같은 온갖 것들에 상관하지 않고 온종일 일하다 돌아가는 태양의 완벽한 경관을 바라볼 수 있었다. 태양은 그런 것들에 대해서 전혀 아랑곳하지 않는다는 것을 알고 있는가? 그것에 대해 생각해 본 적이 있는가? 밤이 되면 나는 달을 바라보았다. 나는 달을 고혹적인 여자라 불렀고, 하늘에 떠있는 모든 별들은 그녀의 자식이었으며 그들이 크면 달이 된다고 줄곧 생각하였다. 그들은 결코 그렇게 되지 않았다. 나는 통제된 복도와 벽으로 둘러싸여 있지 않은 경이로운 곳에 있었다. 미지의 하느님이 어딘가에 있다면 그곳이 바로 내가 있는 곳이며, 바로 그곳에서 하느님이 숨어 있다가 나올 거라 생각했다. 고원 위에서 사색과 관찰의 순간들을 가질 수 있었으며, 자각하지 못했던 것들을 많이 자각할 수 있었다. 그것은 내가 찾은 가장 큰 행복이었다. 왜냐하면 그것은 나에게 위대한 기쁨이었기 때문이다. 존재여, 내가 나 자신이 될 수 있었고 탐색을 계속할 수 있었던 곳은 바로 그 고원이었다.

고원에 있다가 궁전으로 돌아가면 그곳에는 나의 자식들이 나를 기다리고 있었다. 나에게 133명의 자식이 있었다는 것을 알고 있는가? 133명, 그렇게 많은 자식이 있었다.

그것은 고원의 크기와 걸맞은 숫자였다. 나는 그들이 노는 모습을 지켜보곤 하였다. 아이들끼리 놀게 하고 그들을 관찰한다면, 그리고 그들의 호기

심을 자연스럽게 자극할 만한 것들을 — 예를 들어 물, 물고기, 꽃이 활짝 핀 나무, 가시덤불, 새, 도마뱀 — 아이들과 함께 정원에 두고 아이들이 숨을 수 있는 동굴을 만들어 주면, 삶이 얼마나 아름답게 펼쳐지는지 볼 수 있을 것이다. 그런 식으로 사람들을 이해하니, 그들이 곧 나였고, 그들이야말로 미지의 신을 그러한 순수함과 고결함 그리고 아름다움으로 표현하고 있음을 알게 되었다. 나는 그들을 무척 사랑했으며, 행여 누군가가 그들의 머리카락 하나라도 상하게 하거나 혹은 그들을 괴롭히려는 생각만 하더라도, 나는 그들의 목을 베어 바다로 던졌을 것이다. 아이들을 그렇게 놀게 할 때, 그들은 가장 순수하고 경이로운 형상으로 신을 보여주기 때문이다.

그렇다면 나는 무엇을 느꼈을까? 나는 궁전에서 큰소리로 웃는 법을 배웠다. 그러나 내가 고원에 갔을 때, 그곳에서 나를 기다리는 것은 아무것도 없었다. 내가 없어도 모든 것들이 잘 돌아갔다. 내가 없어졌다고 해서 어느 것도 내가 보고 싶었다고 말하지 않았다. 그 사실이 나를 힘들게 했다. 어째서 나를 그리워하지 않으며 왜 늘 그곳에 그대로 있을까? 내가 거기에 있었다는 것을 그것들은 왜 알지 못할까? 이 두 곳이 합쳐져 내 집이 되었다. 그리고 내가 두 곳 중에 어디에 있건 그것은 나의 집이었다. 알겠는가?

나에게는 자연 이외에 어떤 스승도 없었다

부상을 당한 후, 행군하면서 여인들에게 보호받을 때, 그들은 나에게 명령했고, 겁을 주었으며, 그들의 눈앞에서 발가벗겨지는 망신을 당하곤 하였다. 살기 위해 자존심이나 증오 같은 것들은 버려야 했다. 나 스스로 아무것도 할 수 없을 때, 내 주위에 있는 모든 것들에 대해 숙고하였다. 나는 인간을 경멸했다. 인간의 혼에 악마가 깃들어 있다고 생각했기에 인간에 대해 숙고하지 않았다. 혼을 가진 모든 이들은 악마라고 생각했다. 인간이 그렇다는 것을 확신하였으나, 나 또한 그들처럼 악마였다. 내가 쏙독새들의 소리와 계곡 위로 태양이 떠오르는 장엄한 모습에 대해 숙고할 때였다. 그때 ― 태양은 중천에 떠 있었다 ― 한 늙은 여인이 죽는 것을 보았다. 나는 그 태양이 늙은 여인이 오두막집에서 이 세상에 태어났을 때도 그곳에 있었다는 것을 알았다. 그래서 나는 인간에게는 없지만, 태양에게 있는 것이 무엇인지 알고 싶었다. 그녀가 죽자, 들새들은 그녀의 죽음에 아랑곳하지 않고 먹이를 찾아 강의 상류에서 하류로 날아갔다. 당신의 삶이 끝났다고 생각할 무렵, 그런 당신을 두고 삶이 계속 흘러가는 것에 대해 궁금해한 적이 있는가? 삶이 흐른다는 것은 좋은 일이다. 이것에 대해 많은 생각을 했다. 긴 회복 기간 동안 이러한 모든 것들이 나를 가르쳤다.

내가 절대 근원에 대해 알고자 했을 때, 절대 근원이나 신에 대해 내게 가르쳐 줄 스승은 없었다. 이 사회에서 쓰이는 적절한 말로 스승을 설명하자면, 나에게 스승은 모든 사람들이 대수롭지 않게 여기는 단순한 것들로부터의 경험이었다.

나는 날씨로부터 배웠고, 낮으로부터 배웠으며, 밤으로부터 배웠다. 그리고 파괴와 전쟁의 와중에 여기저기 널려 있는 연약하고 하찮은 생명으로부터 배웠다. 내 존재의 스승은 절대 근원이었다.

나는 과학이라는 것을 교육받을 권리도, 인간 존재로서 증오나 설명할 수 없는 상처, 절망, 슬픔과 같은 것들을 표현할 수 있는 어떠한 권리도 갖지 못했다. 그랬기에 나를 여기까지 오게 한 이유를 묻는 것 외에는 아무것도 할 수 없었다. 나를 여기까지 오게 한 이유가 바로 나 자신이라는 것을 그 당시에는 알지 못했다. 그러나 인간보다 더 강력하며, 인간보다 더 지성적인 자연의 요소를 이해하는 법을 배우면서, 그것들은 인간이 있음에도 불구하고 인간의 곁에서 평화롭게 공존하며 살아간다는 것을 발견했다. 그것들이 미지의 신이 틀림없었다. 나를 가르친 것은 그러한 자연의 요소들이었다. 나는 운이 좋았다. 자연의 요소들에 의해 많은 것을 배우고, 추론했을 때, 어느 것 하나도 나에게 틀렸다고 하지 않았기 때문이다. 자연의 요소들은 나에게 실패라는 것을 가르친 적이 없었다. 그것들은 항상 변함이 없었기 때문이다.

나는 이렇게 배웠다. 항상 변함이 없는 것, 결코 잘못되지 않는 것, 그리고 인간이 마음만 먹으면 쉽게 이해할 수 있는 것으로부터 배웠다. 그 덕분에, 위선적인 교리나 미신, 혹은 당신들이 비위를 맞추어야 하는 수많은 얼굴의 신들을 믿지 않았다. 또한 우리가 완전하지 않으며 절대로 완전해질 수 없다는 그들의 말도 믿지 않았다. 나는 그러한 종류의 가르침에 결코 영향받지 않았다.

이런 모든 경험들 덕분에 다른 사람들이 수백만 년 걸릴 수 있는 것을 한 생에서 해낼 수 있었다. 그들은 다른 사람들의 이해를 통해서 신을 찾으려 했다. 그들은 한 치의 의심도 없이, 누가 왜 썼는지도 모르는 국가의 법을 통해, 종교의 교리를 통해, 역사를 통해 신을 찾으려 했다. 사람들은 수많은 생을 통해서 이미 실패라고 입증되었던 믿음, 이해, 삶과 사고방식들을 여전히 고수하며 살아가고 있다. 그들은 자신의 변형된 에고로 인해 비틀거리고, 자신이 잘못되었다는 것을 인정하기를 두려워하며, 단지 죽음으로밖에 이끌 수 없는 위선 속에 살아간다.

나는 정말 행운아였다. 태양은 한 번도 나를 저주하지 않았으며 달은 나에게 한 번도 이렇게 되어야 한다고 말하지 않았다. 바람은 짓궂게 장난치며 나를 애타게 했다. 서리, 이슬, 풀 냄새, 날아다니는 풀벌레, 밤새의 우는 소리, 이런 모든 것들은 변함없이 존재했다. 그들이 가진 과학은 아주 단순하다. 그들로부터 배웠던 훌륭한 것은, 마스터, 그들은 변함없이 존재하면서 아무 말도 하지 않는다는 것이었다. 알겠는가? 태양은 나를 내려다보면서, "람타여, 나를 알려면 나를 숭배하라."라는 말을 하지 않았다. 또한 "람타여, 깨어나라. 나의 아름다움을 바라볼 시간이다."라고 말하지 않았다. 태양은 내가 바라볼 때마다 항상 그 자리에 있었다. 그것은 시작이었다. 그것은 당신을 절대로 실망시키지 않을 것이다. 그것은 인간에 의해 쓰여진 어떤 것보다 더욱더 순수한 진리를 당신에게 가르칠 것이다.

북쪽에 거대한 산림이 있었다. 최정예 전사들 — 그들 중 몇 명은 너무 늙어, 더 이상 걷지 못하겠다고 투덜거렸다 — 을 데리고 그곳까지 걸어가는 데 당신들이 말하는 시간으로 82일이 걸렸다. 계속 행군하여 숲 속 중심으로 들어갔다. 숲 속에서 거대한 나무를 발견하였다. 그 나무가 얼마나 컸는지 아는가? 모든 군인들에게 아이들처럼 서로 손을 잡고 나무를 둘러싸라고 하자, 그들은 수치심을 느꼈다. 어떤 이들은 돌다가 나무뿌리에 걸려 넘어지곤 했는데 행여 누가 보지 않을까 주위를 둘러보았다. 나의 위대한 전사들이, 나무뿌리에 걸려 넘어지다니! 아이들처럼 서로 손을 잡으라고 한 것은 그들에게 수치스러운 일이었다. 나는 그들 주위를 걸어 다니면서 그들을 비웃었고, 그들의 킬트를 위로 올리기도 하였다. 그들의 다리는 경직되었고, 그다음에 내가 무엇을 할지 궁금해하며 어깨너머로 계속 나를 쳐다보는 것을 바라보며, 나는 호탕하게 웃었다.

그들에게 물었다. "이 나무가 위대하다고 생각하는가?" 그들은 모두 이 나무가 위대하다는데 동의했다. "그렇다면 당신들에겐 없는데 이 나무에게 있는 것은 무엇인가?"라고 물었다.

그들은 칼자루 대신 여전히 다른 사람의 손을 잡은 채 — 주변을 더듬거리고 중얼거리면서 그다음에 내가 어떤 말을 할까 눈을 굴리며 — 나를 바라보았다. 그들은 나무에 대해서 전혀 생각하고 있지 않았다. 그래서 나는 검을 꺼내 그들의 뒤를 겨눈 채 주위를 돌면서 다시 물었다. "그대들에겐 없지만 이 나무에게 있는 것이 무엇인가?" 한 명 한 명 검으로 쿡쿡 찌르면서 대답하라고 강요하였다.

그러자 한 명이 대답했다. "이 나무는 우리보다 훨씬 큽니다." 좋은 대답이다. 또 다른 사람은 이제까지 한 번도 본 적이 없는, 새로운 나무라고 하였다.

내가 다시 물었다. "그대들이 알지 못하는 것을 이 나무가 알고 있는 것은 무엇인가?"

한 명이 대답했다. "하지만, 주군이시여, 나무는 생각하지 않습니다. 나무에게는 지성이 없습니다."

나는 그에게 말했다. "나무에게 지성이 없는지 그대가 어떻게 아는가?"

"글쎄요, 나무는 일어서서 움직이지 않습니다."

"그러면 움직이는 모든 것들은 지성이 있다고 생각하는가? 무지한 자여, 그대는 나보다도 더 어리석다."

결국, 내가 그들에게 말했다. "자, 나무 꼭대기를 보라." 그들 모두가 머리를 뒤로 젖히고 나무 꼭대기를 바라보았다. 이제 이것은 그들에게 아주 심각한 게임이 되어버렸다. 그때부터 누가 가장 먼저 정답을 찾는가가 하나의 경쟁이 되어 버렸기 때문이다. 당신도 알다시피 그들은 전사이다. 그들은 알아듣지 못하는 말로 계속 투덜거렸다. 어느 누구도 나무 꼭대기를 볼 수 없었다. 분명 나무 꼭대기로부터 멀리 떨어져 있으면 그것을 볼 수 없을 것이다. 그들에게 말했다. "이 나무는 죽는 법을 알지 못한다. 이 나무는 오직 사는 법만을 알 뿐이다."

그들은 계속해서 나를 바라보았고, 나는 발길을 돌려 땅 위에 떨어진 도토리를 주웠다. 그리고 말했다. "이것을 보라. 이 작은 씨앗이 보이지 않는가? 이 나무는 이렇게 생겼다. 나무가 씨앗에서 나오면 그저 자랄 뿐이다."

그들은 미간을 찌푸리면서 내 말을 이해하려고 하였다. "이 나무는 그대들 할머니의 어머니의 어머니의 어머니의 어머니의 어머니 이전부터 이곳에 있었다. 그리고 이 나무는 아직도 자라고 있다. 그대들이 이 세상을 떠나고 난 후에도 이 나무는 여기에 있을 것이다. 그대들이 이 작은 씨앗처럼 그대들의 후손이 되어 이 세상에 다시 올 때도, 이 나무는 여전히 여기에 있을 것이다. 왜냐하면 그대들의 자손이 미래의 그대들이기 때문이다."
그러자 한 명이 말했다. "하지만 주군이시여, 우리는 도끼로 이 나무를 패서 태워 버릴 수 있습니다."

"맞는 말이다. 그대는 오직 그것밖에 알지 못한다. 그래서 그대는 죽을 수밖에 없다. 하지만 이 나무는 그렇지 않다. 나무는 오직 사는 것밖에, 그리고 오직 빛을 향해 가는 법밖에 알지 못한다. 나무는 파괴에 대해서 생각하지 않는다. 나무는 아주 지성적이다."

그러자 그들은 골똘히 생각하였고, 그들 중 한 명이 물었다. "주군이시여, 우리는 왜 죽습니까?"

그를 보며 대답했다. "우리가 누구인지 모르기 때문이다. 사랑하는 전사들이여! 우리가 어디에서 왔으며, 왜 존재하는지 모르기에 이 땅의 후레자식밖에 안 되는 것이다. 이런 것을 알지 못할 때, 우리는 이 땅의 쓰레기이자, 시체일 뿐이다. 폭군들을 죽였지만, 그것이 바로 우리 존재의 모습이었던 것이다. 우리는 나무가 아는 것처럼 알지 못한다."

한 남자가 울기 시작하였다. 쭈그리고 앉아 검을 내려놓고 울었다. 그는 말했다. "왜 우리가 누구인지 모릅니까, 주군이시여, 우리는 누구입니까?"
"그대들이 이 나무처럼 자신의 내면에 무엇이 존재하는지에 대해 충분히 오랫동안 숙고하지 않았기 때문이다. 만약 그대들이 한 번쯤 숙고했다 하더라도, 자신의 장엄함을 결코 완전히 알 수 없을 것이다. 그대의 생각은 매번, 매 순간 변하기 때문이다. 그대가 이러한 생각들을 이해할 수 있다면, 자신의 생각에 완전히 푹 빠져 죽음에 대해 절대로 생각하지 않을 것이다. 그대들은 죽으리라는 것을 알기 때문에 죽는 것이다. 그대들은 그러한 생각을 확인하기 위해 다른 사람들과 전쟁을 하는 상황에 자신을 빠뜨리는 것이다. 그대들은 나무를 태울 수 있다. 정말 그렇게 할 수 있다. 자신의 지성안에 죽음을 알고 있는 무엇인가가 있기에 그러한 일을 할 수 있는 것이다. 그러나 나무는 여전히 살아 있을 것이다. 어느 날 사람들은 여기에 대도시를 세울 것이며, 이 숲 속으로 들어와 이 거대한 나무를 베고, 수많은 집을 지을 것이다." 나는 계속해서 말했다. "그대들은 집에 대해서 무엇을 알고 있는가? 집들은 그 집을 지은 사람들이 죽은 후에도 계속 남아 있을 것이다. 그처럼 나무도 계속 살아 있을 것이다."

나는 모든 스승 중에서도 가장 진정한 스승인, 이 모든 것들, 자연의 요소들을 바라보았다. 그것들은 인간이 죽은 후에도 살아남을 것이다, 영원히.

내가 모든 것들 가운데 존재하는 하느님의 광휘에 대해 숙고했을 때, 생명은 영원하다는 사실을 믿게 해준 주요한 두 가지가 있었다. 라(Ra)라고 불리는 태양은 지평선 위에 찬란하게 떠올라, 하늘을 계속 여행하다가, 마침내, 서쪽에 도착하면, 불가사의한 아름다움을 지닌 달이 떠오르는 것을 허락하며 잠들어버린다. 그러면 달은 경이롭게도, 그녀의 은은한 빛으로 신비롭게 어둠을 밝히며 춤추듯 하늘을 가로지른다.

또한, 이러한 모든 것에도 불구하고, 하느님의 말 없는 목소리인, 태양은 자신을 정면에 내세우지 않고 모든 생명을 보살핀다. 전쟁터에서 용감하게 싸우며 방탕한 행동을 하는 전사들도 태양이 사라지면 그들의 방탕함을 멈춘다. 늙은 여인이 오래전에 죽은 아들을 위해 만든, 투박하게 짜인 천 조각을 움켜쥐며 이 세상을 떠날 때, 한낮의 태양 빛 아래서 마지막 숨을 거두며 생명이 그녀로부터 빠져나가는 것을 보았다. 생명이 빠져나간 그녀의 몸은 태양 아래 서서히 시들어갔으며, 입은 벌어지고 훨훨 타오르는 태양을 바라보는 눈은 이미 초점을 잃었다. 바람결에 휘날리는 그녀의 흰 머리카락 외에는 아무것도 움직이지 않았다.

아들을 먼저 떠나 보낸 한 여인을 보았고, 그들의 지성이 얼마나 위대한가도 보았다. 그리고 한 번도 죽은 적이 없는 태양을 올려보았다. 그것은 늙은 여인이 처음 이 세상에 태어나 눈을 떴을 때, 어머니의 품에서 천장의 틈새를 통해 보았던 바로 그 태양이었다. 그리고 그것은 그녀가 죽어가면서 마지막으로 보았던 바로 그 태양이었다.

사람들이 늙은 여인의 시체를 옮길 때 나는 다시 태양을 바라보며, 그것에 대해 곰곰이 생각해보았다. 인간이 죽더라도 사라지지 않는 태양, 영원한 생명과 피조물에 대해서 숙고하였다. 인간의 마음속에 있는 신이야말로 사람들이 가장 두려워하고 존경하는 것임을 알기 시작하였다. 그리고 진정한 신은 인간의 이러한 생각과 환상을 허용하며, 인간이 죽어 또 다른 봄, 즉 다른 생에 태어날 때에도 여전히 그 자리에 존재한다는 것을 깨닫기 시작하였다. 곧 나는 미지의 신, 진정한 신이 존재하는 그 존엄한 곳은 힘과 생명, 영원함, 즉 생명의 힘이라는 것을 확신하였다.

미지의 신이 누구인지 알기 시작하였다. 그는 언제나 변하지 않는, 실질적인 생명이었다. 나는 불완전한 것인, 나 자신을 파괴하고자 하는 증오를 통해 자신을 정복하였다. 나는 고결한 신이며, 주이다. 고결함, 그것은 내가 아무것도 하지 않았다는 것이 아니라, 나의 존재 상태가 순수하다는 것이다. 나는 많은 일을 했으며, 내가 행한 모든 것들을 통해서, 지혜를 얻었기에 다시는 그런 일을 하지 않을 것이다. 나는 고결한 존재이다. 왜냐하면 지금의 내가 되기 위하여 나는 모든 것들을 했기 때문이다.

　존재여, 당신이 증오하지 않았다면 사랑이 무엇인지 어떻게 알겠는가? 당신이 죽음의 문턱까지 가보지 않았다면 삶이 무엇인지 어떻게 알겠는가? 당신이 죽더라도 태양은 계속 떠오를 것이며, 새들은 당신을 쳐다보지 않을 것이며, 개미들은 당신의 발 위로 느릿느릿 기어오를 것이다. 당신이 깨달음을 얻는 그 순간까지 매 순간이 깨달음을 불러온다는 것을 모를 것이다.

　깨달음에 대해서 나를 가르친 사람은 단 한 명도 없었다. 깨달음은 지식을 의미한다. 지식이 깨달음이 되는 것이다. 나의 주변에 있는 모든 것들이 나를 가르쳤다.

　상처가 많이 아물어 조금씩 걸을 수 있게 된 후, 바람이 깊은 계곡을 지나 강 위를 스쳐 올리브 과수원으로 흘러가는 것을 보았다. 올리브 나무 잎사귀 뒷면은 어떤 색인지 아는가? 그것에 대해 궁금해한 적은 있는가? 계곡으로부터 — 강을 스치고, 과수원을 지나 — 바람이 불어오자, 올리브 나무 잎사귀들이 젖혀졌다. 그것들의 앞면은 에메랄드 빛이지만, 뒷면은 무슨 색인지 아는가? 뒷면은 밝은 은빛을 띠고 있다. 바람이 불자 과수원의 모든 올리브 잎사귀들이 뒤집어지는 아름다운 장관을 볼 수 있었다. 그것은 정말 눈부신 광경이었다. 바람이 불어 여인이 매고 있던 스카프가 날아가면서 그녀의 머리카락이 휘날렸다. 그녀는 아름다웠다. 어린 여자아이가 무화과 열매를 따 바구니에 담는 것을 보았다. 바람이 불어 아이 손에 있던 바구니가 땅에 떨어지자 무화과들이 우르르 굴러갔다. 바람에 자신의 치마가 올라가자 그 아이는 깔깔거리며 과일을 쫓아갔다. 재미있는 장면이었다.

　깊은 숙고를 통해 하느님이 누구이며 무엇인지 알았을 때, 나는 죽었던 그 늙은 여인처럼, 전쟁터에서 용감하게 죽어간 전사들처럼, 죽거나 시들어 버리기를 원치 않았다. 태양이 영원한 것처럼 나 또한 영원히 존재할 수 있는 방법이 분명히 있을 것으로 생각하였다. 깊은 상처가 많이 치유된 후 고독한 고원에 앉아 저 멀리 구름에 가려 희미하게 보이는 높은 산과 계곡을 바라보았다. 그것들을 바라보면서 어떻게 하면 영속하는 것, 그 본질의 일부가 될 수 있을까 궁금해 하였다.

깨달음: 바람의 신

고원에 앉아 사색에 잠겨 있을 때 나의 군대는 점점 둔해지고 그 모습을 잃어갔다. 나는 곰곰이 생각하는 것 외에는 그리 할 일이 없었다. 허비된 나의 청춘 — 나의 청년기는 언제나 매우 분주했다 — 과 미지의 신에 대해, 미지의 신은 어떻게 생겼으며, 미지의 신이 된다면 어떨까에 대해서 고원에 앉아 숙고했다.

놀랍게도 나에게 커다란 위안이 된 것은 부드러운 바람이었다. 나에게 바람이 불어왔다. 바람은 내 머리카락을 휘날리며 손가락 사이로 불어와 눈가를 적신 눈물을 말려주었고, 내가 입고 있던 길고 장엄한 망토를 날려 내 머리를 뒤집어씌웠다. 위대한 정복자에게 그것은 그다지 근사한 모습이 아니었다. 머리에서 망토를 내리고 주위를 돌아본 후 옷매무새를 고치자, 바람이 소용돌이치며 내 곁으로 날아와, 흙먼지를 날리며 부드러운 모래 기둥을 일으켰다. 나는 그것을 바라보았다. 내가 신경을 쓰지 않자, 바람은 멈췄고 모든 먼지는 나에게 떨어졌다.

그런 후 바람은 세차게 불며 협곡으로 내려가더니, 강물을 스쳐 근사한 과수원으로 들어가 올리브 잎사귀들을 뒤집어 에메랄드빛을 은빛으로 바꾸어 버렸다. 바람에 아리따운 아가씨의 치마가 허리까지 올라갔고 주위에서 킥킥대는 웃음소리가 들렸다. 어린아이의 모자가 바람에 날아가자 아이는 깔깔거리며 모자를 쫓아갔다. 바람이야말로 분명히 미지의 신이었다.

그래서 바람이 되고 싶었다. 내가 이상으로 삼을만한 사람은 없었다. 그럴만한 사람을 알지 못했다. 나 자신과 바꾸고 싶은 것은 없었다. 하지만 바람은 내가 원하는 이상적인 모습을 하고 있었다. 바람에게 돌아오라고 말했지만 바람은 그저 웃으며 협곡을 질주했다. 얼굴이 파래지도록 소리치며 돌아오라고 명령하다 땅에 털썩 주저앉으니 그때서야 부드러운 바람이 내 얼굴을 감싸 안았다. 그것은 자유였다.

그 순간 나는 보이지 않는 힘이 무엇인지 깨달았다. 그 후 바람에 대해 깊이 생각하였다. 바람의 오묘함, 가벼움 그리고 말로 표현할 수 없는 바람의 모습에 나 자신을 맞추려고 노력하였다. 바람에 대해 숙고할수록 바람은 점점 내가 원하는 이상이 되어갔다.

나는 바람처럼 되기를 원했고, 몇 해 동안 바람에 대해 숙고하였다. 바람이야말로 나의 진정한 우상이었다. 나는 진정으로 바람이 되길 원했다. 나는 나의 모든 생각을 바람이 되는 것에 몰두하였다. 오랜 시간 — 부상에서 회복되고 6년이 흐를 때까지도 아무런 일이 일어나지 않았다 — 매일 밤 한적한 장소로 가 부드러우면서 창백한 달을 보며 바람에 대해 숙고하였다.

나는 아주 우연히 바람이 되었다. 내가 바람이 되었을 때 단지 몸을 떠난 것일 뿐이라고 당신들은 말할 것이다. 바람이 되고 싶어하는 간절한 마음이 커지자 나는 내 몸을 떠나 공중에 있었다. 공중에서 내 몸을 바라보았을 때 덜컥 겁이 났다. 검에 찔린 후 처음으로 느껴보는 두려움이었다. 그 두려움이 나를 다시 내 몸으로 돌아가게 했다. 하지만 나는 낙원이라 할만한 곳에 있었다. 나는 바람이 되었다고 생각했었다. 그때 만약 바람이 나를 보았다면 분명히 나를 바람이라 여겼을 것이다. 그렇게 그 일이 나에게 일어났다.

바람에 대한 숙고를 통해 위로 올라갈 수 있었기에 절대 근원, 힘, 원인인 바람을 부르며 내 몸을 팽개치듯 땅에 엎드려 감사하였다. 나는 바람이 되었던 그 눈부신 순간에 느꼈던 은총, 아름다움 그리고 풍요로운 생명력을 절대로 잊을 수가 없었다. 그러한 바람의 오묘함이 나에게 안겨준 것은 내가 이상으로 생각하고 있던 바람과 일치되었다는 명백하고, 절대적인 확신이었다.

그러한 자유로움이 되는 것 외에는 아무것도 바라거나 원하지 않았다. 처음 그것을 경험한 뒤로, 다시 그것을 경험하기 위해 아무리 힘들게 노력해도, 온몸이 땀으로 흠뻑 젖어도, 연이어 온갖 욕을 해도 나는 아무 데도 가지 못했다. 그 자리에서 계속 버텼다. 새삼 내가 얼마나 무거운지 느꼈기 때문이었다.

다음 날 저녁, 나는 홀로 있을 나만의 장소로 갔다. 넘칠 듯한 기쁨으로 바람에 대해 숙고했지만 아무런 일도 일어나지 않았다. 그래도 계속 숙고하였다. 내가 경험했던 그 일이 희망에 의한 상상이 아니라 나에게 실제로 일어났던 일이라는 것을 알았다. 그때 다른 세상을 보았다. 매처럼 하늘 높이 떠 있었고, 날개는 보지 못했지만 나는 확실히 날고 있었다. 그리고 아래에 있던 초라한 나 자신을 보았다.

그 일이 있은 후 다시 바람이 되기까지는 당신들의 시간으로 2년이라는 오랜 시간이 걸렸다. 다시 그 일이 일어났을 때는 바람에 대해서 숙고할 때가 아니라 편안한 잠이 들려 할 때였다. 나는 자기 전에 절대 근원, 태양, 생명, 흙먼지, 달, 별들, 달콤한 재스민 향 그 모든 것을 찬미하였다. 눈을 감자, 나는 또다시 바람처럼 하늘에 떠 있었다.

하늘에 떠 있는 상태에서 다른 곳으로 가는 법과 한 자리에 고정하는 법 그리고 힘들지 않게 나 자신 위에 오랫동안 있는 법을 배우기까지 많은 시간이 걸렸다. 그럴 때 케세이 ― 항상 힘이 넘쳐 났으며, 놀랄만한 수단으로 여자들을 잘 꼬시고, 술을 잘 마시며 멋들어지게 부풀려 이야기하는 것을 좋아하는 ─ 라는 부하가 아주 위험한 상황에 부딪혔다는 생각이 떠올랐다. 그는 정말로 위험한 상황에 놓여 있었다. 나는 생명이 그로부터 빠져나가는 것을 보았다. 등자(말타는 사람의 발을 받히기 위해서 말 안장 양쪽에 늘어뜨린 고리)에서 그의 발을 빼야겠다는 생각이 든 순간, 눈 깜박할 사이에 그에게로 가 그의 발을 빼주고 그가 괜찮길 바라며 지켜보았다. 그는 꿈에서 나를 보았다고 생각하였다.

그 후, 의사여[9], 바람이 되겠다는 그 생각은 천천히 나의 모든 세포구조의 생명력이 되어버렸다. 욕구가 너무도 강했기에 내 혼은 세포의 진동 속도를 늘리기 위해 세포 안의 프로그램을 바꾸었다. 하지만 그러한 일이 일어나도록 한 것은 마음의 평화였다. 당신이 무엇인가 되기 위해 애써 노력할 때, 당신은 노력 그 자체가 되는 것 외에는 아무것도 되지 못한다. 당신이 얻게 되는 것은 노력뿐이다. 나는 결코 이상을 놓지 않았으며, 바람이 되어 내 초라한 몸을 내려다봤을 때의 그 느낌 역시 결코 잊지 않았다. 하지만 의사여, 내가 여기에서 저기로[10] 갈 수 있었던 것은 마음의 평화를 얻었기 때문이다. 나의 모든 분비샘이 변화하였다. 사타구니에서 더는 욕망이 일어나지 않았기에 뇌하수체가 크게 부풀기 시작했다. 혼이 내 몸의 진동 속도와 전체 주파수를 바꾸도록 준비시켰고 나는 갈수록 점점 가벼워졌다. 그런 나를 보고 사람들은 말했다. "오, 마스터에게 광채가 난다." 빠른 속도로 움직이는 육체로부터 광채와 빛이 흘러나왔다.

이제는 무엇을 생각하건 나는 바로 그것이 되었다. 나는 점점 달빛만큼 희미해져 갔다. 그러던 어느 날 나는 달이 있던 곳으로 가게 되었고, 더 이상

---

9   람타는 의사에게 말하고 있었다.
10 람타는 두뇌를 가지고 이것을 설명한다. 옐로 브레인에서 소뇌로 갔다는 것을 의미한다.

의 두려움 없이 환희와 기쁨으로 그곳에 있었다. 존재여, 내가 했던 이러한 일은 한 번도 들어본 적 없던 것이다. 나는 지상으로 돌아왔지만, 다시 그런 일을 하지 못할까 봐 걱정하였다. 그렇지만 나는 해냈다. 그것은 숨 쉬는 것만큼이나 자연스러운 일이 되어버렸다. 그러나 혼이 그러한 일을 프로그램으로 만들기까지 오랜 시간이 걸린다는 것을 아는가? 마스터여, 사람들은 앉아서, 이것이 되고 저것이 되는 것에 대해서 생각하다가 자신이 원하는 일이 금방 일어나지 않으면 포기하고 실망한다. 그 생각이 감정으로 전환되어야 하고 그 감정이 온몸으로 전해지기까지는 시간이 걸리는 데 사람들은 그것을 참을성 있게 기다리지 못하기 때문이다.

한순간에 여행하고, 바람과 태양 그리고 하늘과 조화를 이루는 확고한 신이 우리와 함께한다는 것, 또한 생각이 어디에 있건 그 존재는 신이고 그것은 당신이라는 것을 배우는 데 몇 년이 걸렸다. 그리고 나는 다른 왕국으로, 다른 존재들 안으로, 눈에 보이지 않는 삶으로 가는 길을 알았으며, 미래에 일어날 문명을 방문하였다. 나는 이러한 방법을 배웠으며, 나를 따른 나의 사랑하는 형제들은 그들이 태어난 이 세상에서 절대 근원을 깨달았다. 알다시피, 당신은 이 세상에 태어날 때 어떠한 기억도 갖지 않는다. 에고에 휘말려 들어 자아가 육체에 종속돼버리기 때문이다. 나는 이러한 것들을 배워, 곧바로 나의 사랑하는 모든 형제들에게 절대 근원을 가르치기 시작했다.

당신들이 나처럼 그렇게 오랜 시간이 걸릴 것이라고 말하는 것이 아니다. 나는 무지했지만 당신은 배운 사람이다. 받아들인다는 것은 그것을 수용한다는 것이며, 그것을 이해하고 있다는 것이다. 당신이 그것을 안다는 것에 대해 아무런 의심도 없다는 것이다. 그것이 혼에서 감정을 만들어 내며 신체 구조의 변화를 일으킨다. 그리고 그 일은 일어난다.

나는 내가 누구인가를 발견하는 과정에서 거절, 부정, 증오, 전쟁, 죽음

직전을 경험해보았고, 평화로운 시간도 가져보았으며, 해답을 얻기 위해 돌아다니기도 하였다. 나는 어느 누구에게도 물어보지 않았다. 부하들에게 그들의 의견을 구하지도 않았다. 오로지 나 자신에게 질문하였다. 내가 무엇을 했건 나는 항상 정확했으며 언제나 내가 했던 행위에 책임을 졌다. 만약 당신이 누군가에게 어떻게 믿고, 어떻게 바라보고, 무엇을 믿고, 어떻게 살아야 하는가에 대해 묻고 싶다면, 내가 했던 것처럼 그들이 누구이며 그들의 의식이 어떤 상태인지 봐야 한다. 만약 당신이 그들의 말을 듣는다면 당신은 죽을 것이다. 정말이다. 바람에게, "바람이여, 나에게 지식을 다오. 나를 활짝 열어 알게 해다오."라고 말하라. 그러면 바람은 그렇게 할 것이다. 바람은 당신을 올리브빛에서 은빛으로 바꿔줄 것이다. 그리고 바람은 협곡으로 흘러들어 가 호탕하게 웃을 것이다.

나는 인간을 믿지 않았다. 인간을 혐오하였다. 그러나 미지의 신과 생명에 대해 배우면서 나 자신을 알기 시작하였고, 나 자신을 사랑하기 시작하였다. 그런 후에 나는 다른 사람들을 사랑하기 시작하였다.

승천

어느덧 이 늙은이의 삶이 끝나는 날이 찾아왔다. 그 생에서 나는 나 자신이 되어 이루고자 했던 모든 것을 이루었다. 나와 백성들은 인더스 강을 건넜다. 그런 후 인더스라 불리는 산, 저편에서 나는 나의 모든 사람들과 이야기를 나누며, 진리란 무엇인지 그리고 그들의 신성한 길잡이는 내가 아니라 나를 만들고 그들을 만든 절대 근원이라는 것을 말해주었다. 내 말을 믿게 하려고 나는 그들 앞에서 멋지게 위로 떠올랐다. 여자들은 비명을 지르기 시작했고 넋이 나갔으며 군인들은 너무 놀라 손에 든 널따란 검을 떨어뜨렸다.

나는 그들에게 작별인사를 하였다. 그리고 내가 배웠던 것처럼 그들도 그들의 방식대로 배워 나처럼 되라고 하였다.

당신이 무엇인가 되고 싶다면 당신의 생각을 그것과 일치시켜라. 바람은 고독한 군인을 위협할 힘을 가지고 있으며, 한 줄기 바람으로도 땅을 뒤집을 수 있다. 그럼에도 바람은 어떤 것에도 얽매이거나 구속되지 않고 스스로 존재한다. 바람이 가지고 있는 자유로운 움직임에 대해서 오랫동안 숙고하였고 마침내 나는 바람이 되었다. 나는 그렇게 바람이 되었다.

사람들이 나처럼 바람이 되지 못하는 이유는 죽음과 늙음에 얽매여 있고, 그들을 원하는 곳까지 데려다 주는 무언가에 집착하기 때문이다. 그들은 하느님을 쉽고 단순하게 이해하려 하지 않고 복잡하게 이해하려고 한다. 하느님을 이해하는 것은 아주 간단한 일이지 결코 어렵거나 힘든 일이 아니다.

승천한 후에야 내가 알고 싶어했던 모든 것들을 알 수 있었다. 육체의 밀도에서 벗어나, 생각의 흐름으로 돌아와 어떤 것에도 구애받지 않았기 때문이다. 그러자 인간/신을 만드는 구조를 알게 되었다. 하지만 그때는 이것을 알지 못했다. 나는 그저 지금까지 삶에서 내가 했던 모든 것들과 평온을 이루었다는 것을 알았다. 그 후부터 삶이 나를 통해 자연스럽게 흐르도록 했다. 나는 더 이상 무지한 야만인이 아니었다. 다시는 전쟁에 대해 걱정하지 않아도 되었으며, 전장의 피 냄새를 맡지 않아도 되었다. 또한 더 이상 불안해하거나 지나치게 긴장하거나 과로하지도 않았다. 나는 더 이상 인간들이 하는 생각들을 하지 않게 되었다. 그러한 것들을 초월하였다. 날이면 날마다, 밤이면 밤마다 하늘에서 보았던 생명과 경이로움 속에서 지냈다. 그것이 내 삶이었다. 마음의 평화를 얻은 것도 그때였고 미지의 신과 하나가 된 것도 그때였다. 나는 이제 더 이상 그와 싸우지 않았다.

사람들은 매우 바쁘게 살고 아주 빨리 죽기 때문에, 그런 인내심을 요구하는 것은 어려운 일이다. 그들은 정해진 시간이 아니면, 자신들이 하는 일을 절대 끝마치지 못할 것이라고 생각한다. 그들이 그렇게 느끼는 한, 그들은 그 일을 절대로 끝내지 못할 것이다. 그들은 단지 시간에 의해 살아갈 것이며 그것만이 그들이 이 삶에서 이루는 것이 될 것이다. 내 말을 이해하는가?

존재여, 나는 람이다. 그것은 나의 백성들이 신이라 부르던 말이다. 나는 이 땅에 처음으로 알려진 신이었으며, 어떤 인간의 가르침이 아니라 만물에 깃들여 있는 생명의 목적에 대한 본질적인 이해로, 여자의 자궁과 남자의 성기로 태어난 사람 중 처음으로 이 땅에서 의식적으로 승천한 사람이었다. 나의 승천은 당신들의 시간으로 35,000년 전이었다. 그렇다면 승천이란 무엇인가? 나의 모든 것을 가지고 바람처럼 영원으로 가는 것을 말한다. 만약 다른 사람의 말을 들었다면 나는 그 생에서 죽었을 것이다. 여기에 있는 모든 사람들은 자신이 죽을 것이라고 알고 있기에, 그리고 다른 사람들의 의견에 따라 살아가기 때문에 모두 죽을 것이다. 얼마나 어리석은 일인가!

나 자신을 위대하고 장엄한 것과 견주어 자신을 사랑하는 것을 배웠다. 인간이 그의 존재로 무엇을 숙고하든, 그는 숙고한 바로 그것이 될 것이다. 그는 인간이라는 가면 뒤에 숨은 신이기 때문이다. 주여[11], 당신의 진정한 실체는 당신 육체가 아니다. 당신은 어머니의 자궁과 아버지의 성기로부터 육체를 설계했다. 그들은 당신에게 진흙을 주고 당신은 그것을 육체로 만든 것이다. 그러나 당신의 육체는 당신이 아니다. 존재여, 당신은 눈에 보이지 않는 존재이다. 당신이 입으로 말을 하고, 눈으로 쳐다보고, 손으로 만지지 않는 한 어느 누구도 당신을 알 수 없을 것이다. 당신이 아무런 말도 하지 않고

---

11 주라는 말은 마스터를 일컫는 또 다른 표현이다.

주위의 자극에도 반응 없는 긴장증 환자처럼 산다면 사람들은 당신을 땅에 묻을 것이다. 존재여, 이 세상에서 당신을 표현하기 위한 육체가 없다면 사람들은 당신을 결코 알지 못할 것이다. 당신의 진정한 실체는 바람처럼 눈에 보이지 않는다. 나에게 당신의 사고를 보여달라. 나에게 당신의 생각을 보여달라. 나에게 당신의 태도를 보여달라. 나에게 당신의 인성을 보여달라.

존재여, 이 세상을 만든 위대한 신들은 이 차원이나 이곳의 진동이 아니라 빛이다. 당신의 생각으로 이루어진 첫 번째 몸은 빛이었다. 당신의 몸은 빛이다. 그러나 당신이 빛으로 보이지 않는 이유는 이 세상이 빛보다 훨씬 더 낮게 진동하기 때문이다. 이 세상은 물질 덩어리이다.

자연의 일부인 바람은 내 모습이 내가 아님을 깨닫게 하였다. 불가사의한 나의 존재와 함께 보이지 않는 내 육체는 당신들에게 수수께끼로 느껴질 것이다. 하지만 나는 실존한다. 청중이 되어 모인 모든 이들은 이러한 나의 경이로움을 느낀다. 존재여, 이 세상의 현실에 대해 무엇을 알았기에 내가 실재한다고 말하는 이들이 있을까? 내가 실재한다고 누가 말하겠는가? 그들은 이 세상의 현실에 대해 무엇을 알고 있기 때문일까? 육체를 초월한 눈에 보이지 않는 당신 자신에 대해서 숙고한다는 것은 하나의 모험이다. 그곳에서 당신은 다른 사람의 눈이 아니라 바로 당신 자신의 이해로 당신 자신을 발견할 것이다. 나는 그렇게 내 백성들을 가르쳤다.

내 흔적이 남아 있는 나라에서는 오늘날까지도 나를 신으로 숭배하고 있다. 나는 그것을 경멸한다. 그들은 신이 무엇인지조차 모르기 때문이다. 그들은 존재하는 자들이 아니라 한 무리의 숭배자들이다.

당신이 되라. 그렇지만 자신이 누구인지 알라. 당신의 생각들을 바라보라. 당신 자신을 보라. 바람과 대화하라. 달빛 아래에서 춤을 추라. 떠오르는 새벽을 사랑하라. 그들은 삶에 대한 모든 것을 당신에게 가르칠 것이다.

왜냐하면 그들이 바로 생명 그 자체이며, 모든 것이 죽어도 그들은 계속해서 영원히 살아 있을 것이기 때문이다.

지금까지 내가 당신들에게 말한 것들을 숙고하라.

너 자신을 정복하라

앎을 얻기 위해서 당신은 자신에게 겸손해야만 하고 당신이 누구인지 ― 거울에 비치는 당신은 진정한 당신이 아니다 ― 를 봐야만 한다. 그리고 내면에 존재하는 당신 자신만의 숭고한 신을 보아야 하며 자신을 죄수처럼 가두지 말아야 한다. 여기에 있는 사람들 중 한 명만 제외하고 모두가 그러한 일을 하고 있다. 죄수가 무엇인지 아는가? 나는 당신들을 가둘 수 있는 한두 개의 지하 감옥을 만들 수 있다. 감옥에 갇혀 쥐들에게 발을 뜯기고, 머리에는 이가 기어 다니고, 자신의 악취 나는 대변에서 구더기가 나올 때에 진리가 어떤 느낌인지 이해할 수 있을 것이다. 내가 그랬던 것처럼 당신도 자신을 죄수로 만들었다. 나 자신을 극복하고 싶은 바람이 있었음에도 육체, 응결된 생각, 그리고 육체가 가지고 있는 욕구와 욕망 그리고 낮은 존재 차원에 있는 육체 의식을 알거나 이해하지 못하였다. 무엇을 어떻게 해야 할지 몰랐다. 나는 당신들이 말하는 엄청난 혼란에 휩싸이게 되어, 과거에 일어났던 모든 일들을 나의 내면에서 의식적으로 바로 잡아야 했다.

존재들이여! 당신은 자신의 진리를 어떻게 가두고 있는지 아는가? 당신은 자신이 누구인지 모른다. 나는 아주 더럽고 혼이 없던 레무리아인이었다. 당신이 누구인지 아는가? 당신 내면에 존재하는 고결함을 아는가, 당신이 무엇을 하기 위해 여기에 왔는지 아는가? 당신은 당신의 삶에 대한 모든 비난을 다른 사람들의 발밑에 던져버렸다. 많은 이들이 그렇게 하였다. 당신의 불행이 다른 사람들 때문이라는 생각은 아주 터무니없지만, 그것으로 인해 많은 것을 배웠다.

당신이 누구인지 알게 되면 — 내가 그것을 알기까지 63년이 걸렸다 — 당신은 자신을 바라보게 되고 지금까지의 모든 운명을 자신이 창조했으며, 모든 불행도 그리고 행복도 스스로 선택했다는 것 또한 즉시 알게 될 것이다. 어느 누구도 아닌 바로 당신 자신이었다. 겸손한 마음으로 자신을 바라보고 — 당신을 바라보라 — 당신을 느끼고, '왜'라는 질문을 던져라. 그다음 "나는 그 이유를 알아."라고 말하고 그것이 자신에게 합리적으로 받아들여졌을 때, 당신은 진리를 가두었던 빗장을 풀어 행복, 고결, 하나됨 그리고 평온이라고 하는 하늘로 새가 날아가듯 진리를 솟아오르게 할 것이다.

깨달음을 얻으면서 보낸 63년이라는 세월의 마지막 무렵을 대부분 잠으로 보냈다. 마음이 무척 평온했기 때문이다. 모든 것들과 화해하고 평화롭게 지내면서 나를 두려워하던 적들을 사랑하고 존경하게 되었다. 그들을 사랑하는 법을 배웠다. 그것은 내가 람타라고 하는 고귀한 존재를 사랑하는 법을 배웠기 때문이다.

당신의 삶 후의 삶, 그 후의 삶, 그 삶 후의 삶, 백만 년의 삶을 한 생에서 한꺼번에 살 수도 있다. 하지만 당신은 왜 그렇게 오랜 시간과 수많은 생을 살아야 했는지 아는가? 당신 자신을 볼 수 없었기 때문이다. 당신은 다른 사람을 판단함으로써 좀 더 나은 삶을 살 수 있고, 다른 사람을 좀 더 이해할 수 있을 것으로 생각한다. 하지만 이러한 삶에서 당신은 대개 하나밖에 배우지 못한다. 삶을 누가 창조했는지 알려고 하지 않기 때문에 좀 더 빨리 배우지 못하는 것이다. 존재들이여, 당신들에게 말하겠다. 당신들 모두 남자의 성기와 여자의 자궁으로부터 유전적 형질을 받고 태어나 다양한 피부색으로 수많은 생을 살았다. 당신은 레무리아인처럼 가장 천한 사람이었으며 또한 아틀란시아인처럼 가장 오만한 사람이기도 하였다. 당신은 그들 모두였다. 그런데 왜 당신은 한 생애에서 자신을 보기 위해, 그리고 자신을 드러내기 위해, 혼 안의 자비심을 순식간에 나타내는 일들을 재촉하지 않는가?

나는 람타가 누구인지에 대해 이해하기 시작하였다. 나의 존재를 즐거운 마음으로 사랑했으며, 나라는 존재가 되었다는 것에 대해서 매우 만족하였다. 왜? 나 자신을 통해 발견한 미지의 신과 평화를 이루었고, 독특하고, 강력하며, 경이로운 방법으로 나의 운명을 창조하고 사람들을 더 위대한 이해로 이끌 수 있었기 때문이다. 내가 했던 모든 것들에 대해 나 자신을 용서하고 왜 그랬는지를 이해하게 되면서 그러한 것들은 더 이상 문제가 되지 않았다. 그러한 것들이 더 이상 나를 괴롭히지 않았다. 더 이상 상처를 만들지 않았다. 정복하고자 하는 마음도 더 이상 일어나지 않았다.

나는 당신들을 매우 잘 가르쳤다. 하지만, 당신에게 말하건대, 아직도 많은 사람들이 내가 말하는 것을 모른다. 당신이 지금까지 되었던 모든 것들은 이해와 사랑을 얻기 위한 것이었다. 인간은 영적으로 삶을 진화시키기 위해 옳고 그름, 진리의 판단뿐만 아니라 두려움과 죄의식, 그리고 무능함을 창조하였다. 내가 영적이라고 말할 때, 그것은 삶 전체에 대한 것이지, 일주일의 어느 특정한 날에 철학적인 방식으로 말하는 어떤 훌륭한 것에 대한 것이 아니다. 당신은 억압되었고, 당신만의 슬픔에 잠겨 있으며, 자기 경멸에 빠져 당신 자신을 부정해왔다. 당신에게 말하겠는데, 당신의 모든 생에서 했던 모든 일들이, 다 괜찮다. 경이로운 분자구조의 맨 처음 중심의 진동인 하느님 아버지는, 한 번도 당신을 심판하지 않았다. 신은 완벽이라는 것도, 절대적 한계라는 것도 모르기 때문에 누구를 심판한다는 것을 알지 못한다. 그는 그 자신 전부를, 사랑하는 '있음'이며, 그 '있음'은 여기에 존재하는 당신들 모두와 온 세상 사람들을 포용하는 힘이다.

신은 결코 당신을 심판한 적이 없으며, 또한 당신에게 성인이나 악마가 되라고 강요한 적도 없다. 단지 자신이 누구인지 모르는, 당신이 당신 자신에게 그렇게 한 것이다. 모든 것에 존재하는 하느님이 당신이라는 경이로운 존재에게서 즐거운 선함을 발견했다면, 그리고 많은 것을 이루었으나 당신에게 신성한 자아가 넘쳐나게 할 다음 순간의 삶이 아직 있다면, 사랑하는 존재여, 당신에게 말하노라, 내가 당신이 신이라고 할 때, 신으로서 살라. 그러면 진정으로, 당신은 자신을 용서할 수 있고, 왜 그렇게 살아왔는지를 알고 이해하게 될 것이다.

미지의 신은 모든 것들이다. 황혼이자 한밤의 새이며, 덤불 속에서 부스럭거리는 소리이며, 때가 되면 떠나가는 아침의 철새들이며, 아이들의 웃음소리이며, 사랑하는 연인들이 느끼는 황홀함이며, 붉은 포도주이며, 달콤한 꿀이다. 신은 모든 것이다, 모든 것. 그것은 영원하다.

이러한 이해를 통해서 미지의 신을 알게 되었다. 이것을 나에게 가르친 스승은 없었다. 람, 마스터, 정복자, 그것은 내가 알아야 할 내 안에 있는 것이었다. 알아야 할 필요가 있는 것이었다. 그래서 나는 중상을 입고 상처를 치유하면서 사색하도록 홀로 남겨진 것이었다. 그 당시 내가 할 수 있었던 것은 지금 앉아 있는 이 우아한 의자가 아닌, 커다란 바위 위에 홀로 앉아 있는 것뿐이었다. 나는 용서라는 말이 있기 전에 용서를 이해했고, 자아라는 말이 있기 전에 자아를 이해했으며, 신과 나라는 미스터리를 풀기 위해 신과 나를 하나로서 이해하였다.

그런 후 내가 한 일은 당신들을 제대로 가르쳐 당신들의 삶에서 내가 가르친 것들을 당당하게 구현케 하는 것이었다. 당신은 겸허한 마음으로 당신 존재를 보려는 욕망을 표현할 기회를 가지게 되었다. 그러나 많은 사람들이 여전히 눈을 감고 있었기에, 나는 가르칠 수 없었다. 가르칠 수 없는 유일한 것은 당신의 닫힌 마음이기 때문이다. 그들은 들으려고도 알려고도 하지 않았다. 왜냐하면 그것은 그들이 고수하고 있는 폐쇄적인 진리를 위협하기 때문이었다. 당신은, 당신 자신을 어떻게 알 수 있을까? 당신은 새장 속에 갇힌 비둘기와 같다. 당신을 용서하라. 하느님은 당신을 항상 용서하였으며 이해하였다.

당신의 존재를 보라. 그것을 보라. 당신의 노여움을 바라보라. 왜 화가 났는가? 당신의 질투심을 바라보라. 왜 질투하는가? 부러워하는 마음을 바라보라. 왜 부러워하는가? 불안한 마음을 바라보고, 그 이유를 알라. 당신의 판단을 바라보라. 왜 판단하는가? 인색한 마음을 바라보라. 왜 자비롭지 못한가? 당신의 웃음소리를 들어보라. 그것은 어디에 있는가? 내가 말한 것들에 대해 깊이 생각해보라. 당신은 너무 서두르기에 나처럼 63년을 참을 수 있는 인내심이 없다. 조급함은 우스꽝스러운 것이다. 당신에게 절대적으로 필요한 것은 인내심이다. 내 삶에서는, 삶 자체가 인내였다. 그러한 인내심이 있었기에 지금 당신들 앞에 있는 내가 될 수 있었다. 그리고 당신들에게 신의 무한한 가르침을 줄 수 있는 도구가 될 수 있었다.

나처럼 되기를 원한다면 내가 생각하는 것처럼 생각하라. 당신에게 맞는 방법이나 형식을 찾아 그것을 시행하라.

— 람타

2부

람타 가르침의 핵심적 개념

제 2 장
의식과 에너지는 현실의 본질을 창조한다

나의 아름다운 존재들이여, 그리고 새로운 입문자들이여, 당신들을 환영한다. 당신들에게 경배를 보낸다. 같이 한 잔의 물을 마시자. 당신들은 이 물을 필요로 할 것이다. 물은 절대 근원, 영원한 의식을 상징한다. 물은 우리 모두의 내면에 존재하는 신에게 경배할 때 쓰이는 매개물이다. 자, 이제 우리의 나약함이 아닌 우리의 신성함에 경배하며 이 수업을 시작하자.

오, 나의 사랑하는 신이여,
나의 내면 어딘가에 계시는 그분이시여,
오늘 나에게 와
내 마음을 열고
내 생명을 열어,
내가 배운 것들을 체험할 수 있게 하소서.
오, 나의 사랑하는 신이여,
오늘 나의 존재와 나의 배움을 축복하소서.
So be it.
인생을 위하여.

아름다운 입문자들이여! 당신들이 이 자리에 참석하여 무척 기쁘다. 오늘 입문자로서 처음 참석한 사람들은 손을 들어보라. 훌륭하다. So be it. 당신들은 왜 여기에 왔는가? 당신의 수용 능력을 확장하여 삶을 바꾸기를 희망하는가? 음, 좋은 대답이다. 당신의 대답이 마음에 든다.

나는 깨어난 자, 람타이다. 나는 당신들이 읽었던 글에서나, 들었던 이야기에 나오는 바로 그 존재이다. 그것들이 당신들의 마음에 감동을 주었다. 그것들은 진리의 울림이었다. 내가 입고 있는 이 육체를 보고 실망하지 마라. 또한 당신들이 입고 있는 육체를 보고 실망하지 마라.

나는 당신들의 시간으로 오래 전에 이 의식으로 나타났다. 내가 사용하는 이 육체는, 내가 이 세상에 나타나기 전에 자신의 몸을 빌려주겠다고 나에게 약속했었다. 당신들은 신이 어떤 특정한 존재가 아니라 모든 사람들이며 모든 것임을 배우기 위해 여기에 있다. 더 나아가, 한 그루의 나무와 같이 아주 간단한 것에서도 신의 고귀함을 볼 수 있다는 것을 배우기 위해 여기에 있는 것이다.

나는 내 육체보다 더 위대하다; 나는 깨달은 존재이다

나는 사람들의 경외심을 불러일으키는 멋지고 아름다운 육체를 드러내기 위해 여기에 온 것이 아니다. 그러한 것들은 이미 오랜 영겁의 세월 동안, 심지어 오늘날까지 숭배자들의 우상이 되어왔기 때문이다. 아름다움은 물질적인 것 — 더 이상 영적인 것이 아니라, 투박한 것 — 으로 바뀌어버렸으며 당신은 그것을 숭배한다. 그것은 당신을 왜소하게 만든다. 왜냐하면 그것은 덧없는 것이며, 한 생에서 짧게 피었다가 사라지기 때문이다. 나는 획기적으로, 깨달은 자로서 이곳에 왔다. 깨달은 자라는 것은, 어떤 의미일까? 당신들이 말하는 깨달음이라는 것은 무엇일까? 그것은 자각하는 존재, 광범

위한 시야를 가진 존재를 의미한다. 깨달은 존재는 순수한 의식이 그들의 영이나 마음으로 구현된 자이다. 또한 그들은 육체보다도 훨씬 더 위대한 영적 풍요로움을 이루었으며, 자신을 육신으로 보지 않고 모든 생명과 연결되었다고 생각한다. 바로 그러한 자가 깨달은 존재이다. 깨닫지 못한 자들은 자신이 다른 생명체와 분리되었으며, 특별하고, 다르다고 생각한다. 그들은 무지한 존재이다.

나는 깨달은 자이다. 왜냐하면 내 삶에서 그리고 내가 알던 그 시대에, 나는 전쟁을 일으키고 폭군들을 상대로 싸우며 인간이 되고, 나 자신이 되는 장엄하고 훌륭한 기회를 가졌기 때문이다. 그것은 얼마나 숭고한 목표인가? 하지만 내가 부상당한 후 나의 오만함에서 벗어나 겸손해지기 전까지는 그렇게 될 수 없었다. 그러한 겸손함으로, 존재여, 매일 실낱같은 생명에 매달릴 때, 나는 내 삶과 나의 불쌍하고 비천한 백성의 삶의 목적이 무엇인지 궁금하였다. 그리고 살기 위한 안간힘으로 매일 하루를 넘기며 그날들을 표시할 때까지, 나는 삶 그 자체가 소중한 것임을 깨닫지 못했다. 나는 7년 동안 바위에 앉아 내 자신을 치유하였다. 당신은 이러한 일에 질색할 것이다. 잠에서 깨어나 내가 아직도 살아 있다는 것을 알아차렸던 매 순간, 나는 나의 영을 기쁘게 하였다. 깜깜한 밤하늘에 달이 차고 기우는 모습을 바라보면서, 나는 한 번도 지루해하지 않았다. 나는 절실하게 그리고 절망을 뛰어넘어 열정적으로 자연과 함께하기를 갈망하였다. 내가 매일 살아 있다는 것을 확인시켜준 것은 달과 태양이었다. 나는 그것들을 숭배하기 시작하였다. 그리고 마침내 나는 그것들이 되었다.

내가 깨달았다고 불리는 이유는 육체를 초월하는 법을 배웠기 때문이다. 전사는 죽었다. 정복자는 사라졌다. 나의 오만함은 꺼져가는 불에서 나오는 연기처럼, 밤 공기 속으로 너울거리며 사라졌다. 나의 무지함도 사라졌다.

그리하여 나는 영적인 존재가 되었다. 그것은 무엇을 의미할까? 그 말은 정복을 위해, 목표를 달성하기 위해, 그리고 배설물을 쏟아내어 흙으로 되살아나기 위해 나의 두뇌와 육체 그리고 감정을 사용하지 않는다는 것을 의미한다. 나는 변했다. 인간 대 인간으로 맞서거나 힘에는 힘으로 맞서는 고독함을 버리고 매일, 조금씩 나 자신을 추슬렀다. 그리하여 이 세상을 정복하기보다는 무지를 정복하는 것에 더 많은 가치를 두는 인격체로 거듭났다.

나의 가장 무지했던 점은 무엇이었을까? 무척 많았지만 그중에서 가장 무지했던 점은 우리 민족이 말하는 미지의 신을 증오했다는 것이다. 그들은 신을 숭배하지 않았다. 그들은 오직 하나의 신만이 존재한다는 것을 알았다. 그들은 존재했던 모든 것들 안에서 신을 볼 수 있으며 신이 생각했던 모든 것들이 실재할지라도, 신은 이름 없고 얼굴 없는 존재라는 것을 알고 있었다. 나는 이 신이 내 나라 사람들을 무자비하고 잔인하게 버렸다고 생각했었다. 나는 이해할 수 없었다. 만약 하나의 신을 사랑한다면 삶은 기쁘고, 즐거울 것이며, 적을 물리치고 춤과 노래를 부르면서 평생을 평화롭게 살 수 있을 것이라고 생각하였다. 그러나 존재하는 모든 생명인, 우리 민족의 미지의 신이 우리 민족을 훨씬 더 강력한 종족의 노예가 되게 하였기에, 나는 그를 증오했었다. 그래서 나는 모든 사람들 안에 있는 신을 죽이려고 했었다. 신이 불쌍하고, 가여운 나의 가족을 정복했기에, 그도 정복당해야만 했다. 신이 정복당할 수 있고, 신을 사랑하기만 한다면, 고통, 노예, 속박의 상태로부터 자유로울 것이라고 믿었던 그때가 내 삶에서 가장 무지했던 때였다.

나는 미지의 신이 우리 민족 모두에게 그리고 다른 모든 사람들의 가슴 속에 살아계심을 몰랐다. 그리고 자연 그 자체가 바로 신이 불어넣은 생명이라는 것을 몰랐다. 신은 사랑이다. 이 말이 무엇을 의미하는가? 그것은 신은 창조하고 베풀며 결코 앗아가지 않는다는 것 — 이것이 바로 신을 의미한

의식과 에너지는 현실의 본질을 창조한다

다 — 이다. 그리고 미지의 신은 모든 이들에게 생명을 부여하였고, 자신의 마음을 복제하는 것을 허용하여 각자의 현실을 창조할 수 있도록 돕는다. 우리 민족은 언젠가 자신들이 노예가 될 것이라 예언했었다. 그들이 자신의 예언에 집중했기 때문에 그것이 현실화된 것은 아닐까? 물론이다. 미지의 신은 모든 이들 안에 있는 하나의 마음이 아니라 모든 이들 안에 있는 하나의 마음의 조각들이다. 그들이 어떠한 선택을 하건 그들은 그런 마음의 조각들을 자각할 수 있다. 그것은 신이 베푸는 특성이다. 이것을 이해하는 데 하루가 아니라, 평생이 걸렸다. 왜냐하면 나의 야만적 본성은 증오와 경멸로 가득 차있는 반면에, 나의 영적 본성은 작고 여려서 매일 쌓아 올려야 했기 때문이다. 매일 나는 그것을 내 육신보다 더 절실히 원했다.

그렇다면 내가 어떻게 깨달음을 얻을 수 있었을까? 내가 미지의 신과 똑같이 되고 싶다고 결심한 후, 그것의 일부가 되었기 때문이다. 신은 사랑 — 우리는 신이 그 사랑으로, 절대로 거두어가지 않고, 오직 베풀기만 한다는 것을 안다 — 하고, 모든 것이며, 모든 생명과 사랑을 공유할 수 있기 때문에, 내 안에 존재하는 신은 내가 되고자 하는 것을 정확하게 줄 수 있었다.

마스터, 내가 매일 어떤 싸움을 했는지 아는가? 내 삶에서 나의 원시적인 본능인 의심을 없애려고 매일 싸웠다. 그것은 나를 흔들어 정복하려 하였다. 그것은 나의 어리석음을 보여주려고 하였다. 나는 가장 힘든 싸움인 내 안의 그것과 매일 싸워, 나 자신을 정복하는 것에 몰두했다. 싸움에서 이겼을 때 그것이 나에게 준 것은 무엇이었을까? 처음엔, 아무것도 얻은 게 없었다. 왜냐하면 나는 내 상처를 살피고 모든 사람을 볼 수 있었으며 내 과거의 모든 승리를 셀 수 있었기 때문이다. 그러한 것들이 실재하고 있음을 볼 수 있었지만 내가 원했던 것은 실재하지 않는 것이었으며, 최소한 손으로 만질 수 있는 것은 아니었다. 그래서 매일 실재하는 것들은 실재하지 않는 것들과 충돌

했다. 당신들의 표현으로, 웃음거리가 되어버렸던 것이다. 나는 그곳에 앉아 이렇게 말했다. "람타, 당신은 멍청이야. 당신은 늙은 멍청이야." 그러한 말을 나 자신에게 할 때마다 어딘가 아팠다. 내가 그렇게 할 때마다 아팠기에 그 통증이 무엇인지를 알아야 했다. 결국, 내가 몸을 학대할 때마다 느꼈던 통증이 내 것이었음을 알아차렸다. 그래서 남은 생애 동안 모든 것에 대한 나의 마음가짐을 바꾸었다. 그리하여 내가 내 몸에 계속 머무르는 유일한 이유는 내가 내 몸을 인지하기 때문이라는 것을 깨닫게 되었다. 매번 화가 날 때마다 내 몸의 중심을 잡았다. 내 의지보다 내 몸이 더 강해질 때마다 의지를 다지곤 하였다. 매일 내 몸은 서서히 약해지고 내 마음은 점점 커졌다.

내 삶의 마지막 순간에 내가 어떻게 이 세상을 떠났는지 아는가? 소나무로 만든 관에서 삶을 마치지 않았다. 나는 바람에 나를 실어 이 세상을 떠났다. 어떻게 바람을 탈 수 있었을까? 왜냐하면 바람이야말로 영의 탈 것이기 때문이다. 나는 왜 보통 사람들처럼 죽지 않았을까? 내가 평범한 사람이 아니었기 때문이었다. 무엇이 나를 그렇게 만들었을까? 내가 나의 타고난 자아, 즉 내 육체와 성격 그리고 유전인자를 정복했기 때문이다. 내 삶이 끝나던 날 나는 과거와 연결된 섬세한 끈을 끊을 수 있었다.

그래서 나는 무엇이 되었나? 나는 좀 더 나은 인간이 되지 않았다. 나는 인간이 아니라 영적인 존재, 신이 되었다. 그리고 그것은 내가 되고 싶었던 것이었다. 미지의 신이 얼굴 없이 존재한다면 그것은 자연 그 자체가 가지고 있는 힘이자 강한 욕구이다. 바로 그것이 내가 되고 싶었던 것이었다. 그것이야말로 신을 정확하게 표현하는 것이었기 때문이다. 사람들이 아닌, 한 인간이 아닌, 모든 생명의 일부가 되어 앎을 바탕으로 활동하는 그러한 존재인 신이 되고 싶었다. 그리고 나는 그것이 되었다.

나는 왜 깨달았다고 불리는가? 내가 나의 육신이 아니라 나의 영이 되었기 때문에 깨달은 것이다. 당신들도 알다시피 나는 오늘 다른 사람의 몸을 빌려 이 자리에 있다. 당신들은 나의 이야기를 듣기 위해 이 자리에 왔다. 왜냐하면 당신들은 나의 이야기를 읽었거나, 그것들을 들었으며, 아니면 다른 사람들로부터 나에 관한 이야기를 들었거나, 당신들의 삶에서 경이로움을 보았기 때문이다. 그래서 당신들은 남자와 여자로서, 아이들로서, 영으로서, 조그마한 몸으로서, 육체 안에 들어 있는 존재로서 여기에 온 것이다. 당신의 영이 하는 일은 매일 당신과 함께하면서 당신이 살아있도록 하는 것이다. 당신이 영을 사용하는 이유는 단지 그것뿐이다. 당신이 여기 오기 전에 죽지 않은 유일한 이유는 당신의 영을 사용하여 육체를 살아있도록 하였으며, 또한 당신이 육체를 남용하지 않아 지금까지 영이 육체를 버리지 않았기 때문이다. 그래서 당신들이 죽지 않고 여기에 있는 것이다. 영은 눈으로 보이는 것이 아니라 힘으로 느껴지는 것이다. 그것이 바로 나이다.

당신들은 나를 보기 위해 여기에 온 것이 아니다. 당신들은 그런 마음으로 이 자리에 있어야 한다. 그러면 나는 평범하고 자연스럽게 보일 것이다. 내가 당신들에게 가르치려고 하는 것은 당신 내면에 존재하는 신은 당신이 영이라 부르는 것이며, 바로 그 영이 당신을 살아 숨 쉬게 한다는 것이다. 당신이 영을 보려고 한다면, 당신은 절대로 자신의 육체를 바라보듯 볼 수 없을 것이다. 내가 입고 있는 이 육신과 내가 쓰는 말투가 서로 일치되지 않아 — 내가 입고 있는 이 육신은 여자인데 나는 남자이다 — 보일 것이다. 그러나 이러한 점은 아주 중요한 가르침이 될 것이다. 내가 여자의 몸으로 가르치는 이유는 모든 사람들에게 신은 남자이기도 하고 여자이기도 하며 둘 다 아닐 수도 있다는 것을 보여주기 위한 것이다. 또한 당신들의 머리로 생각했던 모든 것들이 다가 아니며, 진정한 당신은 눈으로 볼 수 없는 존재라는 것을 가르치기 위함이다.

좀 더 정확하게 말하자면, 아주 오래전에 내가 알았던 사람들과 이야기를 나누기 위해 여기에 온 것이다. 그러나 그때와 지금 이 시간은 동시에 일어나고 있다. 그 당시 내가 당신을 두고 떠났을 때 가르치지 않았던 것들을 가르치기 위해 여기에 있는 것이다. 나를 따르라고 가르치는 것이 아니다. 당신은 나를 따를 수 없다. 당신이 죽는다고 하더라도 당신은 나를 따를 수 없다. 그것은 당신이 죽으면 당신이 받아들일 수 있는 능력에 맞는 삶의 선물만을 받기 때문이다. 당신이 유일하게 받아들였던 것은 오직 당신의 삶뿐이었다. 그것이 어떠한 삶이었건 그것만을 당신이 받아들인 것이다. 배고픔은 당신에게 아주 중요하다. 고통은 당신에게 중요하다. 당신이 처한 현실이 마음에 들지 않아 혼란스러운 것, 그것은 당신에게 중요하다. 여자가 된다는 것은 당신에게 중요하다. 남자가 된다는 것은 당신에게 중요하다. 이러한 것들은 모두 물질적인 것들이다. 굶주림이 당신의 영을 파괴할 수 있다. 굶주림에 빠졌을 때 당신은 그 어느 때보다 신에 대한 집중을 빨리 잃어버릴 수 있다. 당신이 죽더라도, 당신은 깨어나지 않을 것 — 당신은 영적 존재가 될 것이지만, 당신 마음은 그곳에 있지 않고, 여기에 있을 것이다 — 이기에, 내가 알던 것 그리고 내가 배웠던 것을 가르치기 위해 여기에 온 것이다.

단지 하나의 신만이 존재하는 것은 아니다. 모든 것이 신이다. 그리고 이 생만이 당신이 살았던 유일한 생은 아니다. 육체는 옷과 같다. 당신은 단지 여기 이 시간의 흐름 속에서 이 육체를 입고 있는 것이다. 그동안 당신들은 수없이 많은 육체를 입었다. "그런데 왜 내가 기억을 하지 못합니까?"라고 당신은 물을 것이다. 당신이 깨어나지 않았기 때문에 다른 생을 기억하지 못하는 것이다. 알겠는가? 전생에서 당신은 지금 이 생보다 더 진보하지 않았다. 행여 전생이 궁금하다면, 전생에서 당신이 사용했던 유일한 것은 당신의 인성에 해당하는 두뇌였으며, 항상 그랬듯이 그것은 그저 육체에 관한

의식과 에너지는 현실의 본질을 창조한다

것이었다. 그래서 육체가 두뇌와 함께 죽으면 — 육체와 두뇌는 사라지기에 — 당신이 전생을 기억하지 못하게 되는 것이다. 당신이 기억할 수 있는 것은 오직 이 생뿐이다. 그러나 당신은 삶의 대부분을 기억조차 하지 못한다. 당신은 그날들을 제대로 살지 않았기 때문이다. 당신은 진정으로 삶을 살지 않았다.

오, 당신은 영겁의 세월을 살아왔다. 당신은 진화하고 있는 중이다. 신은 당신에게 영원한 삶을 주었다. 그것은 어떤 의미일까? 그 말은 당신이 오늘 오후에, 혹은 내일 아침에 죽어 육체가 사라진다 해도 당신은 당신의 영성체로 떠오른다는 것이다. 그러나 영성체는 다시 그것을 차지할 마음의 크기밖에 되지 않을 것이다. 그리고 당신은 현재 그 마음을 닦고 있는 것이다. 그것은 영원한 생명이다. 여전히 누군가 성교를 할 테고 그 덕분에 당신은 다시 태어날 것이다. 다시 태어난다 해도 당신은 오늘을 기억하지 못할 것이다. 왜 오늘을 기억하지 못할까? 왜냐하면 미래의 당신 두뇌는 오늘 여기에 있지 않기 때문이다. 하지만 당신의 영은 여기에 있었다.

나를 따르라고 당신들을 가르치는 것이 아니다. 그것은 불가능하기 때문이다. 사람들이 나를 숭배하기를 원치 않는다. 당신 자신을 숭배하길 원한다. 지금까지 세워진 신을 위한 가장 위대한 신전은 결코 돌이나 금은보화로 만들어진 것이 아니었다. 신을 위한 가장 위대한 신전은 바로 인간의 육체이며, 그리고 바로 그곳이 영이 이 세상에 머무는 곳이다. 그곳이 바로 신전이다. 무엇인가를 배울 때 기쁘거나 기분이 좋아진다면, 당신의 영이 그렇게 느끼는 것이다. 여기에 와서 피곤하거나 배가 고프거나 혹은 지루하다면, 그것은 당신의 육체가 느끼는 것이다. 당신의 마음은 영에 있지 않고 육체에 있기 때문이다. 무엇인가를 배워 기분이 좋아진다면, 그것은 눈으로 볼 수 없는 당신 내면에 존재하는 것과 이야기하고 있는 것이다. 그럴 때 많은 것을 쉽게 이해할 수 있을 것이다.

당신의 미래와 현재에 유일한 걸림돌이 되는 것은 무엇일까? 원숭이 마음인, 당신의 인간 두뇌이다. 왜 그런지 아는가? 당신이 얼마나 광범위하게 받아들일 수 있는지 옆 사람에게 설명하라고 한다면, 이 말의 의미에 대해 잘 생각해 보라. 왜냐하면 당신이 얼마나 넓게, 얼마나 깊게, 그리고 얼마나 크게 받아들이는 가는 당신이 어떤 믿음을 가지고 있는가를 보여주는 것이기 때문이다. 당신이 받아들이지 못하는 것들은 절대로 당신의 삶에서 구현될 수 없다. 당신은 오직 받아들일 수 있는 것만을 구현할 수 있다. 자, 당신은 얼마나 광범위하게 받아들일 수 있을까? 그것이 당신의 의심보다 더 큰가? 아니면 당신은 받아들이는데 한계를 가지고 있는가? 그래서 아픈 것인가? 그래서 늙는 것인가? 불행한 것을 받아들이기 때문에 불행한 것인가? 그것들이 당신이 얻는 모든 것이다. 당신이 그것들보다 더 위대한 것들을 받아들일 수 없는 이유는 더 위대한 것들은 당신의 영 안에 있기 때문이다. 당신의 영이 당신을 불행하게 만드는 이유는 당신이 영에게 불행을 말하기 때문이다.

모든 것을 육적인 마음으로 받아들이는 것이 오늘날 당신이 갖는 유일한 골칫거리이다. 그것은 바로 여기 신경망에 있다. 지금까지 살아오면서 나쁜 일을 많이 했다는 죄의식에 사로잡혀 있다면 내 말을 받아들이기 힘들 것이다. 나는 당신이 현실을 창조한다고 말할 것이기 때문이다. 만약 자신이 피해자라고 생각한다면 그것은 당신 스스로 그렇게 만들었기 때문이다. 이 말이 마음에 들지 않을 것이다. 왜냐하면 당신은 지금까지의 고통이나 한계 그리고 결핍을 다른 사람 탓으로 돌리려 하기 때문이다. 하지만 나는 그런 모든 것들이 당신의 책임이라고 말할 것이다. 물론 내 말을 싫어할 것이다. 당신 영은 내 말에 동의하지만, 두뇌는 받아들이지 않을 것이다. 두뇌는 누가

의식과 에너지는 현실의 본질을 창조한다

자신에게 상처를 주었는지, 누구한테 실망했는지, 왜 그러한 의심을 하는지를 말할 수 있기 때문이다. 그것은 다른 사람이 실수했기 때문에 그런 일이 일어났지, 결코 자신의 실수가 아니라고 말한다. 그것은 인간의 두뇌가 가지고 있는 오만함이다. 그렇지 않은가? 당신들은 내 말을 좋아하지 않을 것이다.

또한 당신은 모두가 신이라는 개념을 받아들이기 힘들 것이다. 당신들 중 일부는 아직도 신이 천국이라고 하는 곳에 있으며 그가 — 그녀가 아니라 — 모든 것을 주관한다고 믿고 싶어하기 때문이다. 그리고 삶에서 좋지 않은 일이 일어나면 그것은 신의 뜻이며, 신이 자신에게 벌을 내린 것이라고 말할 수 있기 때문이다.

당신에게 신은 천국에 있는 편리한 존재이다. 신이 천국에 있는 한 다른 사람을 사랑하거나 배려하지 않는 정의롭지 못한 당신을 처벌할 것이기 때문이며, 당신이 나쁜 생각을 할 때, 벌을 받을 수 있기 때문이다. 당신은 신이 천국의 어느 곳에서든 그러한 일을 하는 존재라 생각한다. 또한 당신은 도움이 필요할 때 누군가가 자신을 구원해주기를 바란다. 왜 그런 줄 아는가? 자신을 스스로 구원할 수 없다고 믿기 때문이다. 종교에서 말하는 신은 자신과는 달리 경이로운 일들을 한다고 믿는다. 그러나 내가 당신에게 말하건대, 천국이라는 곳은 당신 내면에 있으며, 당신이 자신에게 믿도록 허용하는 것이다. 그러면 당신의 신은 오늘 당장 당신의 죄를 용서할 것이며, 당신의 부족함을 용서할 것이다. 오늘부터 당신은 희생자가 되는 것을 멈출 수 있다. 오늘부터 당신은 아프지 않아도 된다. 오늘부터 당신은 악마 대신 자신을 믿기 시작할 수 있다. 당신들 중 일부는 내 말이 마음에 들지 않을 것이다. 당신은 구세주를 필요로 하기 때문이다. 내 말을 싫어하는 사람이 있을 것이다. 왜냐하면 신이 당신에게 벌을 줄 순간이 필요하기 때문이다. 이러한 가르침은 당신들이 믿고 있는 것과는 아주 다를 것이다. 내가 당신들에게 가르치는 것은 당신 자신에 대한 것이며 당신 내면에 존재하는 것이기 때문이다. 여기 있는 대부분의 사람들은 자신이 무엇이든 구현할 수 있다는 것을 믿지 못한다. 그들은 자신이 부족하다는 것을 받아들였다. "자신을 믿으면 모든 것을 할 수 있다."라는 내 말이 당신에게 이상하게 들릴 것이다. 하지만 이 말은 현실화될 것이다.

람타 깨달음 학교; 스스로에 대한 확신

잠시 살펴보라. 여기서 무엇이 문제일까? 우리는 모두 그것을 발견했다고 생각한다. 그것은 당신 자신을 믿는 것이다. 그것이 바로 이 학교가 존재하는 이유이다. 이 학교는 당신이 단지 이 생에서 비롯된 자아와 맞서 싸워 그것을 정복한 후 자신이 원하는 그 어떤 것보다도 더 위대한 존재가 되도록, 우리 인간의 머리로는 받아들일 수 없는 것들을 받아들이도록 가르치는 것이다. 이 학교에서 가르치려고 하는 것은 당신 내면에 존재하는 영, 당신 내면에 존재하는 신을 부활시켜 놀랄만한 일들을 하게 하는 것이다. 나는 당신들의 구세주로서 여기에 있는 것이 아니다. 한 번도 그렇다고 말한 적이 없다. 그렇게 되기를 원치 않는다. 나는 내가 알고 있는 많은 것들을 가르치기 위해 여기에 있는 것이다. 그 일을 하기 위해 나는 오랜 세월을 기다렸다. 당신들은 그렇게 오랜 세월을 기다릴 수 없을 것이다.

당신이 배우려고 하는 것은 당신 내면에 존재하는 신을 영광스럽게 하는 것이다. 이를 위해 많은 일들을 해야 하겠지만, 결국 당신이 그렇게 되었을 때, 육체를 유지한 상태에서도 수용할 수 있는 능력은 무한해질 것이다. 왜 그런지 아는가? 당신은 기적적인 일들을 할 수 있는 법을 배울 것이며, 그럼으로써 당신 자신을 더욱더 믿게 될 것이기 때문이다.

그 길은 쉽지 않을 것이다. 왜냐하면 당신의 육체가 가지고 있는 인성인 변형된 에고가 당신이 발걸음을 옮길 때마다, 매번 당신이 모르는 사이에 당신을 죽이려고 할 것이기 때문이다. 당신이 깨어난 존재가 되면 그 길은 훨씬 수월해질 것이다. 당신이 변형된 에고를 정복했기 때문이다. 그러면 당신에게 묻겠다. 당신이 덧없는 삶의 끈에 매달리지 않고 이곳에서 하루에, 단 하루에 한 시간 집중한다고 해서 무엇을 잃겠는가? 그럼으로써 당신이 잃게 되는 것은 무엇일까? 기적을 부인하는 대신 받아들임으로써 당신들이 잃게 되는 것이 무엇인지 아는가? 무엇을 잃어버리겠는가? 나는 당신에게 아침에 일어나 당신의 영이 강력한 숨을 내쉬면서 하루를 창조하는 것을 가르칠 것이다. 나의 가르침을 진실로 받아들였을 때 당신이 무엇을 잃었는지 물을 것이다. 당신에게 말하겠다. 입문자들이여, 당신이 잃게 되는 것은 당신이 한때 그렇다고 알았던 이 삶이 가지고 있는 한계이다. 그리고 당신은 영원한 삶을 얻게 될 것이다.

영원한 삶? 모든 사람들이 죽음의 문턱에서 깨어날 것이라고 내가 말하지 않았는가? 진정 나는 그렇게 말했다. 그러면 당신은 어떻게 달라질까? 육체를 갖고 천국과 다른 차원을 방문하는 것을 배울 것이며, 그런 경험을 통해 당신이 수용할 수 있는 범위가 확장될 것이다. 당신이 죽는다면 혹은 죽는 것을 선택한다면, 당신은 보통 사람들이 가는 곳으로 가지 않을 것이다. 그리고 결코 이 세상으로 다시 돌아오지 않을 수도 있다. 어쩌면 다른 은하계의 초월적인 종족이 당신의 부모가 되어, 당신은 아주 고귀한 존재가 될 수도 있다. 당신은 이 세상에서 꿈도 꾸지 못하는 것들을 알 준비가 되었기 때문이다.

이 학교에 참석하는 모든 사람들은 항상 시험을 치른다. 누가 그들을 시험하는지 아는가?

바로 그들 자신이다. 홀로 남겨진, 섬세한 영은 항상 스스로 발전할 수 있는 기회를 얻게 된다. 그러나 일상생활에서 그들의 마음이 혹은 변질된 에고가 더욱 강해져 견고한 성을 이룬다면, 아주 작고 여린 영은 약해질 것이다. 그렇게 되면 어떤 일이 일어날까? 그들은 다른 사람을 의심하고 불신하며 모든 것들이 부족하다고 생각하기 시작한다. 내면에서 어떤 위로와 도움을 받지 못하기 때문에 그러한 것들을 밖에서 찾으려고 한다.

그러다가 그들이 학교로 돌아온다. 수많은 거친 영들이, 주저하는 변형된 에고들이 떼를 지어 나한테 온다고 상상해보라. 처음 며칠 동안 계속 정화작업만 해야 하는 그들을 상상해보라. 정화작업이란 무엇일까? 아무리 뛰어난 학생들도 학교에 돌아오면 처음 며칠 동안 정화작업을 해야 한다. 이 말은 어떤 의미일까? 그들이 자신의 육체보다 더 위대하며, 신의 왕국에 존재하는 것이 그들이 가지고 있는 의심보다 더 위대하다는 말을 다시 들어야 한다는 것이다. 그런 후 그들은 다시 훈련에 박차를 가하여 구현할 수 있게 되어야 한다. 그러면 그들은 이렇게 말한다. "오, 맞아요. 오, 맞습니다. 기억납니다." 만약 내가 그들과 함께하는 시간이 일주일밖에 없다고 생각해보라. 처음 4일은 정화작업을 하고 나머지 3일은 다른 차원으로 가 그들이 받아들이지 못했던 것들을 받아들이는 것을 배울 것이다. 우리는 3일 동안 그러한 작업을 해야 하고, 그 후 그들은 떠날 것이다. 당신 이전에 온 사람들 중에 변한 사람이 있을까? 그렇다. 기적적인 일을 할 수 있는 학생들이 있을까? 물론 있다. 기적적인 일을 하지 못하는 학생들도 있을까? 물론 있다. 왜 그럴까? 왜 그런 차이가 날까? 어떤 사람은 할 수 있는데 왜 다른 사람들은 할 수 없을까? 답을 아는가? 답을 알고 있는 사람은 몇 명이나 되는가? 손들어보라, 입문자들이여. 좀 더 높게 손들어보라. 손이 하늘에 닿을 듯 번쩍 들어라. So be it!

의식, 에너지, 마음 그리고 두뇌

자, 첫 번째 가르침이다: 당신은 당신이 원하는 것을 정확하게 얻는다. 이 문장을 적도록 하라.

나는 내가 원하는 것을 정확히 얻는다.

다음 문장을 받아 적는다: 의식과 에너지 ― 의식과 에너지 ― 가 현실을 창조한다. 의식과 에너지가 현실을 창조한다.

의식과 에너지가 현실을 창조한다.

의식이란 단어의 철자를 어떻게 적든 상관없다. 아무래도 좋다. 자, 다음 문장을 적도록 한다: 의식과 에너지 그리고 두뇌가 마음을 창조한다.

의식과 에너지 그리고 두뇌가 마음을 창조한다.

졸지 마라. 의식이 무슨 뜻인지 아는 사람이 몇 명이나 되는가? 손들어보라. 자, 입문자들이여, 겁먹지 마라. 손을 번쩍 들라. 간단하게 의식이 삶의 구조라고 하면 어떨까? 의식이란 바로 삶의 구조이다. 나는 의식이 삶의 마음이라고 말하지 않고 삶의 구조라고 말했다. 의식은 자각이기 때문에, 에너지를 반드시 포함하고 있다. 내가 뭐라고 말했는가? 이처럼 의식과 에너지는 서로 떨어질 수 없는 불가분의 관계이다. 그 둘은 하나이며 같은 것이다. 무의식적인 에너지란 있을 수 없다. 내 말을 이해하는가? 의식과 에너지가 현실의 본질을 창조한다는 말을 당신의 파트너에게 쉽게 설명할 수 있을 것이다. 그 말은 단순히 현실은 의식과 에너지 없이 존재할 수 없다는 것을 의미한다. 왜냐하면 결국 현실이라는 것은 자기를 의식하는 것, 자각하는 것이기 때문이다.

자, 이제 두뇌에 대해 이야기해보자. 인체 내에서 가장 위대한 장기를 보관하고 있는 수박처럼 생긴 머리를 두 손으로 잡아보라. 손으로 잡았는가? 크지 않은가? 좋다. 머리는 당신의 얼굴을 아주 잘 지탱하고 있다. 두뇌는 세포에게 생명을 부여해주는 의식과 다르다. 두뇌는 의식을 창조하는 것이 아니라 생각을 창조한다. 자, 그 말을 적도록 한다. 두뇌는 생각을 창조한다. 그것이 두뇌가 하는 일이다. 자, 하나의 생각은 마음과 동일하다. 그 말을 적도록 한다. 마음은 하나의 생각과 동일하다.

두뇌는 의식을 창조하지 않는다. 그것은 생각을 창조한다.
하나의 생각은 마음과 동일하다.

입문자들이여! 졸지 말고 내 말을 들으라. 당신은 혼란스러울 것이다. 왜 그렇지 않겠는가? 많은 학자들이 의식, 마음 그리고 두뇌에 대해서 다루지만 그들은 두뇌가 실제로 어떻게 작용하는지 모른다. 나는 당신들에게 그것들이 어떻게 작용하는지 설명하고자 한다. 그것들은 그저 단어에 불과하지만 각각 다른 뜻을 가지고 있다. 의식과 에너지는 절대 근원이다. 그것이 생명을 부여할 때는, 하나의 생각 때문에 생명을 부여한다. 육체, 즉 인간의 육체는 두뇌를 가지고 있다. 두뇌는 의식과 에너지의 흐름을 위한 수단이다. 의식과 에너지는 두뇌가 가진 힘의 원천이다.

두뇌가 하는 일은 신경학적인 차원에서 의식과 에너지의 전기 자극을 —

의식과 에너지는 현실의 본질을 창조한다

졸지 마라 — 잡아 생각을 창조하는 것이다. 두뇌는 의식의 흐름을 실질적으로 토막내 뇌신경 세포의 연접부로 가는 통로에 머물게 한다. 그래서 두뇌는 하나의 생각을 기억할 수 있는 것이다. 그것이 두뇌가 하는 일이다. 두뇌는 자신을 통과하는 의식과 에너지의 흐름을 잡아, 시냅스를 점화시켜 여기(전두엽)에 이미지를 보여주는 기능을 한다. 마음은 의식과 에너지가 아니다. 그것은 결과물이다. 마음은 두뇌에서 생각체나 기억을 창조하는 의식으로 일어나는 결과물이다. 이런 모든 기억들이 한데 모여, "저 사람을 좋아한다."라고 말할 수 있는 것이다. 몇 명이나 내 말을 이해하는가? 자, 입문자들이여, 방금 배운 내용을 옆에 있는 파트너에게 말하라.

입문자들이여, 의식, 에너지 그리고 마음은 어떻게 다른가? 몇 명이나 내 말에 동의하는가? So be it. 계속 진행하기 전에 당신들이 이해해야 할 것이 있다. 당신은 여기에서 철학을 배우는 것이지 진리를 배우는 것이 아니다. 내가 말하는 것 어느 것도 진리가 아니다. 당신은 철학을 배우는 중이다. 이것이 무엇을 의미하는가? 이것은 하나의 가르침이다. 우리가 지금까지 말한 모든 내용들은 당신과 연결된 현실이라는 이론적인 개념이지 진리가 아니다. 진리는 상대적인 것이다. 당신이 진리라고 아는 것들만 진리이다. 당신이 알지 못하는 것들은 진리가 아니다. 누군가 과학적인 관찰을 통해 우리가 속한 우주 외에 23 번째의 우주가 있다고 당신에게 말할 수도 있다. 그것은 그들에게 진리일지 모르지만, 당신에게도 그것이 진리일까? 그것은 당신의 진리가 아니다. 당신의 삶에 있는 대부분의 것들이 당신의 진리가 아닌 것처럼, 그것은 하나의 철학에 불과하다. 당신은 왜 그것이 진리가 아닌지 아는가? 당신이 23 번째 우주를 경험해보지 않았기 때문이며, 당신이 23 번째 우주를 경험해야만 비로소 하나의 진리가 된다. 이제 두려워하지 말고, 내가 당신들에게 가르치려 하는 것들을 배우길 바란다. 왜냐하면 그것들은 경이로운 일들을 하기 때문이다. 나의 가르침을 하나의 철학으로써 받아들여라. 당신이 그것을 일단 적용한다면, 철학에서 진리가 나타날 것이다. 몇 명이나 내 말을 이해하는가? 당신은 여전히 안전하다. 우리는 당신을 개종하기 위해 여기에 있는 것이 아니다.

개념을 표현하는 상징들

고대인들은 항상 눈에 보이지 않는 것들을 어떠한 상징이나 비유로 가르치려고 하였다. 그래서 그들은 신을 항상 태양이나 빛 혹은 라(Ra)와 같다고 말했다. 그것은 의식과 에너지이다. 우리가 빛을 보았을 때 ― 당신은 이런 말을 들어본 적이 있는가? ― 우리가 빛을 보았을 때, 우리는 무엇이었는가? 빛이었다.

의식과 에너지는 상징적으로 태양으로 표현되었다. 왜냐하면 그것은 바람의 형태로 의식의 흐름을 발산하기 때문이다. 인간의 두뇌가 의식의 흐름을 잡아 생각체로 나타내면, 그 생각체는 어떤 것을 만들거나 보거나 혹은 창조한다.

자, 빛에 대해 이야기해 보자. 빛의 개념은 인간 의식 ― 인간 의식 ― 의 원형이라 할 수 있는데, 그것은 인간의 두뇌가 신의 현실을 그리고 의식과 에너지를 해석할 수 있는 유일한 방법을 어둠을 밝히는 빛으로 보기 때문이다. 우리는 어두운 방에서 아무것도 볼 수 없지만, 한 줄기 빛이 방을 비추거나 작은 불이 켜지는 순간, 그 빛이 사물들을 정확하게 비추고 굴절을 일으키면 우리는 사물을 보기 시작한다. 그래서 깨달음에 관한 생각은 무지가 진리의 빛과 함께 사라진다는 개념에서 나온 것이며, 사람들은 그것을 의식이라고 부른다. 그것은 실질적으로 빛이 아니다. 단지 빛처럼 보이기에 그렇게 표현할 뿐이다. 만약 신이 모든 존재에게 생명의 흐름을 발산하는 빛의 형태라고 말할 때, 발산하는 생명은 이러한 존재들에게 느껴지는 신 그 자체이다. 그것이 태양과 같은 상징으로 표현된 것이다.

자, 두뇌가 의식의 흐름을 갖고 있어야만 살아있다고 말할 수 있다. 두뇌가 무엇을 하는지 알기 위해 측정기를 연결할 때, 알게 되는 것은 의식과 에너지를 처리하는 두뇌의 능력이다. 두뇌의 뉴런이 점화함으로써 그것을 볼 수 있으며, 뉴런은 주파수에 따라 다르게 점화한다. 그래서 과학은 뉴런이 점화하는 것에 따라 사람의 의식이 깨어있는지의 여부를 판단했다. 그러한 존재를 살아있다고 한다. 뉴런이 점화하는 것을 측정할 수 있으면, 이러한 사람은 살아있다고 가정한다. 하지만 그들은 왜 깨어나지 않을까? 그들은 살아 있지만, 혼수상태에 있기 때문이다.

이것은 정말 놀랄만한 일이 아닌가? 그들은 혼수 상태에 있으면서 살아 있다. 대체 무엇이 그들을 살아 있도록 할까? 의식과 에너지라는 영이다. 그렇다면 왜 그들은 깨어나지 못할까? 그들은 의식적인 차원에서 생각을 처리하지 않기 때문이다. 당신에게 의식이 있을 때 어떤 일이 일어나는가? 당신은 눈을 뜨자마자 생각을 처리하기 시작하는가? 생각을 처리한다는 것은 무엇을 말하는가? 두뇌가 살아 각기 다른 부위 ― 두뇌의 신경학에 대해서 나중에 배우게 될 것이다 ― 에서 엔진을 활성화하고 가공을 시작한다. 그러면 생각을 하게 되고 그 사람은 깨어나 자각하기 시작한다. 혹은 눈을 감은 상태일지라도 깨어 있고 자각하고 존재할 것이다. 그들은 생각으로 그들의 환경과 소통한다.

생각할 수 있는 사람의 능력이 마음을 만든다. 당신의 마음은 얼마나 위대한가? 옆 사람에게 당신의 마음이 얼마나 위대한지 말하라. 당신의 마음은 얼마나 위대한가? 솔직하게 말하라. 이 생에서 배워야 할 모든 것들을 배운 사람들은 손들어보라. 완전히 모든 것을 다 알고 있는 사람들은 몇 명이나 되는가? 의식과 에너지가 당신에게 그리고 당신을 통해 흐른다면, 존재하는 모든 것을 알지 못하도록 막는 것은 당신의 마음이다. 왜냐하면 그것은 모든 것을 존재하게 하는 근본이기 때문이다. 당신은 오직 당신이 알고 있는 것만을 알고 있다. 내가 당신에 대해 이야기할 때, 나는 당신을 전체로부터 분리된 하나의 고유한 개별적인 존재로 말하기 시작한다. 당신을 하나의 개체로 만드는 것이 무엇일까? 당신이 보고, 말하고, 사고하는 방식이다. 그 외의 다른 모든 것들은 당신의 사고방식으로 인하여 나타난 결과이다. 그리고 당신의 마음은 단지 학교에서 배운 모든 이론들의 총합일 것이다. 당신은 "이제 학교를 졸업했습니다."라고 말한다.

"그게 무슨 뜻인가?"

"그들이 나에게 가르친 모든 것들을 기억하며, 그들이 낸 시험들을 모두 통과했다는 의미입니다."

"하지만 당신은 그것을 체험했는가?"

"아니요."

당신의 두뇌는 당신이 반드시 진리일 것이라고 생각했던 이론적인 철학으로 가득 찼지만 그러한 것들은 진리가 아니다. 그것을 가르친 사람들에게도 그것은 진리가 아니다. 그것을 발견한 사람에겐 그것이 진리이다. 몇 명이나 이해했는가? 당신의 머릿속에 무엇이 들어 있는가? 머릿속에는 당신의 부모가 가르친 모든 것들, 학교에서 가르친 모든 것들, 역사가 가르친 모든 것들 그리고 문화가 가르친 모든 것들이 들어 있다. 그중에 진리는 얼마나 될까? 바꾸어 말하면 당신의 두뇌는 깨어 있는가 아니면 그냥 기록된 것들뿐인가?

기술과학부문을 제외하고 어느 누구도 기적을 이룰 수 없는 이유를 알고 있는가? 모든 사람들이 자신이 배워 머리에 들어 있는 것들만 진리라고 여기기 때문이다. 기적은 당연히 일어날 것이라는 기대가 있을 때만 일어난다. 이 말이 맞다고 생각하는가? 즉, 그것은 당신이 배우지 않은 것이다. 당신이 그것이 일어나길 기대하면, 그것은 일어나는데 이것을 당신은 진리로써 알지 못한다. 이것은 진리이다. 당신의 마음은 온통 똥딴지같은 소리로 가득 차 있다. 당신은 얼마나 많은 미신을 믿고 있는가? 사다리 밑으로 걸어갈 수 있는가? 흰색은 좋고 검은색은 나쁘다고 믿고 있는가? 부끄러운 줄 알라. 죄의식을 느끼는가? 부끄러운 줄 알라. 자, 여기에서 당신이 알아야 할 것이 있다. 삶이 지루하다고 느끼는 이유 중의 하나가 당신은 자신이 진리라고 믿고 있는 것만을 할 수 있기 때문이다. 그래서 매주 토요일 밤이나 일요일 아침 그리고 직장에서도 똑같은 일이 일어나는 것이다. 그래서 하는 일이 지겹고 살아가는 것이 재미없는 것이다. 왜 그런 줄 아는가? 당신은 할 줄 아는 것만을 반복하며 그것만이 당신이 가지고 있는 유일한 진리이기 때문이다. 그 외의 모든 것들은 추측에 불과하다. 당신의 마음은 얼마나 위대한가? 당신의 마음은 당신이 가지고 있는 진리만큼 위대하다. 옆에 앉은 사람에게 당신의 마음이 얼마나 위대한가를 다시 말하라.

영(Spirit)의 목소리

입문자들이여, 지금 당신에게 너무 많은 정보를 주고 있는가? 내가 당신과 보낼 수 있는 시간은 단지 이틀뿐이다. 이런 식으로 내가 당신을 언제 다시 볼 것이며 당신 또한 언제 배울 준비가 되겠는가? 어쩌면 당신은 다시는 배우지 않을 수도 있고, 다시 돌아와 계속해서 배울 수도 있다. 이틀이라는 시간을 어떻게 보낼 것인가? 나는 아주 많은 말을 할 것이며, 옆에 앉은 사람과 많은 이야기를 하라고 할 것이다. 이야기를 나누는 것을 몹시 수줍어하는 사람들에게 두뇌를 많이 사용하게 하고, 말하게 하고, 생각하게 할 것이다. 그럼으로써 이틀 동안 당신은 여기에서 작은 기적을 이룰 것이다. 그런 후에 나는 당신들의 가슴을 철학이 아닌 진리를 배우고자 하는 열정과 소망으로 가득 채워 세상으로 돌려보낼 것이다. 그리하여 당신이 나에게 다시 올 때는 어쩌면 폭도들처럼 이곳으로 뛰어들어올 것이다.

그렇다면 이렇게 하는 목적이 무엇일까? 그 목적이 무엇일까? 당신의 영이 무엇을 생각하고 있는지 상상해보라. 토요일 밤에 단 한 번이라도 영에 대해서 상상해본 적이 있는가? "그만둬. 우리는 오늘 또다시 이 짓을 하는 거야?" 당신의 영, 신을 상상해보라. "도대체 뭐가 문제야? 다른 일은 할 수 없니? 스스로 생각할 순 없니? 내가 이야기 좀 할 수 있게 조용히 할래? 네 입에서 고약한 냄새가 나." 당신의 영이 당신에게 무슨 말을 할지 상상해보라. "오늘은 일하러 가고 싶지 않아. 매일 똑같은 일을 반복하고 싶지 않아. 내가 왜 그 일을 싫어하는지 아니? 매일 똑같은 일을 반복하는 네가 나이기 때문이야. 나는 갈수록 작아져 가고 있어. 네가 얼간이처럼 보이기 시작했다면 그것은 네가 나를 다 써버렸기 때문이야."

누군가에게 악의를 품을 때 당신의 영을 상상해보라. 영은 누군가에게 악의를 품는 당신에게도 힘을 주기 때문이다 그것이 어떤 기분인지 나는 알고 있다. 원숭이처럼 날뛰는 당신의 마음이 다른 사람을 악의적으로 계속 공격하거나, 무고한 사람과 끝까지 싸울 때, 당신의 영이 끔찍해하며 물러서는 모습을 상상해보라. 당신의 영은 그때 이렇게 말할지도 모른다. "입 다물어. 너 도대체 왜 이 모양이야. 우리는 전쟁을 원하지 않아. 우리는 사랑을 하고 싶어. 이 사람을 사랑하자."라고 말하는 영의 목소리를 상상해보라. 몹시 화가 났을 때 머리에서 들려오는 목소리를 상상해보라. 화난 당신에게 그 목소리는 이렇게 말한다. "진정해. 사랑하자. 우리가 공격하고 있는 것은 바로 우리 자신이야." 그 목소리를 상상해보라. 그 목소리를 듣고 싶지 않을 것이다. 그 것에게 입 닥치라고 말할 것이다. 더욱더 화가 나 더 세게 주먹을 날릴 것이다. 당신의 영을 상상해보라. 그것이 대체 무엇을 할 수 있을까? 당신이 늙어가고 끔찍한 많은 질병에 걸리는 이유는 당신이 성장하기로 되어 있기 때문이다. 그것이 당신이 여기에 있는 이유이다. 성장이란 무엇을 의미하는가? 육체가 아니라 당신의 지혜가 성장할 필요가 있음을 의미하는 것이다. 당신의 영은 한 생애에서 당신이 다 써버려 고갈된 생명력이다. 어린아이일 때의 생명력은 도처에 넘쳐나며 광대하다. 정자를 뿌리기 시작하고 월경을 하기 시작하면서, 세상에 대한 자신만의 의견을 갖기 시작하면서 영은 점점 작아져 간다. 그러한 것들을 창조하는데 영을 다 써버리기 때문이다.

당신이 왜 죽는지 아는가? 당신은 이미 창조된 생각의 형태에 영원한 생명력의 원천을 고갈하기 때문이다. 언젠가 영은 주저 없이 당신을 없애버릴 것이다. 당신이 떨어져 나갈 때까지 당신을 흔들고 또 흔들 것이다. 어떻게 영이 그토록 잔인할 수 있을까? 나의 사랑하는 사람들이여. 당신은 성장하기 위해 여기에 있는 것이다. 그것이 핵심이다. 당신은 현실을 창조하기 위해 여기에 있는 것이지, 현상유지를 하기 위해 여기에 있는 것이 아니다. 당신은 지식, 철학 그리고 경험으로 일어난 진리 안에서 성장하기 위해 여기에 있는 것이다. 당신은 삶을 살기 위해 여기 있는 것이지, 삶을 두려워하기 위해 여기에 있는 것이 아니다. 두뇌를 사용해 생각을 만들고, 무지를 정복하기 위해 여기에 있는 것이다.

사람들이 깨달음을 얻으면 어떻게 될까? 그들은 그들의 무지를 정복한다. 그것이 무엇을 의미하는가? 그것은 변형된 에고나 인성 그리고 육체보다 그들의 영을 개발하여, 그 에너지의 구현으로 그들의 일상을 살아간다는 의미이다. 그렇다면 그들에게 어떤 일이 일어날까? 그들은 결코 늙지 않을 것이며 항상 에너지가 넘쳐날 것이다. 그들은 창조한다. 그들은 또한 놀랄만한 수용 능력을 갖게 된다. 그들에게 이러한 가르침을 믿느냐고 물으면 그들은 항상 그렇다고 대답할 것이다. 그들은 결코 아니라고 대답하지 않을 것이다. 그들은 "나는 이미 그것을 체험했습니다. 그리고 그것을 나의 것으로 만들었습니다."라고 말할 것이다. 그 말은 무슨 뜻인가? "그 말은 내가 그것을 하나의 철학으로 창조하고, 그것을 체험으로 구현하였다는 것을 의미한다. 그 과정에서 곤경에 빠지기도 하였다. 하지만 체험 후에 나는 그것을 알게 되었다. 나는 지혜를 얻었다. 나는 진리를 얻었다." 몇 명이나 내 말을 이해하는가?

깨달았다고 해서 항상 좋은 사람이 되라는 것이 아니다. 그런 의미가 아니다. 뉴에이지는 새로운 시대가 아니라, 영원한 시대이다. 깨달음을 얻는 것은 당신이 육체보다, 당신이 가지고 있는 편견이나 결핍보다 더 위대해지는 것을 의미한다. 그렇다고 긍정적인 마음가짐을 가지라는 말도 아니다. 어떤 사람이 긍정적인 생각을 하려고 한다는 것은 그들이 부정적인 생각을 갖고 있기에 그렇게 되려고 필사적으로 노력한다는 것을 의미하기 때문이다. 그래서 결국에는 허울뿐인 긍정적 가능성만을 갖게 되는 것이다. 스스로 변화하여 그 자체가 되기를 바란다.

의식과 에너지 훈련

의식과 에너지는 현실의 본질을 창조한다. 그 현실은 인간의 육체와 가장 위대한 기관(器管)인 두뇌를 창조하였다. 두뇌는 의식과 에너지를 창조하지 않는다. 그것은 의식과 에너지의 도구이다. 두뇌가 하는 역할은 의식과 에너지를 취하여 그것을 기억화된 생화학적 생각이라는 정지 화면 즉 프리즈 프레임으로 만드는 것이다. 그리하여 그 생각은 현실을 창조하는 데 더해지며, 두뇌에 있는 생각들 또한 시간의 흐름 속에서 현실로 창조된다. 의식과 에너지를 취하여 순수한 생각을 만드는 것은 진화적인 것이다. 좀 더 위대한 생각을 함으로써 당신은 좀 더 위대한 삶을 창조한다. 그럴 때 당신 내면의 신, 영이 진화하고, 당신 내면에서 일어나는 일들이 당신 외부에서 일어나게 될 것이다.

나는 당신에게 의식과 에너지에 관한 훈련을 보여줄 것이다. 이 훈련은, 당신이 이 학교에서 처음으로 배우는 훈련 중의 하나로서 마음을 가라앉히는 방법과 보이드 — 보이드는 모/부 원칙을 말하며, 그곳에서 의식과 에너지가 나온다 — 라는 곳을 발견하는 법을 배울 것이다. 또한 당신은 에너지를 이 센터에서 이 센터로 즉, 척추 맨 아래에 있는 에너지를 신피질 사이에 있는 중뇌까지 끌어올리는 법을 배울 것이다. 그러면 에너지가 두뇌로 흘러 사용되지 않고 있는 무익한 모든 것들을 깨끗이 정리할 것이다. 그럴 때 당신이 사라지고, 당신이 느끼는 것들도 사라지고, 당신이 걱정하는 것들도 사라진다. 그리고 두뇌에 있는 다른 모든 것들도 깨끗하게 정화된다. 두뇌가 생각을 통해 구체적인 현실을 창조하는 메커니즘을 가지고 있다면, 우리는 우선 그것을 정화하여 순수하게 해야 한다. 그리하여 우리가 여기 전두엽에 어떤 생각을 심건 집중된, 의식적인 생각은 반드시 여기 우리의 환경으로 구현될 것이다.

휴식시간 전에 당신이 여기를 떠나고 싶으면 언제든 떠나도 좋다. 잠시 후 몇몇 학생들이 앞으로 나와 의식과 에너지 훈련 즉 C&E 훈련 시범을 보일 것이다.[1] 이 훈련은 놀랍고 파격적이며, 당신을 당황스럽게 할 수도 있다. 이

---

1 제8장 에필로그 참고. 람타의 C&E 훈련을 배워 연습하고 싶은 사람들은 람타 깨달음 학교에서 열리는 이벤트에 참석하여 개인적으로 교육받을 수 있다.

것은 또한 당신의 수용 능력이 어느 정도인가를 보여줌으로써, 당신 자신을 좀 더 이해할 수 있게 한다. 당신은 어떠한 것들을 받아들이지 못하는가? 당신은 어떠한 편견을 가지고 있으며, 어떠한 것들을 믿지 못하는가? 다른 학생들의 시범을 보고, 다른 사람들이 훈련하는 것을 본 후 당신이 계속 여기에 남아 훈련을 계속할 것인지를 결정해도 된다. 만약 떠나기로 했다면 휴식 시간에 수강료를 환불 받을 수 있다. 하지만 여기를 떠날 때 이러한 혼란의 와중에서도 어떤 좋은 일이 일어날 것이라는 열린 생각을 가지고 떠나기를 바란다. 마음의 준비가 되면 그때 다시 나를 보러 오길 바란다. 물론 그때는 당신이 좀 더 나이 들고 지혜로워졌을 것이다.

기억하라. 이 작업은 당신 자신에 관한 것이며 당신의 자아를 개발하는 것이다. 이 학교의 학생들 중에서 거의 죽었다가 살아난 학생들 — 겨우 한두 명이 아니라, 많다 — 도 있다. 기적적으로 치유된 학생들도 많다. 이런 모든 것들이 기록으로 남아 있다. 이 학교에 다니는 모든 학생들은 자신의 현실을 스스로 창조한다. 그들은 다방면에서 그들의 인생을 변화시켰다. 초능력을 개발한 학생들도 있다. 이러한 것들은 신성의 전부를 받아들였을 때 일어나는 현상에 불과하다.

당신이 다시 돌아오면 우리는 계속해서 자아의 기원에 대해 배울 것이다. 당신이 어떻게 이러한 혼란에 푹 빠지게 되었는지, 그리고 당신이 여기에 존재하는 이유와 여기를 벗어나는 법에 관한 것이다. 내일 당신들은 C&E 훈련을 배울 것이다. 당신의 삶에서 이뤄지길 바라는 세 가지를 창조하는 법을 배우고 당신의 삶에서 없애버리고 싶은 세 가지를 바꾸는 법 역시 배우게 될 것이다. 당신들을 사랑한다. 자, 이제 쉬도록 하라. So be it.

제 3 장
자아의 기원

당신의 내면에 존재하는 신께 인사드립니다. 신이 어디에 머무르고 있는지 절대 잊지 않도록 기도합시다. 자, 잔을 듭시다.

> 나의 사랑하는 신이시여,
> 나는 당신을 부릅니다.
> 오늘 내가 배우는 것,
> 그것을 경험하기를 기대합니다.
> 신이 나의 삶을 축복합니다.
> So be it.
> 인생을 위하여.

가르침을 말로 표현하는 것의 중요성

지금부터 당신은 아주 많은 이론을 배울 것이다. 이러한 이론을 배울 때, 나의 가르침이 내 존재로부터 당신이라는 존재로 전달되기를 바란다. 이것이 오늘 당신에게 바라는 것이다. 오늘 배우는 내용에 대해 집중하고, 유의해서 듣기 바란다. 가르치는 동안 수시로 멈추고 옆에 있는 사람들에게 당신이 방금 배운 내용을 정확하게 말하라고 할 것이기 때문이다.[1] 당신의 언

---

[1] 방금 배운 내용을 옆에 있는 사람과 말하는 것은 람타 가르침의 중요한 특징이다. 방식은 잠시 멈춰 방금 배운 내용을 숙고하고 그것을 당신이 말로 표현함으로써 그때까지 다루었던 내용을 이해하도록 도와주는 것이다. 그럼으로써 강의 내용에 계속 집중하고 기억할 수 있게 한다. 이 책을 읽는 독자들도 옆에 파트너가 있건 없건 람타의 가르침대로 방금 배운 내용을 말로 표현하도록 한다.

어로 그것들을 설명하길 바란다. 당신이 들은 내용을 말로 전달하면, 그것은 당신의 두뇌 안에 머물기 시작한다. 만약 그것들을 당신의 언어로 표현한다면, 그것은 나의 가르침이 아니라 당신의 가르침이 될 것이다. 몇 명이나 내 말을 이해했는가?

마음이 현실을 창조한다. 당신의 모든 나날은 지금까지 당신이 생각해온 방식으로 일어난 결과이다. 우리가 이러한 과정을 이해하고 당신의 수용 능력과 이해의 수준을 확장한다면, 당신은 이 이론을 바탕으로 당신의 삶에서 진리를 구현하여 경험할 수 있을 것이다. 오늘 내가 가르치는 모든 내용을 당신들이 말로 표현하고, 아이처럼 순수하게 손을 사용하여 다른 사람에게 설명할 수 있기를 바란다. 옆에 있는 사람이 당신의 고해성사를 들어주는 사제라 생각하라. 혹은 그를 당신 자신이라 여기고, 스스로 알아들을 수 있는 방식으로 자신에게 말한다고 생각하라. 귀머거리처럼 조용히 앉아 있지 마라. 내가 권하는 모든 것에 적극적으로 참여하라. 그러면 오늘 하루가 끝날 때쯤에 당신은 아주 많은 것을 얻을 것이다.

당신들은 어린아이와 같다. 다른 행성, 다른 은하계, 다른 차원들 그리고 다른 시간의 흐름에는 당신들보다 훨씬 더 진보된 문명들과 존재들이 있다. 그런가 하면 당신들보다 약간 뒤떨어진 문명과 존재들도 있다. 당신은 어린아이들과 같다. 당신은 신이라고 부르는 공동체의 일부이다. 우리는 영겁의 세월 동안 당신을 잊혀진 신이라고 불렀는데, 그것은 인간 드라마에 가장 잘 어울리는 말이었다. 당신은 자신의 신성함을 잊어버린 채 자신의 육신과 물질적 자아에 몰두해왔다.

보이드(허공 Void), 존재하는 모든 것의 근원

이제 태초로 돌아가 보자. 태초는 조금 전에 일어났다. 이 모든 것이 어떻게 시작되었을까? 오늘 내가 가르치는 것들은 장황한 모순으로 가득 차 있을지도 모른다. 언어를 초월한 이해의 차원이 존재하므로 표현할 수 없는 것을 설명하기에 언어는 부족한 도구이다. 오늘 우리는 이 모든 것들에 대해 즉, 광활한 시공간이 어떻게 시작되었으며, 당신은 어디에서 왔으며, 왜 여기에 있으며, 무엇 때문에 당신이 가야 하는 곳에 가지 못하는가를 다룰 것이다.

자, 깨끗한 종이 한 장을 꺼내라. 이것처럼, 아무것도 적혀 있지 않은 종이를 꺼내도록 한다. 2 차원적인 표현으로 수수께끼에 대해 이야기할 것이다. 자, 보이드(Void, 허공)라는 말을 따라 하라. 다시 한번 말하라. 이제 보이드, 이 단어의 의미를 정의해보자. 보이드는 광대하다. 그럼에도 그 광대함 속에는 아무것도 존재하지 않는다. 그래서 그것은 하나의 광대한 무(無, One Vast Nothing)이다. 무(無)란 어떠한 원소나 생각조차도 없다는 것을 의미한다. 그곳에는 아무것도 없다(no-thing). 그래서 그것은 아무것도 없는, 광대한 무(無)이다. 그러나 광대한 무(無)일지라도 그 안에 모든 가능성들이 동시에 존재한다. 우리는 보이드를 이런 식으로 말할 것이다. "물질적으로 아무것도 없는 광대한 무(無)이지만, 잠재적으로 모든 가능성이 존재한다." 자, 이것을 반복하길 바란다. 물질적으로 아무것도 없는 광대한 무(無)이지만— 그것을 말하라 — 잠재적으로는 모든 가능성이 존재하는 것. 보이드를 정의하여 옆사람에게 말하라. 물질적으로 아무것도 없는 광대한 무(無)이지만, 잠재적으로 모든 가능성이 존재한다. 그것이 보이드이다.

제한적인 마음으로 보이드를 이해하기는 어렵다. 우주를 떠올려보면 이해가 쉬워질 것이다. 모든 별들, 행성들, 가스 구름들 그리고 성운들이 우주 공간에 존재한다. 이러한 빛들이 끝없이 펼쳐진 우주 공간을 바라보다가 한순간에 모든 빛들이 사라졌다고 상상해보라. 바로 그것이 물질적으로 아무것도 없는 광대한 무(無), 보이드란 개념에 가장 근접한 표현이다. 그러면 그 광대한 무(無)는 얼마나 오래됐을까? 보이드에는 시간이 존재하지 않는다. 시간은 보이드에서 나온 하나의 가능성이기 때문이다. 이 말을 이해했는가? 보이드는 항상 존재해왔다. 당신의 평범한 삶 속에서 보이드를 경험할까? 마음을 가라앉히고 눈을 한 곳에 고정한 채, 응시하다 보면 아무런 생각이 일어나지 않는 순간이 오고 그때 당신은 완전히 텅 빈 상태가 될 것이다. 바로 그것이 보이드를 경험하는 것이다. 이제 보이드의 영원함에서 보이드는 모/부 원칙 혹은 절대 근원으로 불리며, 이 절대 근원에서 모든 생명이 탄생하였다. 그런데 아무런 개념도 없는 상태에서 어떻게 생명이 탄생할 수 있을까? 보이드가 어떻게 생명이 아닌 것에 생명을 부여할 수 있을까?

다음과 같은 일이 일어났다. 어느 날 아침 10시 30분, 그날이 화요일이었다고 생각한다.[2] 보이드가 아주 놀랄만한 일 — 단 하나의 일 — 을 했다.

그림 1. 스스로 사색하는 보이드

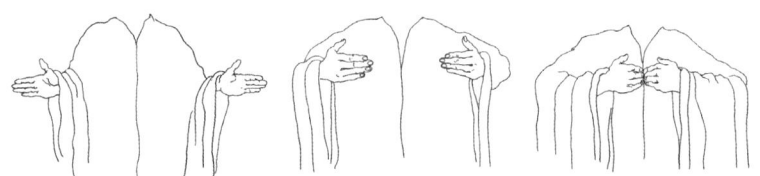

놀랄만한 일이란 보이드가 스스로 숙고한 것이었다. 자, 아이처럼 양팔을 벌려보라. 숙고하는 것을 이런 식으로 보여줄 수 있다. 오른손과 왼손이 하나로 만나는 곳이 자석의 중심이다. 플러스와 마이너스가 만나는 곳이 자

---

2 이것은 람타가 농담으로 한 말이지 실질적인 정보를 말하는 것이 아니다.

석의 중심이다. 자석의 중심은 플러스도 마이너스도 아니다. 그것은 단지 그렇게 존재한다. 보이드 — 양팔을 벌린 상태 — 보이드, 하나의 광대한 무(無)가 스스로 숙고했고, 그것이 숙고한 순간, 하나의 점이 생겨났다.

그림 2. 제로 포인트 (Point Zero)

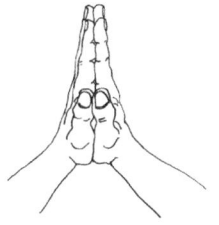

자, 이제 한 장의 빈 종이를 뒤집어 접도록 한다. 종이가 만나는 지점에 펜으로 검은색 점을 작게 찍는다. 종이를 뒤집어 접었을 때 종이의 끝이 만나는 지점에 작은 점을 찍는다. 그것은 당신에게 이 모든 것들이 어떻게 시작되었는가를 보여주는 그림이다.

그림 3. 보이드가 스스로 숙고하는 실질적인 예제

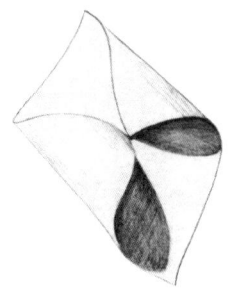

이것은 아주 간단한 기초라는 것을 기억하라. 보이드는 스스로 사색하여 자신의 메아리를 창조하였다. 즉 보이드는 자신의 변형을 창조했으며 우리는 이것을 하나의 점으로 이해한다. 이 점이 항상 존재해왔던 보이드에서 처음으로 만들어진 하나의 가능성이다. 그 가능성은, 보이드가 스스로 숙고했던 곳에서, 메아리가 되었지만 한 점으로 모여 집중된 상태이다. 이것은 진화이다. 이것은 당신이 시작된 모습이며, 의식과 에너지로 이루어졌다.[3] 이것이 의식과 에너지이다. 자, 이것이 당신의 시초가 되었지만, 당신은 아직 여정을 시작하지 않았다. 당신은 단지 보이드에 의해서 숙고되었을 뿐이다. 이런 모든 것들이 보이드에 관한 것이며 우리는 그것을 2차원적인, 선형적인 시간의 개념으로 보고 있는 것이다.[4] 하지만 이 점은 이제 하나의 기준점(Reference Point)이 되었다. 이제 이것을 신이라 부른다. 점 위에 '나는 신(God I am)'이라고 지금 적도록 하라. 이 사색 점(Contemplation Point)은 의식과 에너지의 시작이다. 이것(보이드)은 그 점에 생명을 준 모/부 원리이며, 바로 거기에서 당신이 시작된 것이다.

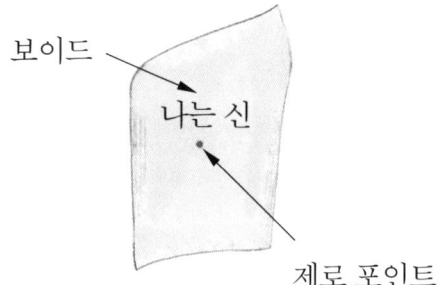

---

3   그림 2. 제로 포인트(Point Zero)
4   그림 3. 보이드가 스스로 숙고하는 실질적인 예제

이제 보이드는 이 작은 존재에게 말을 한다. "안녕, 나는 내 한가운데서 너의 존재를 염원해왔어. 너의 모습이 아주 마음에 들어. 나를 이용해 네가 원하는 모든 것을 만들렴. 나는 이제 더 이상 혼자가 아니야. 너는 지금 나와 함께 있는 거야. 자, 이제 나를 이용해 네 마음대로 신나게 만들어보렴."

어릴 적 당신의 부모는 당신에게 나가서 실컷 놀라고 말했을 것이다. 그래서 신나게 마음대로 뛰어놀다 들어오면 그것은 당신의 부모가 원했던 것이 아니라는 것을 당신은 알아차리게 된다. 부모의 말대로 했어도 정작 당신이 마음대로 행동하면 혼나곤 했다. 몇 명이나 그러한 일을 기억하는가? 이러한 부모와 다르게 보이드는 제약이 없으며, 성장하고 확장할 수 있도록 허용한다. "나를 이용해 네가 원하는 모든 것을 하렴."이라는 말을 듣는다면 당신은 어떤 생각을 할지 상상해 보라. 보이드에는 시간이 존재하지 않는다. 시간이 존재하지 않으면 거리도 존재하지 않으며, 거리가 존재하지 않으면 공간도 존재하지 않는다는 것을 알라.

그러면 당신은 이렇게 생각하기 시작할 것이다. "좋았어. 나는 여기저기 다닐 거야. 재미있겠군." 하지만 당신이 여기에 나타나는 순간 당신은 제자리로 돌아온다. 왜냐하면 보이드에선 '여기'가 바로 '저기'이기 때문이다.[5] 이 말을 이해했는가? 시간이 존재하지 않기 때문에 여기라는 것이 존재하지 않는다. 이것은 여기 이 장소가 된다. 그러면 당신은 약간 실망하며 "글쎄, 괜찮아. 그러면 이 아래로 내려가 보지."라고 말한다. 하지만 보이드에게 '아래'란 무엇인가? 당신은 결국 아래로 내려가서는 "아하."라고 말한다. 당신이 아래라고 인지하는 순간, 당신은 다시 원점으로 돌아온다. 보이드에는 시간이

---

[5] 즉, 시간이나 공간을 측정할 기준점이 없기 때문에 제로 포인트가 매번 움직이려고 할 때마다, 그것은 결국, 출발한 그 자리에 있음을 알게 된다. 제로 포인트는 자신과 비교하여 측정할 수 있는 어떤 기준점이 없기 때문에 어떤 변화나 움직임을 인지할 수 없다.

존재하지 않기 때문에, 모든 곳이 똑같다. 무슨 말인지 이해했는가? 이 존재는 보이드 전체를 돌아다니지만 아무 곳도 가지 않았다. 우리는 단지 그 존재가 얼마나 오랜 영겁의 세월을 이곳에 머물며 부모가 말한 대로 모든 것이 되어보기 위해 노력했는지 가늠할 수 있을 뿐이다. 확실히, "모든 것"은 하나의 새로운 이해를 얻기 위한 것이었기 때문이다. 이 의식은 모든 곳으로 자신을 던져보았지만, 그것은 이미 그 자리에 있었다. 그래서 그것은 어느 곳에도 가본 적이 없었다.

그림 4. 보이드 안에서 움직이려고 시도하는 제로 포인트

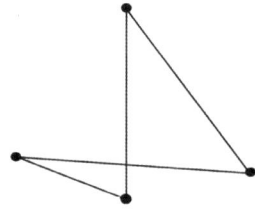

그리고 어느 날, 금요일, 그것이 거기에 앉아서, 스스로 숙고하였다. 그것이 숙고하는 모습을 나에게 보여달라. 자, 그것은 스스로 숙고하였다. 좋다. 당신이 매번 숙고할 때마다, 당신은 진화한다. 그렇게 그것이 자신의 모든 것을 가지고 내면으로 들어가자, 숙고의 점이 생겼다. 두 손을 기도하듯 한데 모으고, 왼쪽으로부터 약간의 폭을 두도록 한다.[6] 이 작은 점은 스스로 숙고함으로써 자신의 내면으로 들어갔다. 내면으로 들어가는 순간 그것이 둘

---

6 그림 2. 제로 포인트(Point Zero)

로 갈라지는 것이 보이는가? 그것이 갈라지는 것을 몇 명이나 보았는가? 제로 포인트가 스스로 사색하는 순간, 그것은 두 개로 나누어졌다.[7]

그림 5. 거울 의식의 창조

거울 의식과 시간의 창조

이제, 의식과 에너지에게 동반자가 생겼다. 즉 다른 누군가가 존재하게 되었다. 보이드가 제로 포인트를 낳았고, 제로 포인트는 이것(거울 의식)을 낳았다. 이것이 무엇일까? 이것은 제로 포인트에서 낳아진 것이다. 졸지 말고 양손을 이렇게 들어보라. 보이드에서 두 손 사이에 있는 이 공간은 아주 특별한 것이다. 왜냐하면 우리는 처음으로 두 개의 의식 점 — 하나, 둘[8] — 을 가지게 되었기 때문이다. 그리고 두 개의 의식 점 사이에 새로운 현실 또한 생겨났는데, 그 현실은 시간이라고 한다. 오직 여기에만 시간이 존재하는 이유는 무엇인가? 두 개의 현실 점 사이에 거리가 생겼기 때문이다. 두 손을 합쳐보라. 두 손을 합치면, 거기에 시간이 존재하는가? (청중: 아닙니다.) 양손을 벌리면 시간이 존재하는가?[9] (청중: 네.) 내 말에 동의하는가? 훌륭하다. 자, 우

---

7 그림 5. 거울 의식의 창조
8 그림 6. 양손을 사용한 시간의 표현
9 두 손을 벌린다.

리는 이제 두 번째 위대한 창조를 했다. 다른 의식이 갈라져 나옴으로써 시간, 거리 그리고 공간이 생겨났다.

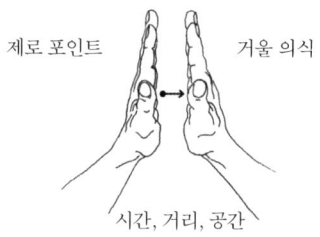

그림 6. 양손을 사용한 시간의 표현

7 차원에 대해서 들어본 사람이 있는가? 이것이 7 차원이다. 우리는 이곳에서 시작되었다. 양손을 합치면, 우리는 하나가 된다. 양손을 벌리면, 우리는 둘로 나뉜다. 7 차원에선 얼마나 빠르게 현실이 일어나는가? 당신에게 묻겠다. 당신의 의식 차원을 7 차원으로 되돌려 어떠한 생각을 한다면, 그 생각이 현실로 구현되는데 얼마의 시간이 걸릴까?[10]

자, 이제 우리는 바로 여기에 창조물을 가지고 있다. 이것(왼손)은 신이고, 여기 이것(오른손)은 신의 거울 의식이다. 자, 이제 생명이 생겨나고 있다. 이 양손 사이에 지구와 같은 완전한 현실이 존재한다. 단지 하나는 1 차원이고, 다른 하나는 7 차원이라는 것이다. 당신이 이곳에서 얼마나 오랜 세월을 보냈는지 전혀 짐작조차 할 수 없지만, 더 나아가기 위한 준비로 당신이 했던 일이 무엇일까? 내면으로 들어갔다. 그렇지 않은가? 하지만 여기에서 약간의 문제가 발생한다. 왜냐하면 이 자아는 여기저기 헤매는 무엇인가를 가지고

---

10 7 차원에서 어떤 생각을 하면 그것은 순간적으로 구현된다.

있기 때문이다. 그것은 바로 여기 있는 마주 보고 있는 또 다른 손이다. 자, 이 제로 포인트는 이 거울 의식에게 똑같이 하라는 메시지를 보내야만 했다. 그래서 그들이 한 일은 시간을 붕괴시키는 것이었다. 이제 그들은 하나가 된 것이다. 그렇지 않은가? 그들은 숙고할 때, 더 이상 7 차원에 대해서 생각하지 않는다. 이미 7 차원에서 살아봤기 때문에 다음 세상에 대해서 생각한다. 그들은 숙고하여 여기 7 차원을 끌어당겼지만, 그들의 프로그램은 7 차원에 속하지 않았다. 그리하여 우리는 6 번째 현실을 가지게 되었다.[11] 7 차원과 6 차원은 무엇이 다른가? 다른 점을 나에게 보여줄 수 있는가? 훌륭하다. 6 차원에서 시간의 흐름은 7 차원보다 더 느린가 아니면 더 빠른가? 더 느리다.

그림 7. 6 차원

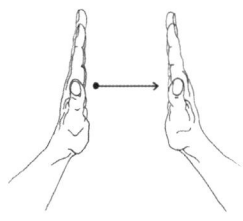

이제 당신이 6 차원에서 산다면, 당신이 품은 생각이 현실로 일어나기까지 얼마나 시간이 걸릴까? 7 차원에 사는 사람보다 조금 더 느리다고 말할 수 있을까? 그렇다. 그것이 다른 점이다.

이제 여기에 놀랄만한 일이 벌어졌다. 다른 차원이 생긴 것이다. 여기 7 차원이 있고, 그리고 6 차원이 있다. 6 차원에서의 양손의 거리는 7 차원에서의 양손의 거리보다 더 길다는 것을 알라. 당신들 중 몇 명이나 이렇게 이

---

11   그림 7. 6 차원

해했는가? 이것이 우리가 이야기하려는 시간의 비밀이다. 그것은 의식 속에서의 관계이지, 멀리 떨어져 있는 별처럼 굳어진 영원한 것이 아니다. 이것은 의식이다. 자, 우리는 실질적인 창조를 계속하고 있다. 우리는 보이드가 있고 보이드로부터, 보이드 안에서, 의식과 에너지가 존재한다는 비밀을 배우게 되었다. 당신의 내면으로 들어가 숙고하라. 그러면 당신은 확장할 것이다. 그리하여 이제 신의 의식을 항상 반영하는 거울 의식, 건물을 지어 올릴 사다리가 생긴 것이다.[12] 그리고 두 개의 의식 점 사이에 존재하는 것은 생명의 가능성이라고 불리며 7차원은 6차원과는 다른 현실을 가지고 있다. 몇 명이나 내 말에 동의하는가?

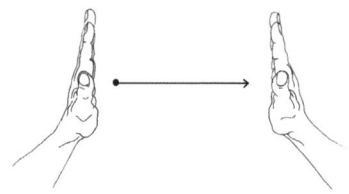

그림 8. 5차원

학생들이여, 이 그림을 다시 그려보라. 이전에 했던 것처럼 제로 포인트를 그려보라. 이것이 당신의 신성이다. 펜으로 또 다른 점을 그려보라. 이 두 점 사이에 7차원이 존재한다. 두 손을 합치고, 여기로 내려오면, 또 다른 차원, 즉 6차원을 창조한다. 이런 식으로 7개의 점이 만들어질 때까지 아래로 그리도록 한다.[13] 참여하라. 이것을 당신의 보이드 종이에 그리도록 하라. 이제 두 손을 앞에 들고 여기부터 시작하여 각각 다른 차원을 손으로 표현하라. 이제 우

---

12 그림 6. 양손을 사용한 시간의 표현
13 그림 9. 제로 포인트로부터 의식과 에너지의 하강

리는 어느 차원에 있는가? 시간의 흐름이 6차원보다 5차원이 더 느린가 혹은 빠른가? (청중: 느립니다.) 몇 명이나 동의하는가? So be it.

이 트라이어드(triad)는 지금까지 창조되었던 신성한 기하학 중 가장 성스러운 형상 가운데 하나이다. 왜냐하면 이 트라이어드는 모든 것들이 발생하는 본질적인 시점에서부터 창조의 생각이 펼쳐진 지도이기 때문이다. 우리가 여기에 그리는 삼각형, 즉 트라이어드는 이 차원에서의 의식과 에너지로써 생명의 주요한 구성요소이다. 이 6차원이 5차원보다 좀 더 짧은 시간의 흐름을 가지고 있다면 여기에 수평선을 그어 그것을 표시할 수 있고, 대략 이 정도의 길이일 것이다.[14] 이렇게 선을 그려보도록 하라. 이곳은 여기보다 시간이 느리기 때문에 선을 좀 더 길게 그려야 한다. 우리가 그리는 모든 선은 앞선 것보다 길이가 조금씩 길어져야 한다. 다 그렸는가?

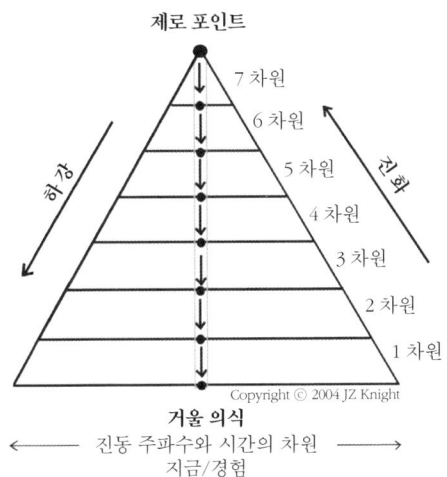

그림 9. 제로 포인트로부터 의식과 에너지의 하강

---

14 트라이어드의 5차원의 수평선

이 선들은 아주 단순해 보이지만 타임라인을 가리킨다. 이 선은 이 차원을 기반으로 하는 타임라인이다. 오늘날 당신들 모두는 여기(1차원)에 내려와 있다. 당신은 시간의 흐름이 가장 느린 이 타임라인에 살고 있다. 현재 우리가 있는 이러한 장소, 당신들이 앉아 있는 같은 공간에 다른 타임라인에서 존재하는 다른 의식의 차원이 있지만, 그들의 타임라인은 여기보다 더 빠르다. 즉 당신이 있는 바로 이곳에 다른 타임라인이 존재한다. 그곳의 진동주파수는 여기보다 빠르며 이런 식으로 지금 이곳에 수많은 다른 차원이 존재한다. 지금 이 공간에 차원이 다른 생명체들이 동시다발적으로 존재한다. 그들을 보지 못하는 이유는 그들의 에너지 진동주파수가 당신들의 진동주파수보다 훨씬 더 빠르기 때문이다. 지구가 8헤르츠의 진동수를 가지고 있는 한 당신들 또한 8헤르츠 주파수로 진동한다. 하지만 당신들 사이에 있는 영적 존재들은 320헤르츠로 진동할 수도 있다. 몇 명이나 이해하겠는가?

당신이 바로 여기, 제로 포인트에서 태어났을 때, 즉 당신의 신이 바로 여기에서 당신을 창조했을 때, 숙고를 통해서 당신은 하강의 여정을 시작했으며, 그러는 동안 당신은 보이드에서 더욱더 깊이 그리고 더 깊이 성장하고 있었다.[15] 당신은 여기에서 여기(두 개의 의식 점)까지 거대한 일직선의 시간을 창조했다. 이것(제로 포인트)은 절대로 움직이지 않는다. 오직 여기에 있는 이 의식(거울 의식)만 움직인다. 우리가 하강했을 때 그 과정을 하강의 서(Book Of Involution)라고 불렀다. 피라미드 아래로 내려가는 선 옆에 하강이라는 말을 적도록 한다. 그것을 적었으면 옆 사람에게 보여주도록 한다.

당신은 어떻게 여기까지 내려오게 되었는가? 누가 이곳을 나쁜 곳이라

---

15 그림 9. 제로 포인트로부터 의식과 에너지의 하강

말했는가? 당신을 여기까지 내려오게 한 것은 어느 누구도 아닌 바로 당신 자신이다. 여기에 있길 원한 자는 바로 당신이다. 하강하게 만든 자는 바로 당신이다. 바로 당신이 자신의 육체와 여기의 타임라인을 선택한 것이다. 그럼으로써 당신은 여기 이 타임라인의 운명에 따라 다양한 육신으로 태어나 자신만의 탐험을 하면서 영겁의 세월을 윤회해온 것이다.

당신에게 묻겠다. 당신은 진동하면서 여기에 앉아 있다. 당신의 손을 보아라. 당신 손은 옆에 앉은 사람의 손과 똑같은가? 그것은 다른 사람들의 손과 같은 밀도를 가지고 있는가? 그렇다면 그것은 같은 속도로 진동하고 있다는 뜻이다. 그렇지 않다면 다른 사람들의 손을 볼 수 없다. 여기 있는 모든 사람들은 똑같은 진동주파수를 가지고 있다. 여기 있는 모든 사람들의 육체의 주파수는 똑같다. 그 육체의 주파수는 여기 이 차원의 주파수와 동일하다. 그렇다면 당신에게 묻겠다. 단지 당신이 여기에 있으면서 다른 차원의 것을 볼 수 없다는 이유로 그것이 존재하지 않는다고 할 수 있는가? 몇 명이나 그렇다고 생각하는가? 모든 것들이 여기 이 제로 포인트 그늘 밑에서 일어나고 있다. 그리고 모든 것들이 당신이 지금 앉아 있는 바로 그 시공간에서 일어나고 있다. 이 타임라인은 환영이다. 피라미드의 중간으로 내려오는 선, 그것을 지금(Now)이라 부른다. 당신이 앉아 있는 바로 그곳에 놀랄만한 지성이 당신과 함께 있다. 그 지성이 놀랄만한 속도로 빠르게 움직이기 때문에 그것을 볼 수 없는 것이다.

자, 우리는 여기에서 약간의 시범을 보이고자 한다. 색연필 하나를 꺼내라. 만약 우리가 이것이 시간의 길이라는 것을 안다면, 그리고 이것이 의식이라면, 두 개의 의식 포인트 사이에 흐르고 있는 것은 반드시 에너지일 것이다. 자, 나처럼 해보라. 에너지는 파동처럼 물결치면서 흐른다. 이 에너지의 물결 혹은 파동은 이 의식 포인트와 저 의식 포인트 사이에서 진동하며 흐르는 시간이다. 그래서 이것은 에너지 라인이다. 다음 그림에 나오는 대로 7 차원에 있는 에너지를 색연필로 그려보라.[16]

그림 10. 7 차원의 에너지

두 개의 의식 차원이 위의 그림처럼 있을 때 여기에 존재하는 모든 에너지는 단지 이 두 개의 의식 포인트 사이에 있는 것들이다. 만약 두 개의 의식 포인트를 하나로 합치게 되면[17] 여기에 있던 에너지는 어디로 가겠는가? 자, 입문자들이여! 만약, 이 두 개의 의식 차원 사이에 에너지가 춤추고 있다면 우리가 두 개의 의식을 하나로 합칠 때 그 에너지들은 어디로 가겠는가? 그것은 다시 의식으로 돌아간다. 우리가 한 손을 6 차원으로 벌린다면 여기 제로 포인트와 7 차원 사이의 짧은 파동이었던 의식은 어떻게 되겠는가? 우리가 이 의식을 6 차원으로 벌린다면 그 차원에 있던 에너지는 어떻게 되겠는가? 그 에너지는 아직도 그곳에 있을까? 그것은 여전히 그곳에 있다. 만약 두 개의 의식 포인트가 하나는 제로 포인트에 그리고 다른 하나는 6 차원에 있다면, 7 차원에 있던 신성한 에너지는 어떻게 되겠는가? 그것은 점점 축소된다. 그것은 스스로 이렇게 감겨버린다. 그 사이에 6 차원 즉 의식이 창조한 현실에서 7 차원보다 더 긴 에너지 파동과 느린 시간의 비율이 생긴다. 당신

---

16 그림 10. 7 차원의 에너지
17 그림 2. 제로 포인트(Point Zero)

이 여기 6차원에 살고 있다면, 7차원은 더 이상 존재하지 않는가? (청중: 아니요.) 몇 명이나 내 말을 이해했는가? So be it.

    자, 이제 나머지 피라미드를 에너지로 채우도록 한다. 이것을 하는 ― 이것은 아주 간단한 물리학이다 ― 이유는 시간, 진동하는 물질, 에너지 그리고 당신이 왜 여기에 존재하며, 당신이 왜 다른 차원을 보지 못하는지에 대해 배울 것이기 때문이다. 모든 차원이 존재하지만, 당신의 에너지를 어디에 집중하는가에 따라 당신이 어느 차원에 있는가를 결정한다는 것을 깨닫길 바란다. 7차원에 있는 에너지들은 어떻게 되는가? 그것들은 6차원에 감겨 있다. 우리가 그것을 5차원으로 내리면 6차원에 있던 에너지는 어떻게 될까? 더 팽팽해질까? 우리가 그것을 잡아당기면 그것은 더 팽팽해지겠는가? 내 말이 맞는다고 생각하는가? 이것은 진리이다. 그러면 그 에너지는 점들이 된다. 6차원에 있던 에너지는 어떻게 될까? 말해보라. 입문자들이여, 졸지 마라. 만약 에너지가 감겨서 팽팽해지면, 그리고 우리가 이 에너지를 취해 5차원인 여기로 잡아당긴다면, 그것은 오직 5차원 주파수로 진동한다. 우리가 그것을 잡아당긴다면 그것이 튀어 오르겠는가? 그렇다. 그것은 이미 원자핵이 시작된 7차원 에너지로 튀어 올라갈 것이다.

    당신의 노트에다 에너지 라인을 그리도록 하라. 옆 사람과 서로 상의하면서 6차원과 5차원에 각기 다른 에너지를 그리도록 한다. 5차원에서 시간의 흐름은 6차원보다 느리다. 7차원에 그려 넣은 에너지 선으로 6차원에 작은 원자핵을 만들고, 그런 후 원자핵 주위를 6차원의 에너지로 감싸라. 그렇게 할 수 있는가? 자, 시작하도록 한다. 옆 사람과 상의하면서 그리도록 하라. 에너지와 시간에 어떤 일이 일어나는지 이해하기를 바란다.[18]

---

18 그림 11. 일곱 차원에 존재하는 에너지

그림 11. 일곱 차원에 존재하는 에너지

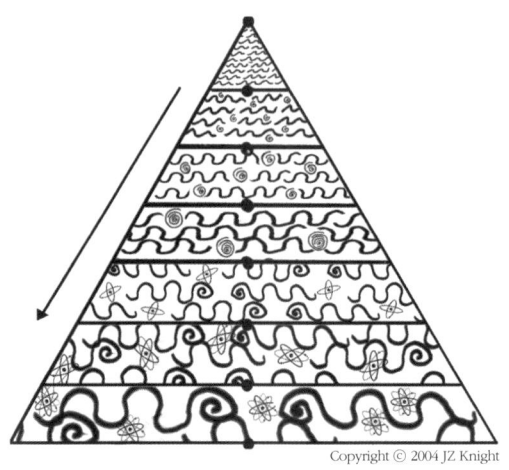

자, 이제 3 차원을 그리도록 한다. 그렇게 되면 4, 5, 6 그리고 7 차원에 있는 에너지와 시간에 어떤 일이 일어나겠는가? 3 차원에선 어떤 육체를 갖겠는가? 얼마나 빠른 속도로 진동하겠는가? 그 육체를 갖게 된 이유는 무엇인가? 당신이 비물질적인 영적 존재라면, 이 차원의 요소로 만들어진 육체를 입어야만 여기에 존재할 수 있다. 다시 말해, 보이드에서 나온 영이 시간의 차원에 존재하기 위해서는 그 시간으로부터 만들어진 옷을 입어야만 한다는 것이다.

거울 의식의 스윙 운동

우리는 지구 혹은 테라라고 하는 이 행성에서 최초의 인간으로 시작하였다. 그 당시 테라는 두 개의 달과 구름으로 가려져 있었다. 당신의 육체는 작았지만 어떠한 결함도 없는 아름다운 모습을 하고 있었다. 등은 약간 굽었으며 몸에는 털이 많았고 작은 두뇌를 가지고 있었다. 원인(原人)은 의식의 몸으로 이곳 1 차원에 최초의 인간으로 왔지만, 단지 여기에 온 것만을 알 뿐 이곳에 대해서 아무것도 알지 못하였다. 이곳을 창조한 자 외에는 누가 이것에 대해서 알 수 있겠는가? 내 말을 몇 명이나 이해하는가? 이제 당신은 여기 트라이어드의 제일 아래인 1 차원에 있다. 그러자 경이로운 일이 일어나기 시작하였다. 여기 이 의식(오른손)을 이렇게 움직여보도록 하라.[19] 그것은 시계추처럼 스윙하기 시작하였다.

내 말을 집중해서 듣도록 하라. 이것이 의식이라는 것을 기억하라. 의식이 여기 — '예스'와 '긍정'이라고 하고, 또 꿈이라고 하자[20] — 로 오면 우리는 '긍정'을 꿈꾸고 있는 것이다.

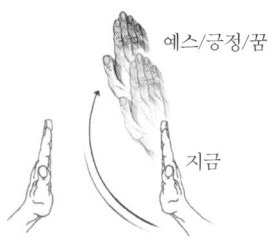

그림 12. 꿈꾸는 것

우리가 여기에서 손의 움직임을 멈추면 두 손이 서로 마주 보게 된다.[21] 이러한 상태를 '일치된 현재'(Now Alignment)라고 부른다. 꿈이 현실에서 실제로 구현되기 위해선 두 개의 의식이 '일치된 현재' 상태가 되어야 하며 그 후 그 상태에서 나와 경험을 하는 것이다.

---

19 그림 12. 꿈꾸는 것
20 손이 앞으로 오면 이것은 서로 상반되는 것 중에서 긍정적인 면을 상징한다. 즉 나쁜 것보다는 좋은 것을, 낮은 것보다는 높은 것을, 부정이 아닌 긍정을 그리고 과거가 아닌 미래를 의미한다.
21 그림 13. '일치된 현재'(Now Alignment)

그림 13. '일치된 현재'(Now Alignment)

　이 작은 존재는 계속 스윙(Swing) 한다. 이것을 거울 의식이라고 하며 이것은 꿈을 꾸고, 일차 의식과 마주 보고(일치된 현재), 그리고 일치된 상태에서 벗어나면 그 꿈은 응결되어 물질로 구현된다. 예스/지금, 노/지금, 긍정/지금, 부정/지금, 미래/지금, 과거/지금. 이러한 행위를 필요로 한다. 왜냐하면 이차 의식이 이러한 행위를 하면서 일치된 상태에서 벗어나지 않으면, 꿈을 꿀 수 없기 때문이다. 이차 의식이 일치된 상태에서 벗어나면, 꿈을 꿀 수 있다. 이차 의식이 꿈을 꾸고, 꿈을 일치시킨 다음(일치된 현재), 신과의 간격을 메우고, 다시 벌어지면, 모든 시간들이 꿈과 함께 잉태된다. 몇 명이나 이해하는가?

그림 14. 거울 의식의 스윙 운동

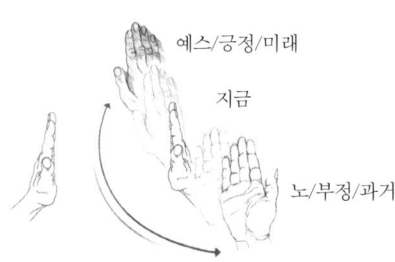

인류의 진화

호모 에렉투스와 티라노사우루스 렉스

당신은 누구였을까? 작고 경이로운 창조물인 오늘날의 당신은 자신의 과거 모습을 보면 소름이 끼칠 것이다. 하지만 그때는 그런 모습이어야만 했다. 지구의 일부였던 당신이 지구를 창조하는데 도움을 주었다는 것을 알고 있는가? 영이 장미 향기를 어떻게 맡을 수 있을까? 영이 뱀을 어떻게 다룰 수 있을까? 영이 어떻게 나무가 되고, 어떻게 그 나무를 바라볼 수 있을까? 바로 당신, 여기 이 지구로 내려오겠다고 선택한 존재는 지구와 진동주파수가 같은 육신과 작은 두뇌를 가지고 이 세상에 왔다. 당신은 단지 아주 작은 두뇌만을 필요로 했다. 그 당시 당신은 무엇을 알고 있었을까? 많지 않았다. 당신의 얼굴은 짐승처럼 아주 컸다. 왜 그랬을까? 눈, 콧구멍, 턱은 아주 크고 사지는 길어야만 했다. 왜냐하면 육체는 탐험을 위한 탈 것이었기 때문이다. 나무를 보고 만지고, 식물의 냄새를 맡고, 손으로 그것들을 꺾기 위해 필요했던 것은 아주 작은 두뇌와 작은 두개골 그리고 거대한 감각기관이었다. 그것이 당신의 첫 번째 육체였다.

그렇다면 육체를 갖는 것이 왜 중요한가? 왜 육체 안에 갇혀 있어야만 하는가? 육체에서 나올 수 없는 이유는 무엇일까? 육체를 떠난 후에, 당신이 육체로 돌아오지 않을 수 있을까? 당신은 육체로 돌아오는 것을 피할 수 없다. 당신이 입고 있는 육체를 벗어날 수 있는 영적 능력을 갖출 때까지 당신은 육체를 갖게 될 것이다. 그러므로 당신은 여전히 처음 시작하였던 이 타임라인에 있는 것이다. 당신은 진화할 수 있는 충분한 시간이 있다. 그렇다면 인간은 어떻게 진화할 수 있을까? 어떻게 변화할 수 있을까? 당신의 육체가 최초의 인간으로부터 지금의 아름다운 모습이 되기까지 어떻게 변화하였는지 알고 있는가? 당신이 어떻게 변화하였는지 아는가? 의식과 에너지의 영이 고대 두뇌로 흐름으로써 진화할 수 있었다. 두뇌는 단지 존재한다고 알고 있는 것밖에 볼 수 없다. 매번 나무와 부딪히고, 바위에 걸려 넘어질 때마다, 매번 티라노사우루스 렉스를 만나 그 짐승의 뜨거운 입김을 경험할 때마다 당신은 성장했다. 살아남기 위해 매번 도망칠 때마다 좀 더 빨리 달렸으면 하는 바람이 당신의 세포를 생물학적으로 바꾸었다. 마스터들이여, 당신의 염색체는 어떻게 만들어졌는가? 어떤 DNA를 가지고 있는가? 그것이 당신을 어떻게 만드는지 알고 있는가? 누가 그것들을 조합하는지 알고 있는가? 당신의 부모가 그런 일을 한다고 생각하는가? 그들은 무의식 상태에 있다. 지금까지 당신이 했던 모든 생각으로 인한 두려움, 욕망, 배신감, 기쁨과 같은 것들은 경험할 때마다 DNA에 감정으로 각인되어 DNA 코일을 바꾸어 버린다. DNA가 어떻게 바뀌는가? DNA에 감정이 각인됨으로써 바뀌게 된다.

최초의 삶에서 빨리 뛰지 못해 티라노사우루스 렉스에게 잡아먹혔다면, 그 순간 당신이 마지막으로 생각했던 것은 좀 더 긴 다리를 갖고자 하는 바람이었을 것이다. 육신은 짐승에게 먹히고, 땅의 거름이 되어, 당신은 이곳 3차원으로 가게 된다. 그곳에서 방금 떠나온 삶을 바라보는데 그때 당신은 그 타임라인에서 배웠던 것들만을 기억하게 된다. 그리고 타임라인은 그곳에서 멈추어 버린다. 그것이 바로 당신이 그곳에서 보게 되는 것들이다.

당신은 왜 여기로 다시 돌아왔으며, 당신의 삶에서 어떠한 변화가 일어났을까? 당신은 이 타임라인으로 돌아와야만 했다. 왜냐하면 지난 밤 당신의 자식을 잉태한 여인의 몸에서 다리가 좀 더 긴 아이가 태어날 것이기 때문이다. 당신이 이 세상으로 돌아올 때 갖고 태어나기를 원했던 모든 것들은 지금까지 당신이 얻었던 모든 것이다. 그것들은 그다지 영적이지 않다. 그렇지 않은가? 대부분의 사람들은 죽을 때 살아생전 자신이 했던 모든 것들을 후회하고 가족에게 좀 더 잘하지 못했다는 생각에 힘들어한다. 그들은 더 친절하게 대하고, 더 많은 것을 주고, 더 이해할 수 있었다면 좋았을 거라 생각한다. 당신은 죽어가는 순간에 여러 가지 많은 회상을 하는데 그것은 당신이 그만큼 진화했기 때문에 일어나는 결과이다. 티라노사우루스 렉스에게 잡아먹혔던 존재는 자신이 죽을 때 그러한 생각을 하지 않았다. 그가 죽을 때 마지막으로 했던 생각은 그 짐승보다 더 빨리 달릴 수 있었으면 하는 바람이었다. 그것이 그가 마지막으로 원했던 것이었다.

그 사람이 이 타임라인에서 자신이 얼마나 성장했는가에 대해 회고할 때, 여기 3차원에서, 그가 보게 되는 것은 그가 마지막으로 원했던 것뿐이다. 그는 자신의 신에게 뭐라고 말할까? "나는 정말 철이 없었습니다. 죄송합니다." 라고 하지 않는다. 대신 그는 "내 다리가 좀 더 길었다면."이라고 말한다. 그러면 신은 어떻게 할까? 다음 세대는 긴 다리를 갖게 된다. 그리하여 그는 짧은 다리가 아닌 긴 다리를 가진 가족에게 태어난다. 자신을 쫓아오는 짐승보다 단지 더 빨리 뛰기를 바라는 영은 유전학적으로 그러한 능력을 가진 육신을 입게 된다. 그리고 이 존재는 자라서, 주변의 짐승들보다 더 빨리 달릴 수 있는, 영리한 인간이 될 것이다. 또한, 그러한 바람 때문에 그는 정확히 자신과 같은 감정 상태를 가진 다음 세대를 낳을 것이다. 몇 명이나 내 말을 이해하는가? 그래서 그들이 처한 환경에서 좀 더 잘 적응 — 그들의 삶, 그들의 육신에서 — 할 수 있는 아이들을 낳을 것이다. 이러한 육신에 거하는 영과 혼들은 진화의 혜택을 충분히 받을 수 있는 자격을 갖춘 존재들일 것이다.

여러분 중에서 당신 부모의 유전학적 그리고 감정적인 특성을 물려받은 사람들은 몇 명이나 되는가? 손을 들라. 당신들은 부모의 외모와 성격을 유전적으로 닮게 되어 있다. 영적으로 부모를 전혀 닮지 않은 사람들이 있는가? 손들어보라. 만약 당신이 부모의 외모와 많이 닮았다면, 어머니의 두려움과 아버지의 강함을 혹은 아버지의 소심한 성격과 어머니의 죄의식을 물려받았다면, 당신이 부모로부터 그런 식으로 영향을 받았다면, 그것은 당신이 부모의 유전자 형질을 기반으로 육신을 창조했기 때문이다. 영적으로 약한 사람들은 이러한 유전학적인 운명을 절대적으로 극복하지 못한다. 즉 오늘 아침 내가 말했듯이, 그들의 영적 에너지는 육체의 유전적 형질에 의해 소모되고 있는 중이다. 육체의 유전적 형질은 영적 에너지를 먹고 살기에, 여기에서 배우기로 되어 있던 존재들은 배운 것이 전혀 없었다.

1,500만 년이라는 세월을 상상해보라. 인간은 얼마나 살 수 있는가, 60년, 70년 혹은 100년? 인간의 평균수명이 80년이라면, 1,500만 년 동안 얼마나 많은 생을 살았겠는가? 아주 많은 생을 살았다. 몇 명이나 그렇게 생각하는가? 아주 많은 생이었다, 알겠는가? 자신이 오래된 혼 혹은 젊은 혼이라고 말하는 사람들이 있다. 그것은 틀린 말이다. 모든 혼은 같은 시간에 창조되었다. 단지 두 생만을 살았다고 생각하는 사람이 있는가? 여기에 그런 사람은 없다. 당신들은 수 천생을 살아왔다.

원숭이 모습을 했던, 당신의 조상들이 호모 에렉투스 — 원시 인류에서 호모 에렉투스로 — 로 진화하고, 호모 에렉투스에서 다시 네안데르탈인으로 진화했는데, 이것을 논리적으로 이해할 수 있는가? 이러한 창조물들이 변했던 이유가 있을까? 그 이유는 무엇이었을까?

이들이 수많은 역경을 겪었기 때문에 진화했던 것은 아닐까? 학생들이여, 그들이 가졌던 여러 문제들 때문에 진화했던 것이 아닐까? 여러분 중에 힘들고 어려운 일들을 겪었기 때문에 많이 발전할 수 있었던 사람이 있는가? So be it.

그렇다면 당신의 조상들도 그동안 수많은 난관에 부딪치며 어려움을 겪었다고 말할 수 있지 않을까? 내 말에 동의하는가? 당신은 내 말을 받아들여야 한다. 조상들이 수많은 역경을 극복하여 이룬 결실이, 오늘의 당신이기 때문이다. 당신은 일차 의식과 이차 의식, 이 두 개의 의식 차원 즉 신성으로부터 나왔다. 당신들 모두는 하나의 사명을 가지고 태어났는데 그것은 미지의 것을 깨닫는 것이다. 미지의 것을 깨닫는 것, 그것만이 유일한 법칙이다. 보이드는 자신의 창조물에게, "나를 이용하여 네가 원하는 것은 무엇이건 만들어라. 창조자가 되라. 네가 바라는 것은 무엇이건 주겠다. 옳고 그른 것은 없다. 단지 진화만 있을 뿐이다. 단지 창조만 있을 뿐이다."라고 말하였다.

그 자체로도 아주 강력한, 이 작은 제로 포인트는 보이드 안에서 여기저기를 다녀봤지만 결국 아무 데도 가지 않았다는 것을 알게 되었다. 우리는 이 존재를 신이라고 부른다. 신은 확실히 그때부터 아주 많이 진화하였다. 이제 제로 포인트는 일관성 있는 생명체를, 그리고 일관성 있는 시간의 공백을 갖게 되었다. 진정 이 세상은 우리가 미지의 것을 깨달아야 하는 법칙을 실현할 수 있는 놀이터이다. 육신을 받아 이 세상에 태어났을 때, 당신과 나, 우리는 이 시간의 흐름 속에 전생에서 얻은 것 이외에는 아무것도 알지 못했다. 그리고 만약 그것이 첫 번째 생이었다면, 우리는 아무것도 몰랐을 것이며, 단지 우리는 주위의 환경과 그 환경으로 인한 역경 그리고 물리적 형상에 갇혀 있는 존재로서, 육체를 갖고 살아남기 위해 필요한 것들을 자신에게 가르쳐야 했을 것이다.

첫 번째 생을 산 후, 우리는 배우기 시작했다. 이 삶의 연속 선상에서 우리가 기여했던 것은 무엇일까? 우리는 생각을 기여했다. 우리는 의식의 흐름을 취할 수 있는 메커니즘을 부여받았다. 의식과 두뇌 그리고 마음은 모두 다르다는 것을 기억하라. 의식은 신으로부터의 흐름이다. 두뇌는 수신기이다. 왜냐하면 두뇌는 의식을 취해 기억 가능한 신경학적인 생각을 만들어 그것을 기억의 형태로 응결할 수 있기 때문이다. 창조의 개념에서 볼 때 기억이란 집을 지을 때 벽돌을 쌓는 것과 같다. 지식의 형태로 수집된, 두뇌에 있는 생각들은 당신이 생각의 형태를 다시 창조할 수 있게 한다. 만약 그러한 생각들이 두뇌의 신피질 앞에 고정되어 있다면, 그것은 에너지를 붕괴시켜 어떤 형태로 만들어버리는 법제가 될 것이다. 그렇게 두뇌는 우리의 필요에 의해 진화해 온 것이다.

그렇다면 우리는 이러한 경험을 통해 무엇을 얻는가? 우리가 티라노사우루스 렉스로부터 도망치기 위해 좀 더 긴 다리가 필요하다는 것을 깨달았다면 그것은 하나의 배움이자, 창조이다. 단지 역경을 통해 좀 더 나은 것이 되려는 욕구가 좀 더 진화된 육체를 만드는 바탕이 된 것이다. 그렇다면 이러한 경험은 당신의 영적 자아에 어떤 영향을 주었을까? 그것은 이곳에서 살아남으려면 자신을 재창조해야 한다는 것을 깨닫게 하였다. 우리는 이 세상에 그렇게 1,500만 년을 살아온 것이다. 당신들은 남자였으며 여자이기도 했다. 또한 아이였으며, 아버지였으며 어머니였었고 자매였으며 형제였다. 당신들은 누구한테 죽임을 당했었고, 잡아먹혔거나 불에 타 죽거나 물에 빠져 죽기도 했다. 당신들 모두는 무수히 많은 비창조적인 방식으로 죽음을 경험하였다. 당신들은 모든 것들을 경험하였다.

신들의 개입

이곳의 타임라인으로 말하자면 약 455,000년 전, 바로 여기 1차원에서 경이로운 일이 일어났다. 당신이 7차원에 머물러 있는 동안 이미 하강하기 시작한 존재들이 있었다. 당신도 알다시피, 모든 존재가 동시에 하강한 것이 아니라, 서로 다른 시간에 하강하였다. 이것은 당신들 개개인의 선택이었다. 그런가 하면 아직도 5차원에 머물면서 더 이상 하강하지 않는 존재들도 있다. 그들은 앞으로 200년 안에 이 세상으로 내려올 수도 있고, 어쩌면 영원히 내려오지 않을 수도 있다. 하지만 그것(5차원)이 그들이 알고 있는 전부이다. 어떤 사람들은 그들을 천사라고 부른다. 그들을 천사라고 부르는 이유는 그들이 이 세상에 대해서 전혀 아는 것이 없기 때문이다. 그들은 좋고 나쁘다는 판단을 갖고 있지 않다. 그런 것을 알지 못한다. 그들이 아는 것은 오직 사랑뿐이다. 그들은 한 번도 이 세상에 살아 본 적이 없다. 그들은 한 번도 피와 살로 된 신으로 현현해 본 적이 없기에 그리스도가 되어 본 적이 없다.

　당신들이 4차원에 있는 동안에, 이미 수십억 년 전에 이 세상의 타임라인으로 와 8.2헤르츠로 진동하는 3차원적(three-dimensional) 물질세계에 살고 있던 존재들이 있었다. 그들이 이곳(1차원)으로 내려왔을 때, 그들은 여기(3차원)를 넘어, 여기(4차원)로 올라가는 영적 현실을 구축하고 있었다. 다시 말해, 그들은 아주 느린(1차원) 육체를 가지고, 아주 빠른(4차원) 현실을 만들어 내고 있었다. 몇 명이나 이 말을 이해하는가? 그들은 그렇게 내려온 후, 점점 밝아지기 시작하여, 여기(4차원)에 존재하게 된 것이다. 그들은 당신들의 형제이며 자매이다. 그들은 여러 가지 다양한 행성에 살고 있으며, 공전하는 모든 행성들의 내부가 텅 비어 있기 때문에 대부분이 행성 내부에 살고 있다. 그들은 지금 당신들보다 앞서 있다. 이 방에 있는 당신들 모두는 455,000년 전에 이 타임라인(1차원)으로 왔다. 결국, 이렇게 하강한 것이다. 그렇다면 당신들은 얼마나 멀리 내려왔을까? 당신들은 여자와 남자를 구별했으며 자식들을 키우기 위해서 서로 모여 살았다. 여자가 정신문명의 지도자였기 때문에 부족의 지배권을 가지고 있었고 남자는 가족을 위해 식량을 구해야 했다. 일종의 정신적인 가족을 가지게 된 것이다.

　어느 시점에 이르자 신이라 불리는 존재들이 돌아왔다. 그들이 이 세상에 다시 왔을 때, 당신들이 나름대로 발전했지만 비약적인 발전은 이루지 못하여 도움이 필요하다는 것을 알게 되었다. 그래서 그들은 무엇을 했을까? 당신들의 진화에 많은 도움을 주었다. 당신들은 여기(1 차원)에서 작은 두뇌와 큼직한 얼굴을 갖고 있었다. 이 작은 두뇌는 파충류 뇌, 중뇌 그리고 뇌량으로 진화하였으나 신피질, 즉 옐로 브레인(Yellow Brain, 용어정리 참고)은 가지고 있지 않았다. 진화의 그 시점에서 당신들은 초능력을 가지고 있었다. 당신들의 두뇌가 심령계라 불리는 적외선 영역에서도 작동했기 때문에 당신들은 사방으로 멀리 메시지를 전달할 수 있었다. 그럼에도 당신들은 미개한 두뇌를 가지고 있었다. 그리하여 신들이 내려와 당신들과 그들의 씨를 혼합하여 당신들의 육체 안에 그들의 경험들을 불어넣었다.

부모의 외모나 성격을 닮은 사람들이 있느냐고 물었을 때, 많은 사람들이 손을 들었던 것을 기억하는가? 이러한 진화된 존재들이 당신들과 혼합하는 작업을 끝내자, 인간의 문화에 엄청난 변화가 일어났다. 몸에 있던 털이 사라지기 시작했으며 균형 잡힌 신체 비율을 갖게 되었다. 골격도 변하였다. 몸에서 갈비뼈 두 개가 사라지고 엄청난 두뇌를 갖게 되었다. 그리고 얼굴은 원시인보다 좀 더 섬세해졌다.

그들은 왜 그러한 일을 했을까? 당신들은 그들의 형제이고 자매이기 때문이다. 그들은 당신들보다 더 진화된 존재이지만, 당신들과 마찬가지로 절대 근원에서 나왔다. 그들은 또한 당신들을 종으로 부렸는데, 이것은 무척 이치에 맞는 것이다. 당신들은 진화할 수 있는 지식을 습득할 능력이 없었고, 오직 이곳의 타임라인에만 있었기에, 그들이 알고 있던 모든 것들을 알 수 없었다. 그렇다면 당신이 해야 할 일은 무엇이었을까? 그들과 섞이고, 합쳐져, 함께 사는 것이었다. 같이 살면서 그들은 당신들에게 예술과 심리학, 수학 그리고 천문학을 가르쳤다. 당신들에게 문화적인 감각을 불러일으키고, 더 나아가 역동적 자아에 대한 감각을 일깨웠던 존재들도 바로 그들이었다. 당신은 커다란 신피질을 가지고 있었지만 거의 사용하지 않았다. 왜냐하면 경험을 통해서 유전적으로 얻게 된 육신을 가지고, 영으로서는 살지 않았기 때문이다. 그것은 마치 부모의 옷을 걸치고 돌아다니는 어린아이와 같다. 몇 명이나 이 말을 이해하는가? 그런 일은 455,000년 전에 일어났다. 다음 문장을 적도록 한다.

신들(Gods)에 의한 인류의 유전적 변형은 455,000년 전에 일어났다.

성경의 전설로 되어버린 이러한 신들은 당신들과 나의 육체를 창조하였고 우리들에게 많은 것을 가르친 후 그들의 삶을 향해 떠나갔다. 그것은 우리 모두에게 어떤 영향을 주었을까? 455,000년 전의 타임라인에서 생긴 패턴은 고정화되어 지금까지 우리에게 남아 있다. 율리아누스 역법으로 오늘을 어떻게 부르는가? 거의 2,000년이 다 되어간다. 그 역법에 따르면 2,000년에 가깝다. 지금으로부터 2,000년 후에 당신은 어디에 있을까? 당신은 변했을까? 변하지 못했을 것이다. 왜냐하면 당신은 고정된 패턴을 가지고 있기 때문이다. 이로 인해 당신은 전생과 같은 영적 수준을 갖고, 계속 돌아왔다. 이 말은 무엇을 뜻하는가? 인류는 4만 년 전이나 지금이나 비슷하다는 것이며 인간의 두개골 또한 거의 변하지 않았다는 말이다. 당신들은 영적인 존재로 유전 인자를 따라 계속 윤회하지만, 자신이 가진 것들을 충분히 사용하지 못하고 있다는 것이다.

4 만 년 동안 멈춘 진화

이러한 서론이 무척 지루하게 들릴 수도 있겠지만, 자신의 기원을 이해하기 시작하면 어느 정도는 흥미로울 것이다. 이것을 이해하는 것은 중요하다. 현실 창조를 시작하기에 앞서 당신의 의문들을 조금 풀어 볼 필요가 있다. 당신은 두뇌 전체를 사용하지 않는다. 10분의 1도 사용하지 않는다. 엄청나게 큰 신피질의 10분의 1도 사용하지 않는다는 것은 당신이 활용하지 않은 엄청난 잠재력이 내재되어 있다는 것을 의미한다. 아인슈타인조차도 죽었을 때 그의 두뇌 전부를 사용하지 못했으며 새로운 생각과 새로운 이론을 연결할 수 없어, 결국 통합된 관점에서 보았던 것들을 표현할 수 있는 새로운 수학을 발견할 수 없었다.

당신이 자신의 본성 이면에 실질적으로 존재하는 영적 존재라면, 내면에 있는 당신의 게으름과 조급함이 매우 진화된 육체 안에 있는 미개한 영이라는 것이 아주 논리적으로 들리기 시작할 것이다. 이 말이 논리적으로 들리는가? 천재란 마음의 영역을 확장하고, 그 마음이 모든 것인 사람을 말한다. 우리가 그러한 것을 이해한다면, 지난 1,500만 년 동안 당신이 진화하지 못한 이유는 아직도 당신은 455,000년 전에 있으며 당신의 육체는 4만 년 전과 비슷하기 때문이라는 것을 알 수 있을 것이다. 당신은 육체의 능력을 제대로 사용하지 않았다. 당신은 자신의 육체를 신의 정교한 도구로써 사용할 수 있는 영적 자아를 충분히 계발하지 않았다. 당신은 전생에 무엇을 했는가? 기술 혁명의 시대에 살았는가? 혹은 2차 세계 대전 때 전쟁터에서 죽었는가? 집이 폭격을 당해 죽었는가? 아일랜드 기근 때 굶어 죽었는가? 아니면 전염병에 걸려 죽었는가? 자식들은 몇 명이었으며 그들은 지금 어디에 살고 있는가? 전생에서 당신은 세상에 무엇을 기여했는가? 아마 기억하지 못할 것이다.

이번 생에서 당신은 "영적인 잠재력을 최대한 발휘하여 어떻게 하면 육체가 가지고 있는 가능성을 최대한 사용할 수 있을까?"라는 것을 배우기 위해 여기에 온 것이다. 당신의 유전자 속에 신들이 있을까? 진정 그러하다. 당신은 진보한 지성을 가지고 살아가는가? 진정 그러하다. 우수한 인종의 자손인가? 많은 사람들이 그렇다. 그러나 그 인종은 자신을 창조했던 그 지성만큼만 위대하며, 그 지성은 모든 것들의 시작이었던 꿈꾸는 자, 신에게로 돌아온다.

현재 당신이 불행한 이유는 현실을 꿈꿀 수 있는 당신의 능력이 한계에 부딪혔기 때문이다. 당신은 당신의 현실에서 모든 것들이 일어나도록 내버려 둔다. 영화관에 가서 당신은 다른 누군가가 모험하는 것을 본다. 누군가가 당신에게 노래를 부르지만 당신의 입은 굳게 닫혀 있다. 다른 사람의 시를 읽고 황홀해한다. 다른 사람의 그림을 보며 감탄한다. 자신의 편리함을 위해 다른 사람들의 재능을 이용한다. 따분함을 느끼고 연예 오락을 필요로 하는 이유가 무엇이라고 생각하는가? 그런 것들이 당신으로부터 나오지 않기 때문이다. 당신이 신 ― 당신은 분명 신이다 ― 이라면, 그리고 의식과 에너지가 현실의 본질을 창조한다면, 우리가 가진 문제는 자신과 자신의 능력을 믿지 못하는 것일지도 모른다. 어쩌면 당신은 부모로부터 그러한 유전인자를 물려받았을 것이다. 대부분의 부모들은 그들이 자신들의 부모보다 더 잘났다고 생각하지 않는다.

이것이 당신이 지난 4만 년 동안 해왔던 일이다. 당신은 의식을 가지고 이렇게 정신없이 앞뒤로 스윙하면서 살아왔다. 당신이 얼마나 변덕스러운지 아는가? 조금 전에 어떤 것에 동의했다가도 다음 순간 그것에 대해 반대한다. 한순간 어떤 것을 좋아하다가 다음 순간에 그것을 싫어한다. 당신의 미래는 어떠한가? 어떤 미래? 아, 그 미래. 당신의 미래는 단지 과거에 있었던 일 중에서 좀 더 많이 생각하는 것이 아닌가? 만약 그렇다면, 당신의 미래는 여기 과거에 막혀버린다. 그리고 누군가가 미래는 더 이상 존재하지 않고, 다른 곳에 있다고 말하면, 미래는 그렇게 되어버린다. 당신들은 신들이 떠났을 때 그들이 당신들을 여기에 두고 천국으로 돌아갔다고 믿었다. 그리하여 현실의 창조자인 믿음은 이 신(당신 내면에 존재하는)을 잠재우고 당신이 선택한 신을 당신 바깥에 두었다.

여호와는 어떠한가? 여호와는 단지 매우 불안하고 호전적인, 자기 누나를 무척이나 증오했던 진화된 존재에 지나지 않는다. 이드(Id) 신은 어떠한가? 이드(Id) 신은 무엇인가? 당신들이 문제를 가지고 있는 것처럼 그들도 자신들의 문제를 가지고 있는 신들이자, 존재이자 사람들이었다. 그들이 어디에선가 당신들에게 그들 자신이 주(Lord)라고 말했는데, 누군가가 주를 자신들의 주인이라고 착각했던 것이다.

당신이 하나로 일치해야 할 신과 함께 꿈을 창조하고, 그 꿈을 신에게 내어준 후, 그 꿈으로부터 벗어날 때 그것이 에너지 — 상상력이 에너지를 응결시킴으로써, 그것을 경험하게 된다 — 로 구현된다. 그러나 당신은 신이 여기에 있지 않고 다른 곳에 있다고 생각하기 때문에 막혀버린 것이다. 지난 4만 년 동안 당신들은 매 생애마다 이러한 일을 반복하였다. 그것은 무엇을 의미하는가? 그것은 학교에 다니면서 이 문화가 당신에게 주는 모든 것을 배워 지루해졌으며, 당신이 꿈을 꾸고, 그것을 일차 의식과 일치시킨 후, 시간을 붕괴하고, 그것을 다시 가져와, 에너지를 시각적 형상으로 구현하여, 그것을 경험하는 법을 모르기 때문에 아무것도 기여할 것이 없다는 의미이다. 우리는 계속 이렇게 살아가고 있으며, 이것을 멈춰야 한다. 모든 사람들이 이 타임라인을 벗어나지 못한 채 살아가고 있다. 그리고 그들이 죽으면, 여기로 가서(3차원), 그들이 했던 것을 바라본 후, 다시 이 타임라인으로 돌아온다. 당신은 그렇게 막혀 있다. 어느 누구도 그들의 이미지를 벗어나지 못한다.

단지 소수의 사람만이 그것을 깨고 이곳을 벗어나 여기(4차원)로 올라간다. 그들은 이러한 신의 문제를 극복하고, 여기를 벗어나 영적으로 거듭나기 시작한다. 그들은 절대 근원의 깊숙한 곳에 도달하고, 여기(1 차원)에서 그것을 구현한다. 그리스도란 누구인가? 여기 이 타임라인을 마치고 집으로 돌아가는 자를 말한다. 지금 들은 내용을 옆에 앉은 사람에게 설명하라.

제 4 장
에너지, 의식의 보조자

러너

고급반 학생들은 당신들이 아주 많은 지식과 정보를 얻는다고 투덜거린다. 여러분은 많은 지식과 정보를 얻고 있는 중이다. 그럼에도 불구하고 아직도 내가 하지 않은 말들이 많은데, 그 이유는 훗날 당신들이 좀 더 쉽게 배울 수 있게 하기 위한 것이다. 그리고 나는 당신들에게 러너(용어정리 참고)를 보낼 것이다. 그리하여 내가 가르치는 개념이나 철학을 당신 스스로 경험하여 그것들이 당신만의 진리가 되도록 도와줄 것이다. So be it. 그렇다면 러너란 무엇인가? 당신에게 우편물을 전달하는 자가 러너이다. 전화를 걸거나 혹은 당신을 만나거나 아니면 어떤 특정한 원리를 스스로 경험하여 당신만의 진리가 되도록 특별한 상황을 만드는 것이 러너이다. 나는 당신에게 많은 러너를 보낼 것이다. 내가 이것을 말하는 이유는 올해 당신이 아주 놀랄만한 것들을 발견할 것이기 때문이다. 그때 당신은 지금 이 시간, 여기 이 장소에서 이 말을 들었던 것을 기억할 것이다. 그 이후에 당신은 종이와 색연필을 꺼내 다른 사람에게 이 작은 그림들과 타임라인 같은 것을 그리라고 말할 것이라 나는 감히 장담한다.

에너지, 파동 그리고 입자

지금부터 에너지에 대해 설명하려고 한다. 에너지를 뱀으로 표현한다는 것에 대해 배운 적이 있는가? 에너지가 뱀으로 묘사된다는 것을 배운 적이 있는가? 손들어보라! So be it. 에너지를 뱀으로 표현하는 이유는 에너지의 파동이 마치 뱀처럼 움직이기 때문이다. 에너지 자체는 시작도 없고 끝도 없지만, 그것은 생각과 함께 시작하여 생각의 흐름 안에서 끝난다. 에너지는 두 개의 의식 차원 사이에서 끊임없이 흐른다. 에너지가 이렇게 움직이면서 파동을 만든다. 어떤 의식 차원에서 에너지가 나오느냐에 따라 그에 상응하는 종류의 에너지를 얻게 되리라는 것을 예상할 수 있다. 고도의 지성 혹은 고차원 의식을 가지고 있는 사람에게는 폭발하는 강렬한 에너지를 느낄 수 있다. 또한 자신의 생각을 물질로 구현할 수 있는 능력을 가진 사람들도 이러한 에너지를 발산한다. 그러나 이 타임라인에 있는, 느리고 게으른 사람들이나 삶에 대해 무관심한 사람들에게는 아주 느리고 긴 파동의 에너지가 나오며, 그들의 생각과 결론은 시작과 동시에 끝나버린다.

이러한 파동선은 무엇을 의미하는가? 좋은 에너지를 가진 사람이라는 말은 무엇을 의미하는가? "저 사람에게 나오는 에너지가 매우 위험하게 느껴져!"라고 말할 때 그것은 무엇을 의미하는가? 지금까지 살아오면서 이런 말을 해본 적이 있는가? 손들어보라. 여기에서 말하는 에너지 그 자체는 순수하지만, 에너지가 흐를 때는 생각의 파동을 실어 나른다. 즉 에너지는 움직이고 있는 생각을 의미하며, 어떤 사람이 해로운 에너지를 가지고 있다면 당신은 그것을 느낄 수 있을 것이다. 왜냐하면 그들의 의식이 두뇌로 흘러 이 장(field, 場)에서 마음의 형태로 발산하기 때문이다. 당신이 그것을 머리 뒤쪽에 있는 소뇌로 포착하면, 두뇌는 그것을 집합적 생각의 장에서 해독한다. 즉 두뇌는 그것이 좋은가 나쁜가를 평가한다. 좋고 나쁜 것? 에너지는 좋고 나쁜 것이 없다. 에너지는 긍정적이지도 부정적이지도 않다. 그것은 둘 다이다. 영원한 빛의 세계에서 좋고 나쁘게 보이는 것은 없다. 내가 당신을 신

에너지, 의식의 보조자

이라고 말했다면, 당신이 창조자 혹은 신이 되기 위해 신성함을 불러일으킬 수 있는 그 무엇이 반드시 당신의 내면에 있어야 한다. 당신의 내면에 신성한 본질과 버금가는, 오장육부보다 더 위대한 무엇인가가 반드시 있을 것이다. 그것이 무엇일까?

제대로 사용되지 않으면서 자주 오용되는 단어가 있는데, 그것은 '숨겨진(hidden)'이라는 말이며, 말 그대로 그것은 숨겨진 것이다. 숨겨진 것은 신성한 지식이다. 그렇다면 신성한 지식이란 무엇인가? 신성한 지식이란 숨겨진 것을 열기 전까지 절대로 찾을 수 없는 것이다. '숨겨진(hidden)' 것의 의미를 철학적으로 말하자면, 모든 에너지 파장 안에 그것을 운반하는 마음의 장이 있으며, 그리고 에너지는 입자인 동시에 파동이라는 것이다. 에너지가 여기에서 시작할 때, 그것은 하나의 아이디어 혹은 생각으로 시작한다.[1] 에너지가 나와 장으로 들어가면 그것은 현실로 완성된다.

당신과 옆에 앉은 사람과의 사이에 있는 공간을 바라보라. 둘 사이의 간격이 어느 정도인가? 당신 둘 사이에 있는 공간에 무엇이 존재하는가? 옆 사람의 에너지를 느낄 수 있는가? 몇 명이나 옆 사람의 에너지를 느낄 수 있는가? 그들은 죽었는가 살았는가? 눈으로 볼 수 없는 것들은 무엇인가? 당신과 나 사이에 무엇이 있는가? 이 공간은 무엇인가? 이 공간을 '숨겨진(hidden)' 것이라 부른다. 그것은 눈에 보이지 않는다. 간단히 말하자면, 눈에 보이지 않는 공간은 당신 주위를 둘러싸고 있는 대기이며, 당신을 둘러싸고 있는 이 대기는, 이렇게 생긴 에너지 장이며, 우리는 에너지 장안에 에너지와 잠재력을 가지고 있다.[2]

1　그림 15. 에너지 파동이 입자로 붕괴한다.
2　그림 15 참고.

옆에 앉은 사람의 어깨를 만져보라. 7 차원까지의 거리는 당신 옆 사람의 어깨를 만질 수 있는 거리만큼 아주 가깝다. 삶에서 당신이 원하는 것들 ─ 엄청난 부, 눈부신 젊음, 건강, 장수 ─ 을 얻는 데 필요한 시간은 당신이 옆 사람의 어깨를 만지는 것보다 더 적게 든다. 자, 다시 한번 옆 사람의 어깨를 만지면서 방금 내가 한 말에 대해 깊이 생각하라. 그것이 바로 '숨겨진' 것이다. 여기 시간대에 존재하는 대기, 이 방 안의 대기, 지구와 태양계 그리고 은하계의 원소들을 구성하는 장(場)들은, 진화의 차원이 다를 뿐 모두 같은 에너지 장이다. 즉 그것들은 다른 차원에 있어도 동일한 장이라는 것이다. 당신이 살고 있는 바로 여기(1 차원)에 이 모든 것(7개의 다른 차원)이 존재한다.

관찰자는 에너지 장을 붕괴시킨다

당신 안에 존재하는 신성은 무엇인가? 당신 안에 존재하는 신성이란 인간의 두뇌 기능을 통해 응결된 의식과 에너지를 말한다. 그것이 왜 중요할까? 만약 당신이 이러한 의식과 에너지 ─ 당신은 확실히 이러한 엉키거나 풀리거나 혹은 조여지는 의식과 에너지로 둘러싸여 있으며, 이것은 당신 주변에 널려 있다 ─ 에 둘러싸여 있다면, 이 장(場)에 영향을 미칠 수 있는 것은 무엇일까? 생각이다. 그것은 관찰자라 불린다. 그렇다면 관찰자는 어디에 있을까? 관찰자는 당신 머릿속에 있다.

당신이 현실을 창조할 수 있는 힘을 가지고 있다면, 그것은 당신이 이 장(場)에 영향을 미칠 수 있는 힘을 가지고 있다는 것을 의미하며, 이 장은 바로 여기(육체를 둘러싸고 있는 밴드)에 있다. 그러면 이 장(場)이란 무엇인가? 여기(제로 포인트)까지 거슬러 올라가는 단계에 있는 이 모든 것(7개 차원)을 말한다. 그렇다면 당신이 이 장(場)에 어떻게 영향을 미칠 수 있을까? 만약 당신

에너지, 의식의 보조자

이 여기에 있는 존재(관찰자)이고 당신이 바로 여기(전두엽)에서 생각을 품고 있다면, 당신은 자신을 둘러싸고 있는 장(場)에 영향을 주고 있는 것이다. 어떻게 그런 일을 할 수 있을까? 질량을 갖는 모든 물질들 — 당신이 앉아 있는 의자, 입고 있는 옷 그리고 당신 육체를 이루고 있는 것들 — 은 모두 아원자 입자로 구성되어 있기 때문이다. 원자라는 말을 들어본 적이 있는가? 'Adam'(아담)과 'atom'(원자), 즉 최초의 인간과 물질을 이루는 최초 입자의 발음이 비슷하다는 것이 흥미롭지 않은가? 이러한 입자들, 즉 원자가 어떻게 생겼다고 생각하는가? 원자는 원자핵을 가지고 있다. 그렇지 않은가? 졸지 마라. 원자핵은 무엇으로 만들어졌는가? 그것은 양성자(Proton)로 이루어져 있다. 양성자 안에는 무엇이 있는가? 쿼크이다. 그렇다면 쿼크는 어디에서 왔는가? 바로 여기(6차원)가 쿼크장이다. 그리고 여기(5차원)가 양성자장이다. 여기(4차원)가 원자핵에 해당된다. 4차원 아래의 모든 차원(1, 2, 3차원)은 전자와 양전자라 불리는, 물질과 반물질이 오가는 곳이다. 이렇게 모든 차원에서 동시에 존재하고 있는 원자는 에너지 입자로서 펼쳐질 모든 가능성을 가지고 있다.

원자핵 단계에서 원자를 펼치면 그것이 원자 폭탄이 된다. 원자 폭탄의 위력을 아는가? 이렇듯 에너지가 '숨겨진(hidden)' 것으로부터 나온다는 것이 흥미롭지 않은가? 입자가 작으면 작을수록 에너지는 더욱더 강력해진다. 입문자들이여, 에너지가 어디에서 나왔는가에 대해 생각해 본 적이 있는가? 원자핵이 분열되어 펼쳐지는 에너지는 시간이 느려짐에 따라 조여져, 휘감겨 있던 에너지를 반드시 분열시킨다.[3] 이 말이 논리적이라고 생각하는가? 훌륭한 개념인가? 만약 이것을 터트리면, 당신이 갖게 되는 에너지는 이러한 차

---

3   그림 11. 일곱 가지 차원에 존재하는 에너지

원에서 쉽게 볼 수 있는 에너지이다. 그것이 바로 원자이다. 모든 것은 입자 안에서 7가지 다른 차원의 현실로 숨겨진 채 존재한다.

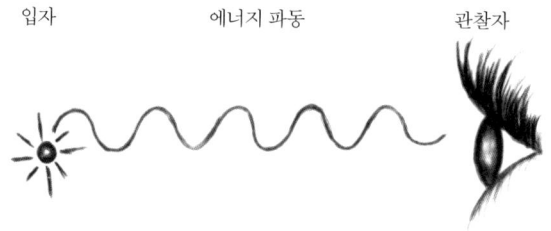

그림 15. 에너지 파동이 입자로 붕괴한다.

자, 원자에 영향을 미치는 것은 무엇일까? 왜 그러할까? 모든 물질이 원자로 이루어졌다면, 그렇게 된 원리는 무엇일까? 모든 원자는 다른 차원들이 응결되고 닫힌 상태로 존재한다. 원자는 쉽게 영향받는가? 음, 원자핵을 살펴보면 핵의 바깥 껍질과 궤도를 돌고 있는 전자들, 양전자들을 볼 수 있다. 이것은 원자핵 주위에 있는 모든 전자가 핵 주위를 돌고 있다는 것이다. 우리가 전자로 하여금 원자핵 주위를 회전하도록 만들기 때문이다. 그렇다면, 우리가 어떻게 그런 일을 하게 했을까? 우리는 그것을 당연하게 받아들인다. 다시 말해, 당신이 관찰자라는 것이다. 만약 당신이 이 특정한 입자인 원자에 집중한다면, 당신은 원자 주위를 돌고 있는 전자의 회전 방향을 바꿀 수 있다. 당신이 어떻게 그렇게 할 수 있을까? 그것이 당신의 신성한 본성이기 때문이다. 당신이 진화하고 미지의 것을 깨닫기로 되어 있다면, 당신의 어떤 능력이 그 일을 담당하는 것일까? 그것은 집중된 의식(Focused Consciousness)이다. 당신이 어떤 생각을 하면서, 원자에 전자를 더하거나 빼면서 집중한다면, 당신은 그 에너지의 특성을 바꿀 것이다.

에너지, 의식의 보조자

어떻게 그럴 수 있을까? 당신은 당신과 나 사이에 존재하는 장(場)을 보지 못하지만, 이것은 계속 이 일을 하고 있기 때문이다.[4] 이것은 항상 운동량을 갖는 움직임이다. 당신과 나 사이의 공간에 보이지 않는 에너지 장이 요동치고 있다는 것을 인식하는 순간, 작은 빛들이 보이기 시작할 것이다. 이러한 빛을 본 적이 있는가? 보았는가? 누군가는 당신의 안구에 문제가 있어서 그렇게 보였을 거라고 말한다. 하지만 안구와는 전혀 상관없다. 이러한 작은 빛들은, 실질적으로 에너지 파동이 전자라고 하는, 궤도를 도는 빛과 함께 입자로 붕괴되는 것이다. 보이지 않는 장에 집중하는 것을 멈추는 순간, 빛들이 사라지면서 당신과 가까운 거리에 있는 모든 것이 보인다. 그래서 당신이 나를 볼 수 있고 내가 당신을 볼 수 있는 것이다. 당신이 이 장(場)에 대해서 전혀 관심이 없으면 그것은 불활성 상태에 있게 된다. 이는 당신이 그것을 활성화하지 않았다는 것을 의미한다. 그래서 그것은 그 상태 그대로 머물고 있다. '숨겨진(hidden)' 것들에 집중하는 순간, 당신은 숨겨진 것들의 베일을 벗기는 것이다.

의식과 에너지는 현실의 본질을 창조한다. 모든 단단한 물체는 그것을 만든 창조자에 의해 단단하게 만들어진 것이며, 그것을 단단한 물체라고 인정했기 때문에 그것이 단단한 상태에 있는 것이다. 오늘 밤 당신이 잠자리에 들면, 당신의 방은 사라지거나 희미해질 것이며 냉장고의 불빛도 희미해진다. 왜냐하면 당신이 잠든 순간 더 이상 그 방을 관찰하지 않으며, 관찰하지 않는 순간 그것은 희미해지기 때문이다. 내 말에 몇 명이나 동의하는가?

자, 그러면 눈을 살짝 뜨고 방안을 응시하여 모든 것을 있는 그대로 볼 수 있다면 어떨까? 그것들이 그렇게 보이도록 누가 결정하는가? 당신 자신이라

---

4 에너지 파동의 움직임. 그림 15 참고.

고 생각하는 사람들이 있는가? 당신 생각이 맞다. 그러나 만약 어느 날 아침에 일어나 자신이 23 번째 우주에 있다는 것을 알게 되었다면 어떻게 될까? 그렇게 되면 이 방은 어떻게 될까? 음, 그것은 상황에 따라 달라진다. 알다시피, 이것은 일종의 속임수이다. 왜냐하면 당신이 23 번째 우주에서 깨어나 자신이 거기에 있다는 것을 완전히 이해한다면 당신은 그곳에 있을 것이기 때문이다. 그것은 아주 분명하다. 그런데 당신이 내 방에 어떤 일이 일어났을까 하고 자신에게 묻는 그 순간 당신은 잠에서 깨어날 것이다. 내 말을 이해하는가? 당신은 아주 강력한 존재이다. 그렇기 때문에 당신이 여기(전두엽)에 무엇을 두건, 그것이 쓰레기이건 신성한 것이건, 그것은 에너지에 영향을 미친다.

당신이 무엇을 생각하건 그 생각이 과거로부터 에너지를 풀리도록 하거나 그것의 에너지를 미래로 붕괴시킨다. 팔을 벌리고 다음과 같이 해보라.[5] 이것이 에너지이다. 우리가 에너지를 움직이면, 이런 식으로 이동한다.[6] 우리가 에너지 요동에 집중할 때 어떤 일이 일어나는가? 바로 그것이다. 그것은 질량 덩어리가 되어 버린다. 우리가 집중하는 것을 잊어버리면 어떻게 될까? 그것은 다시 에너지 파동으로 되돌아간다. 이런 원리가 작용한다. 당신은 모든 가능성이 존재하는 굉장한 환경에 있는 것이다. 그럼에도 불구하고 사람들이 계속 같은 타임라인에서 윤회를 거듭하는 이유는 의식의 힘을 육체의 욕구에 빼앗겼기 때문이다. 그 결과로, 그들은 유전적 성향이 짙은 육체를 가지고 태어나 그 육체가 모든 것을 좌지우지하도록 내버려 둔다. 그들의 육체는 유전학적 자동 조종 장치를 가지고 태어나는 것이다. 내 말을 이

---

[5] 에너지는 뱀이 움직이는 것처럼 물결친다. 람타는 팔과 손바닥을 펼쳐 보이면서 이것의 움직임을 보여준다. 에너지 파동이 입자로 붕괴되면, 그는 물결치는 움직임을 멈추고, 주먹을 쥐어 보이는데 그것은 입자를 상징한다.
[6] 그림 15. 에너지 파동이 입자로 붕괴된다.

해하겠는가?

　육체가 자동 조종 장치에 의해 움직이는 한 당신의 삶은 이미 정해져 있다. 당신의 삶에 전혀 새로운 것이 들어가거나 나가지 않는다. 모든 것이 정체되어 있다. 당신은 매일 당신의 육체가 하루를 창조하도록 한다. 현실을 창조한다는 것에 대해 육체가 무엇을 알겠는가? 그것은 단지 먹고 자고 싸고 조금 쉬어 활력을 찾는 것, 즉 살아남기 위한 것밖에 알지 못한다. 이것이 육체가 아는 생존이다. 비록 고등교육을 받은 사람들이라도 그러한 생존의 단계를 벗어나지 못한다. 그들은 절대로 매직(magic)을 일으키는 창조의 공간으로 들어가지 못한다. 그리하여 그들에게 절대로 기적이나 매직이 일어나지 않는다. 육체와 두뇌가 그저 일상생활에만 사용된다면, 내일이 우리에게 무엇을 줄 수 있을까? 당신은 지금까지 똑같은 내일을 수없이 살아왔기 때문에, 내일이 당신에게 무엇을 가져다 줄 수 있는지 알고 있다. 그래서 당신의 내일은 과거의 연장이 될 뿐이다. 학교에서 배우는 이론은 단지 암기된 이론일 뿐이다. 그런 것을 배우는 이유는 돈을 벌어 육체를 건사하기 위한 것이다. 내 말을 이해하겠는가?

　당신이 누군가에게 끌렸다면 절대로 그의 영이 아닌 외형에 끌렸을 것이다. 왜 그럴까? 그 사람의 체형이 당신의 체형과 맞아 서로 보완적이기 때문에 자석과 같은 공명이 일어나는 것이다. 그래서 당신은 서로 관계를 맺고 성교하여 자식을 낳은 것이다. 그렇다면 어떤 자식을 갖게 될까? 당신보다는 약간 발전된 아이를 낳을 것이다. 그러면 그들은 직관적으로 창조할 수 있는 능력을 가지고 태어날까 아니면 창조하기 위해 배워야 할까? 육체가 당신의 삶을 지배하도록 허용하면서 얼마나 많은 생을 살았겠는가? 셀 수 없을 정도로 무수히 많다.

　그렇다면 매직이 왜 그렇게 중요할까? 유전인자의 지배를 받으며 사는 사람들에게 매직은 절대로 일어나지 않기 때문이다. 왜 그럴까? 숨겨진 것을 드러내는 것은 육체가 아니라 우리 내면에 존재하는 관찰자, 즉 우리 안에 존재하는 영이기 때문이다. 그러나 우리가 약하거나 단지 물질만을 추구하면서 살아간다면, 당신들과 나 사이에 있는 간격의 베일을 벗겨 현실을 만드는 데 필요한 집중력을 결코 키울 수 없을 것이다. 현재의 삶에서 벗어나고 싶은가? 삶이 힘들다고 생각하는가? 삶은 축복이다. 왜냐하면 당신이 오늘 당장 죽는다고 하더라도 당신은 여기로 다시 태어날 것이기 때문이다. 어떤 부모에게서 태어날까? 당신이 지금 이 순간 받아들일 수 있는 능력에 맞는 부모에게서 태어날 것이다. 그래서 당신은 다시 태어날 것이다. 이번 생이 끝나면 몸과 두뇌는 죽을 것이며 그와 함께 당신의 모든 인지적인 기억들도 사라질 것이다. 그러면 당신은 새로운 몸을 받고 태어나 자신의 유전적인 프로그램을 이해하지 못한 채 처음부터 모든 것을 다시 배워야 할 것이다.

그렇기 때문에 당신은 이 생을 기억하지 못한다. 삶이 힘들어 여기에서 벗어나고 싶지만 당신은 또 다른 불구덩이 속으로 뛰어들어갈 것이다. 그러한 일을 얼마나 많이 반복했는지 아는가? 영겁의 세월 동안 당신은 그렇게 살아온 것이다. 당신은 지난 4만년 동안 거의 진보하지 않았다. 그렇다면 당신들이 누리는 테크놀로지의 발전은 누구 때문인가? 그러한 발전은 단지 소수의 사람에 의해서만 이루어졌다. 그렇다면 그들은 어떻게 발전을 이룰 수 있었을까? 그들은 그러한 능력이 있었기 때문이며 덕분에 당신들은 그들로부터 배울 수 있었고, 영감을 얻어 발전할 수 있었던 것이다. 그 능력은 지식을 습득해, 깊은 생각을 통해 그 지식을 창조력의 기본 구조로 만든 후, 그 생각을 자신의 것으로 만들 수 있는 상상력이다. 만약 당신이 일정 기간 동안 그러한 상상을 품고 당신의 수용력이 그것을 받아들였다면, 그 생각이 이 장에 영향을 주고 이전의 것들은 용해되어 액체 상태로 되어버린다. 상상력이

에너지, 의식의 보조자

이 상태에 다시 영향을 미쳐, 그것은 이전의 상태가 아니라 새로운 상태로 응결될 것이다.

영적인 사람들은 발견을 이끈 사람들이다. 영적인 사람들은 당신은 물론 당신의 후손에게 이론의 토대를 전해준 태고의 철학자들이며, 그들은 항상 인간 내면에 숨겨진 것들을 이야기한다. 어떤 문명이건 인류 문화에 전반적인 영향을 끼친 사람들은 지극히 소수에 불과하다. 반도체를 만들거나 그것을 만드는 데 있어 어떠한 기여를 한 사람은 당신이 아니었다. 당신은 원자핵 분열을 고안하지도 않았으며, 텔레파시의 또 다른 형태인 전화기를 발명하지도 않았다. 전자레인지나 텔레비전을 만든 것도 아니며, 어떤 자동화된 기계를 만들지도 않았다. 당신이 지금 앉아 있는 카펫도 짜지 않았다. 당신은 지금까지 대체 무엇을 했는가? 당신은 그저 당신의 필요가 그들에 의해 충족되도록 욕구를 제공하는 일만 했을 뿐이다.

의식적으로 깨어나면 앎이 일어나는 순간이 있다. 나는 그러한 순간을 경험하였다. 당신 또한 그러한 순간들을 경험하게 될 것이다. 그 순간 우리는 홀연히 무지에서 벗어나 자유로워질 것이다. 그것을 '앎'이라고 한다. 당신의 집중된 생각이 삶에 영향을 준다는 것을 아는 순간, 그것을 진정으로 아는 바로 그 순간부터 당신은 자신의 생각을 조절하고 통제하기 시작할 것이다. 생각이 제멋대로 일어난다면 그것이 당신을 망칠 것이기 때문이다. 영이 깨어난다면, 당신은 해방될 것이다. 기쁨은 육체적인 것이 아니다. 기쁨은 육체의 주인이지 그것의 노예가 아니다.

당신의 삶에 있는 모든 것들과 모든 사람들을 당신이 창조했다면, 지금까지 당신 자신에게 했던 모든 것들 또한 당신 스스로 창조한 것이다. 성공과 실패 또한 당신에 의해 일어난 것이며, 그것들을 성공 혹은 실패라고 결정했던 이도 바로 당신이다. 당신의 행복과 불행을 책임지는 사람이 당신이라면,

그렇게 느끼도록 선택한 자도 바로 당신 자신이다. 이것은 이렇게 간단한 이치이며 항상 그래 왔다.

당신의 마음이 이것을 바꾸거나 촉진할 수 있다는 것을 아는 그 순간, 당신이 이것을 아는 그 순간, 당신의 인생은 변한다. 어떻게 변할까? 당신의 마음은 다음과 같이 말할 것이다. "내가 무엇을 생각하건 나는 그것을 창조할 수 있는 힘이 내 안에 있다는 것을 알고 있어. 내 현실은 순식간에 사라지는 생각과 같아. 마음을 가라앉히고 조용히 앉아 삶에서 원하는 것이 무엇인가에 대해 자신에게 질문한다면 어떨까? 내가 전혀 알지 못했던 것은 무엇일까? 내가 전혀 경험해보지 않았던 것은 무엇일까? 나는 어떠한가? 내 두뇌의 10분의 1도 사용하지 않았다면, 나머지의 두뇌를 최대한 사용하기 위해 어떻게 해야 할까? 만약 나머지 두뇌를 다 사용할 수 있다면 나는 얼마나 많은 가능성을 가지고 있는 것일까?"

자, 리스트를 만들어 보라. 당신이 하고 싶은 것들의 목록을 만들어라. 당신의 삶이 좀 더 오래 지속될 수 있고, 당신이 어떻게 생각하고 받아들이는가에 따라 무엇이든 바꿀 수 있다면, 지금 당신의 모습은 얼마나 다를까? 아주 많이 다를 것이다. 두뇌가 그림들과 홀로그램들이 일으키는 섬광에 따라 작동한다는 것을 이해하게 될 것이기 때문이다. 매번 섬광이 일어나는 것을 우리는 생각이라 부른다. 섬광이 일어날 때마다 그것은 여기(전두엽)에 나타나며, 생각이 여기 이 지점에서 매번 섬광을 일으킬 때마다, 그것은 이 장에 영향을 미치고 있다.

하나의 생각을 그릴 수 있다면, 그리고 바로 여기에 그 생각을 일정 기간 동안 의도적으로 붙잡아 둘 수 있다면, 현실 창조를 위한 관찰자 효과를 정해진 절차에 따라 사용할 수 있을까? 물론이다. 당신이 그 생각을 완전히 받아들여 여기 전두엽에 붙잡아 두는 그 순간, 당신의 타임라인을 바꾸기 때문이다. 그러면 모든 것들이 유동적으로 변하기 시작한다. 당신이 꿈을 꾸고 그것을 여기(전두엽)에 붙잡아 두게 되면, 어느 날 당신이 깨어났을 때 인생이 송두리째 흔들리기 시작할 것이다. 그러면 당신은 "이것은 내가 보았던 것이 아니야!"라고 말할 것이다. 물론 당신은 그것을 보았으며 모든 것들이 허물어져 가기 때문에 그렇게 느끼는 것이다. 즉, 우리가 테이블의 입자들을 분해할 수 있다면, 테이블은 사라지고 테이블이 있던 자리에 방사선 장이 남아 있게 된다는 것이다. 그것이 변화다. 그렇지 않은가? 당신의 삶은 얼마나 억눌려 있었는가? 당신의 삶은 이 타임라인에서 꽉 막힌 채 끊임없는 윤회를 계속해왔다. 이 세상 너머에는 무엇이 있을까? 계속해서 살 수 있을까? 계속해서 존재할 수 있을까? 계속해서 더 많은 것을 알 수 있을까? 진정 그러하다. 그렇다면 당신은 그러한 타임라인에 어떻게 갈 수 있을까? 과거를 용해해야만 한다. 여기에 있는 모든 사람들은 과거를 기준으로 하여 미래를 생각하고 있다. 무엇이 당신을 과거에서 벗어나지 못하게 하는가? 죄책감, 부정적인 생각, 걱정 그리고 변화에 대한 두려움 같은 것들이 당신을 과거에 묶어둔 것이다. 삶에서 아름다운 무언가에 집중한다면 당신에게 어떤 일이 일어날까? 당신의 삶에서 많은 것들이 떨어져 나가기 시작할 것이다. 왜 그럴까? 그런 모든 것들을 지탱하고 있던 에너지가 풀려나야만 당신이 원하는 것들이 재형성되기 때문이다.

신이란 생명을 베푸는 것이다

오늘은 이것으로 충분하다. 당신들이 지금까지 오랫동안 들어 왔음에도 전혀 이해하지 못했던 말을 당신들에게 하면서 오늘의 강의를 끝마치려 한다. "신은 사랑이다." 이 말은 무슨 뜻인가? 당신 자신에게 말해보라. 사랑이라는 것은 항상 베푸는 행위이다. 그것은 취하는 것이 아니다. 그래서 신, 이곳에 있는 존재 — 여기에 있는 이 존재(제로 포인트) — 는 베풀며 우리가 탐험할 수 있도록 생명의 원칙을 확고하게 결속한다. 당신 자신을 사랑한다는 것은 열정적으로 자신을 품에 안는 것이 아니다. 또한 그것은 시적인 달콤한 말로 자신을 위로하는 것도 아니다. 사랑은 주는 것이며, 베푸는 행위이다. 신은 절대로 취하지 않고 오직 베푼다. 삶은 이 순간으로부터 계속 확장해왔다. 삶은 한 번도 수축되지 않았다. 신은 심판할 능력이 없다. 신은 당신을 심판하거나, 당신을 증오하거나 혹은 당신을 원망할 수 있는 능력을 가지고 있지 않다. 신에게는 그러한 것이 전혀 없다. 오직 허용만이 있을 뿐이다.

사랑이 무엇인가를 안다는 것은 문을 활짝 열고 베푸는 것이다. 그것은 마치 막혀 있던 댐을 부수는 것과 같다. 사랑은 베푸는 의식(意識)이다. 자신을 사랑하는 법은 다른 이에게 베풀 때 배우게 될 것이다. 그럴 때 당신은 자신에게 어떤 물질적인 것을 주는 것이 아니라 자유를 주게 될 것이다. 더 이상 성공과 실패의 잣대로 자신을 평가하지 않을 것이다. 또한 과거의 죄의식에 더 이상 사로잡히지 않을 것이다. 죄의식에 사로잡혀 있는 한 당신에게 미래는 절대로 없기 때문이다. 그리고 당신은 적들을 풀어줄 것이다. 마음에서 그러한 적들을 놓아버릴 때 적들도 당신을 놓아 줄 것이기 때문이다. 바로 이것이 당신 자신을 사랑하는 것이다. 마음속에 적을 계속 품고 있다면 엄청난 에너지를 소비하게 된다.

자신을 사랑한다는 것은 자신을 용서하는 것이다. 자신에게 다음과 같이 물어보라. "모든 것이 영원하다는 것을 비추어볼 때 나의 행동은 어떠한 가치를 가지고 있을까? 이러한 행동이 나를 영원히 속박할까 아니면 확장하게 하여 언덕 너머를 볼 수 있게 할까?" 신은 사랑이다. 왜냐하면 신은 매일 당신에게 삶을 부여하고, 삶을 창조하는 데 필요한 에너지로 당신을 지원하기 때문이다. 당신에게는 당신의 시간과 계절이 있다. 신이 하는 것처럼 당신도 그렇게 한다면, 당신 안에서 사랑이 피어날 것이다. 사람들이 당신을 사랑하기를 기대하지 마라. 그들은 그러한 능력이 없다. 당신이 자신을 사랑하기를 기대하라. 당신이 당신을 사랑하는 것은 당신에게 자유, 평화를 주는 것이며, 당신이 사랑을 취해 당신 자신에게 주었을 때, 당신은 다른 사람들에게 사랑이 무엇인가를 보여주는 것이다. 사람들에게 사랑을 베풀라! 사람들에게 사랑을 베풀라!

사람들이 마음 편히 실수하도록 허용하라. 왜 그래야 할까? 그들이 지혜를 얻기 직전에 있기 때문이다. 덕이란 것은 삶을 절제하는 것이 아니라 삶 안에서 삶을 사는 것이다. 사람들에게 많은 여유를 주라. 그들의 실수를 찾으려고 하지 마라. 그들을 사랑하고, 허용하라. 누군가를 힘으로 통제하려 하지 말고, 그들과 게임을 하지 마라. 그들을 자유롭게 하고 정직하고 진실하게 그들을 대하라. 정직이란 "내가 가장 절실히 원하는 것을 당신에게 준다."라는 의미이다. 부모가 당신을 제대로 키우지 못했다고 하더라도 그들을 용서하라. 아무도 다른 사람을 제대로 키울 수 없다. 당신에게 삶이 있고 그들이 당신에게 생명을 부여했다는 것에 대해 기뻐하라. 베풀라. 베풀라. 받지 마라. 받지 마라. 베푸는 행위를 통해 당신은 신이 될 것이다. 당신이 자비로울 때, 당신의 신도 자비로울 것이다. 당신이 용서할 때, 당신의 신도 용서할 수 있을 것이다. 자신을 용서하지 않고서 어떻게 적을 용서할 수 있단 말인가? 당신이 자신을 용서했을 때만이 다른 사람에게 영향력을 줄 수 있는 지혜를 얻게 된다.

받는 사람들이야말로 피해자들이다. 당신들 모두 받는 자였다. 당신은 삶이 당신에게 무엇인가 주어야 한다고 생각한다. 부모가 당신에게 무엇인가 주어야 한다고 생각한다. 친구들이 당신에게 무엇인가 주어야 한다고 생각한다. 사랑하는 사람이 당신에게 무엇인가 주어야 한다고 생각한다. 어느 누구도 당신에게 주어야 할 의무가 없다. 당신은 받는 자였지 베푸는 자가 아니었다. 당신이 계속 받는 자라면, 신이 당신으로 구현한 것이 아니다. 당신이 베푸는 자라면, 당신은 당신 내면에서 신성한 힘을 구현할 것이다. 왜냐하면 베풀 수 있는 자원은 무궁무진하기 때문이다.

오늘 밤 당신들이 여기를 떠나 식사를 하고 충분히 쉰 후, 잠자리에 들기 전 혼자만의 조용한 시간을 갖도록 하라. 당신이 이러한 것에 익숙해지길 바란다. 그렇게 조용히 앉아 당신의 삶에서 일어나길 바라는 세 가지를 생각하라. 단지 세 가지 꿈을. 그 꿈은 어떤 것이라도 상관없다. 그것은 좀 더 영광스러운 영이 되는 것일 수도 있고, 자각몽을 꾸는 것처럼 생생한 삶을 갖는 것일 수도 있고, 혹은 엄청난 부자가 되는 것일 수도 있다. 당신이 그것을 받아들이는 한 어떤 것이라도 상관없다. 그러나 당신이 적은 꿈들을 받아들이지 않는다면 당신은 그것들을 갖지 못할 것이다.

이제 꿈이 있는 당신의 방으로 돌아가 그동안 살아오면서 잃어버렸던 것들을 찾도록 하라. 당신들 대부분이 어릴 적에 이것들을 잃어버렸다. 방으로 돌아가 당신에게 일어났으면 하는 것들을 찾기 바란다. 하지만 원하는 것이 반드시 당신이 받아들일 수 있는 영역 내에 있는 것인지를 확인하라. 그런 후 그것을 적고, 그림으로 그리도록 하라. 다 그렸으면, 자신에 대해 숙고하라. 그리고 변하고 싶은 자신의 모습에 집중한다. 모든 것이 가능하다. 과거에 대한 영원한 중독이라는 것은 없다. 그것은 단지 일시적인 것들이다. 당신은 자신의 부족함에, 자신이 가지고 있는 의심 — 그것이 무엇이건 — 에 그리고 자신의 질병에 집중한다. 그런 것들을 적도록 한다. 당신의 삶에서 바꾸고 싶은 세 가지는 무엇인가? 그것들을 쓰고 그림으로 그려라. 그것이 내가 오늘 밤 당신들이 하기를 바라는 것이다.

에너지, 의식의 보조자

잠자리에 들기 전 — 텔레비전을 보지 말고 — 책을 읽어라. 그럼으로써 고귀한 생각들을 마음에 품고 잠들도록 하라. 어떤 책을 읽어야 할까? 양자역학에 관한 책을 읽어라. 현실을 창조하는 것에 관한 것들을 읽어라. 다른 생에 관한 것 또는 그 생에서 당신이 어떤 모습일지 말하는 책을 읽도록 한다. 당신의 영 — 당신의 육신이 아니라 당신의 영 — 에게 양식을 주어라. 그리고 그것을 머릿속에 품은 채 잠자리에 들어라.

그러면 내일 아침, 당신은 웃으면서 지금 그 자리에 앉아 있을 것이다. 왜냐하면 내일은 오늘과 완전히 다른 새로운 날이기 때문이다. 그리고 당신은 내일 변할 것이며, 내일 이 강연장을 떠날 때 당신은 이곳을, 특히 나를 그리워할 것이다. 그리고 당신은 기분이 아주 좋아질 것이다. 그것은 여정의 일부이다. 그렇게 여정은 시작되었다.

당신들을 사랑한다. 어떻게 그럴 수 있을까? 나는 당신들에게 베풀기 때문이다. 내가 이러한 모습으로 나타난 이유도 당신들 때문이다. 당신들의 어떤 점을 사랑할 수 있을까? 나도 한때는 그러한 모습이었다. 당신들은 잊혀진 신들이다, 분명히. 당신들은 자신의 신성함에 대해 망각상태에 빠져 있다. 당신들은, 대부분, 미신과 교리에 빠져 있다. 오늘 내가 가르친 것들은 아주 단순하다. 우리가 그것들을 생물학적 용어로 이해하려 한다면 모든 것이 복잡해진다. 그리고 감추어진 것들이 에너지로 현현되는 것에 대해 이야기하면 혼란스럽고 복잡해질지 모르지만, 당신들은 무지에서 점점 벗어날 것이다.

당신은 아주 많은 것들을 알지 못한다. 나는 결코 나의 무지를 급급하게 감추려고 하지 않을 것이며, 무지가 탄로 나지 않도록 하기 위해 의심의 경계를 세우지 않을 것이다. 그러니 내일 아침 열린 마음으로 이 자리에 오길 바란다. 당신을 사랑한다. 당신은 이미 자신에게 할 수 있는 최악의 일들을 저질러 왔다. 당신이 지금까지 해왔던 것보다 더 나빠질 수는 없다. 당신은 절대로 악귀에게 홀리거나 이단에 빠지지 않을 것이며, 추종자가 되거나 세뇌당하지 않을 것이다. 당신은 이미 그러한 모든 것들을 경험하였다. 당신은 그러하다. 당신은 절대로 후퇴하지 않고 오직 앞으로만 나아갈 것이다. 그래서 우리는 내일의 현실을, 기쁨을 그리고 새로운 훈련을 구현할 것이다. So be it.

    당신의 내면에 있는 신에게 경배한다. 이 자세의 의미를 아는가?[7] 이제 방으로 돌아가도 좋다. So be it. 오늘은 여기까지이다.

---

7   람타는 두 손을 기도하듯 모으고 7 번째 쎌을 가리키며 모든 사람들의 내면에 존재하는 신에게 경배한다.

제 5 장

가르침이 위대한
작업(Great Work)에 임하는
학생들에게 주는 영향

신은 당신을 한 번도 심판한 적 없다

내 존재의 주 하느님으로부터 당신 존재의 주 하느님에게 경배합니다.
같이 잔을 들고 축배 합시다.

오 나의 사랑하는 신이여,
나를 창조하시고
나에게 생명을 부여하신 분이시여.
앎을 향한 내 안의 열정을 깨우소서.
내 힘을 되돌려주소서.
그리하여 깨달음을 향한 여정,
그 길이 구현될 수 있도록
So be it.
인생을 위하여.

자리에 앉도록 하라. 입문자들이여, 오늘 기분이 어떠한가? 어제 무엇인가를 배웠다고 느끼는 사람들이 있는가? 정말 그렇다고 생각하는가? 당신은 왜 이곳에 다시 왔는가? 옆에 앉은 사람에게 오늘 여기에 다시 온 이유에 대해 말하라. 솔직한 고백은 당신의 혼을 이롭게 한다.

어젯밤에 몇몇 사람들이 하는 말을 들었다. 나는 입문자들끼리 나누는 대화를 듣기 좋아한다. 그들의 대화를 통해 그들이 무슨 말을 하고 어떤 생각을 하는지 알 수 있기 때문이다. 그래서 오늘 나는 당신들의 몇 가지 질문에 큰 소리로 대답하려 한다. 나는 지금 화가 난 것이 아니다. 두 그룹의 사람들이 나의 언행에 대해 논하였다. 내 행동이 화가 나거나 성난 것으로 보일 수도 있다. 나는 화가 나거나 성난 것이 아니다. 나는 단지 억양을 높여서 말했을 뿐이다. 나와 함께 있는 것이 지루하거나 후회스럽고 혹은 화가 난다면, 그러지 말라고 단도직입적으로 말할 것이다. 내면에 있는 신이 되는 것은 기쁨에 찬 심장에서 나오는 빛 ― 밝고, 기쁨에 찬, 작위적인 기쁨이 아닌 ― 이 되는 것이며, 그럴 때 삶에 대해 부담이 아닌 평온함을 갖게 될 것이다.

자, 내 말을 들어보라. 맑게 갠 어느 날 아침, 당신은 문득 내가 가르쳤던 것들을 깨닫게 될 것이다. 그리고 당신은 바보처럼 멍하니 그곳에 앉아 있지 않을 것이다. 당신은 껄껄대고 웃기 시작할 것이다. 그 웃음은 아주 깊은 곳으로부터 나오며 당신은 웃음을 멈출 수가 없을 것이다. 웃고 또 웃고 계속 웃을 것이다. 왜냐하면 모든 것이 두렵고 끔찍하다고 생각하는 인간의 심각한 사고방식과는 정반대인 환희를 보게 될 것이기 때문이다. 당신들에게 말하건대, 내가 사랑하는 신은 단 한 번도 어느 누구도 심판하지 않았다. 신은 베푸는 존재이다. 신은 절대 근원이다. 신은 당신에게 "당신이 원한다고 할지라도 가질 수 없다."라고 절대 말하지 않는다. 신은 "벌 받기 전에 회개하라."라고 말하지 않는다. 신은 당신에게, "원하는 것을 갖기 전에 반드시 회개해야 한다."라고 말하지 않는다. 신은 "잘못했다고 말하라. 그러면 나는 그것을 너에게 줄 것이다."라고 절대 말하지 않는다. 예수아 벤 조셉을 십자가에서 내려야 한다. 얼마나 슬픈 모습인가? 그것은 당신에게 죄의식을 심어 주기 위한 것이다.

가르침이 위대한 작업(Great Work)에 임하는 학생들에게 주는 영향

당신들에게 말한다, 당신이 배우고 있는 신은 영원한 생명이고, 그 생명은 너무도 무궁무진하기에 당신이 아직 경험하지 않은 것이 얼마나 많은지 당신은 상상조차 하지 못한다. 당신은 삶의 가장 썩은 부분을 경험해왔다는 것을 알지 못하는가? 만약 당신이 윤회의 굴레에 빠져 똑같은 태도로 살아왔다면, 잠깐 상상해보라 — 상상해 보라, 당신은 여기에 앉아 있고 — 똑같은 당신이 다른 육체를 가지고 수 천생을 살았다는 것을 상상해보라. 얼마나 지루하겠는가! 그래서 당신은 고향에 되돌아갈 수 없는 것이다.

당신은 이 상황을 한순간에 바꿀 수 있는 능력이 있다. 당신이 배우지 않은 것들이 무엇인가 상상해보라. 당신이 알지 못하는 것들이 무엇인가 상상해보라. 당신은 윤회의 굴레에 갇혀 버려, 매번 같은 행동 양식과 사고방식을 가지고 몸만 바꾸면서 끊임없이 윤회해왔다. 당신은 지금까지 당신이 해온 것보다 더 나쁜 일을 할 수는 없다. 삶은 아무런 가치가 없기에 당신이 배우려 하는 모든 것들, 이런 모든 것들을 없애도 괜찮다고 말하는 존재들이 있다. 당신에게 말한다. 만약 당신이 적어도 1,500만 년을 살았거나 여기로 계속 돌아왔다면, 당신은 이미 아주 많은 일을 해보지 않았을까? 당신은 아마도 1,500만 년 동안 누군가를 죽였었고, 물론 누군가로부터 죽임을 당했었고, 건달이었거나 인생의 실패자였거나 강간범이었을지도 모른다. 왕 또는 여왕, 거지 혹은 노예도 되어 봤었을 것이다. 성인이기도 했었으며 어떤 생에서는 죄인이기도 했고, 정숙한 여자일 때도 있었고 창녀였던 적도 있었을 것이다. 당신은 모든 것이었다. 어째서 당신은 아직도 배우지 못한 것들이 있다고 생각하는가? 이러한 모든 경험을 다 해본 후에 당신은 더 나빠지는 것이 아니라, 갈수록 더 위대해 진다.

자, "모든 것이 다 괜찮다."라는 어떤 사람의 말에 대해 생각하지 말자. 이 가르침은 당신이 나쁜 짓을 해도 괜찮다는 말을 하는 게 아니다. 당신은 이미 충분히 나빴었다. 이 가르침은 당신 자신이 그렇다는 것을 알고 앞으로 남은 삶을 어떻게 살 것인가에 대해 말하는 것이다. 당신은 지금처럼 새로운 일은 전혀 하지 않은 채, 매일매일 똑같은 날을 보낼 것인가? 그렇게 자신을 온전히 사랑하지 못한 채, 당신 자신을 만나는 그 순간에도 당신은 도망칠 것인가?

지식은 우리에게 희망을 준다

앞으로 남은 생을 어떻게 살아갈 것인가? 무엇을 할 것인가? 계속 일만 하며 살 것인가? 계속 억눌린 채로 살아갈 것인가? 아니면 계속 다른 사람에게 의지하며 살아갈 것인가? 계속 그렇게 슬픔에 젖어 살아갈 것인가? 사람들이 당신의 존재에 대해 그리고 당신의 어머니와 아버지에 대해 계속 안쓰러운 생각을 갖게 하면서 살 것인가? 무엇을 할 것인가? 자식을 낳고 그 자식들이 태어난 것을 후회하도록 할 것인가? 당신은 죽는 그날까지 무엇을 하며 살 것인가? 어떠한 계획을 가지고 있는가?

어느 마스터가 말했듯이, 가르침은 우리에게 희망을 준다. 왜냐하면 가르침은 우리의 무지를 깨우칠 수 있는 지식을 주기 때문이다. 미신은 무지로부터 나온다는 것을 알지 못하는가? 사다리 밑으로 지나가면 재수 없다는 미신을 믿고 있는 모든 문화를 생각해보라. 신성 모독에 대한 미신을 믿고 있는 모든 문화를 생각해보라. 처녀성에 대한 미신을 믿고 있는 모든 문화에 대해 생각해보라. 피의 희생을 절대적으로 믿고 있는 모든 문화를 생각해보라. 그들을 생각해보라. 이 가르침은 이러한 무지와 미신을 없앨 것이다.

오늘 당신이 배우려고 하는 것은 과학, 신학 그리고 나를 합친 것이다. 당신은 두뇌의 실질적인 기능과 역할에 대해 배울 것이다. 당신은 이 육신을

가르침이 위대한 작업(Great Work)에 임하는 학생들에게 주는 영향

어디에서 얻었으며 이 육신이 죽은 후에 어디로 가는가에 대한 질문에 답을 얻게 될 것이다. 육신은 어디에서 왔는가? 내가 그것을 어떻게 구현했는가? 신통력이 있는 사람과 그렇지 않은 사람이 있는 이유에 대한 답을 얻게 될 것이다. 이것은 새로운 지식이 아니다. 사실상, 오늘날 새로운 지식은 아주 빈약하며, 대부분이 의도적으로 만들어졌다. 사람들이 모든 것을 알고 자각하면 정부는 존속할 수 없기 때문이다. 사람들이 현실을 창조하는 힘을 가지면 상업주의는 더 이상 지탱할 수 없게 된다. 그래서 이 사회에는 인간 내면에 존재하는 신성을 말살하고 개인의 고유한 생각을 없애려는 음모가 도사리고 있다. 모든 사람들이 같은 생각을 하고, 같은 것을 믿고, 같은 제품을 사게 하여 같아 보이도록 만드는 것이다. 모든 사람들이 똑같으면, 통제하기가 쉬워지기 때문이다. 그러나 개개인의 특성이 강해지면, 예측하기 힘들어 진다. 국가 기관은 그들을 대중 속에 가두어야만 구석으로 몰아넣고 분류할 수 있다. 정부는 모든 사람들이 동의할 때에만 권력으로서 존재할 수 있다. 그러나 당신 그리고 이곳 미국인들 모두가 그리스도처럼 깨닫는다면 어떻게 될까? 그러면 여전히 공화당이나 민주당이 존재할까? 국가 채무가 있을까? 의료 보험 제도라는 것이 존재할까?

정권을 계속 유지하려고 하는 사람들에게 미신과 교리를 배척하는 것이 유리할까? 절대 그렇지 않다. 그러한 것들은 사람들을 분열시키고 지배하여, 그들의 통제하에 놓이게 하기 때문이다. 이 가르침은 종교적인 것이 아니다. 이 가르침은 인간의 두뇌와 영성체 그리고 진화의 차원에 관한 것이다. 오늘 이 가르침은 당신의 삶을 바꿀 수 있는 모든 것들이 당신 내면에 있다고 당당하게 말한다. 나를 비롯하여, 여기에 있는 누군가가 당신을 바꿀 수 있을까? 어느 누구도 그럴 수 없다. 당신은 잊혀진 신이다. 비록 그 사실을 잊어버렸을지라도 당신은 여전히 신이다. 그러한 사실을 잊어버린 것 역시 당신 자신이다. 당신은 신이 되어 미지의 것을 깨달아야 하는 책임이 있으며, 또한 자유의지를 가지고 있다. 당신이 오늘 모든 것을 배운 후 그것을 사용하건 사용하지 않건 그것은 당신의 자유의지에 달렸다. 그것은 옳고 그름의 문제가 아니다. 단지 하나의 선택일 뿐이다. 그러나 지식은 우리를 두려움 — 우리로 하여금 아무 일도 할 수 없게 만드는 두려움 — 으로부터 자유롭게 만들어 갑자기 예측 불가능했던 미래를 예측 가능하게 한다.

이제 우리는 내가 화나지 않았으며, 신도 화나지 않았다는 것을 안다. 내가 왜 이런 식으로 말할까? 그렇게 하지 않을 이유도 없지 않은가? 왜 안 되겠는가? 이것은 성대이고 두뇌이다. 두뇌가 성대에 맞게 반응하는데, 왜 안 되겠는가? 이렇게 말하면 안되는 이유가 있는가? 사람들의 또 다른 질문은 내가 무척 큰 목소리로 말한다는 것이다. 나의 목소리가 그러하다. 나는 나이다. 나는 예수 그리스도가 아니다. 그리고 누가 그의 목소리가 크지 않다고 했는가? 그의 목소리도 아주 컸다.

진리는 이론의 실행이다

또 다른 질문이 있다. 당신은 오늘 여기에 다시 올 것인가에 대한 확신이 없었다. 왜냐하면 내가 말하는 것들이 진리인지 아닌지 모르기 때문이다. 진리에 대해 내가 무엇이라고 말했는가? 내가 당신에게 말한 어느 것도 진리가 아니다. 신은 당신이 아는 것만을 알고 있을 뿐이다. 내가 말하는 것을 당신의 방식대로 되게 하고, 그것을 경험을 할 때만, 당신의 유일한 진리가 된다. 그러면 그것은 진리이다. 그것이 당신의 방식대로 일어나지 않는다면, 그것은 결코 진리가 될 수 없다. 그것은 단지 또 다른 뉴에이지 가르침일 것이다. 당신이 그것을 경험하기 전까지는 진리가 될 수 없다. 그리고 의심하는 마음

가르침이 위대한 작업(Great Work)에 임하는 학생들에게 주는 영향

에 맞서기 위해 당신은 많은 진리를 필요로 한다. 정말 그러하다. 자신을 치유할 힘이 있다고 아무리 말해도 그것을 믿지 않는다면 아무 소용 없다. 자신이 부자가 되고 싶다고 아무리 말한들 소용 없다. 부자가 되고 싶다면, 엄청난 부를 나타내는 그림을 그려 그것이 현실로 이루어질 때까지 매일 하루에 한 시간씩 그 그림에 집중해야 한다. 그것이 당신이 해야 할 모든 것이고, 그렇게 하면 부자가 될 것이다. 이것은 또 다른 방식의 집중이다. 당신이 이것을 사용하지 않는 한, 이루어지지 않을 것이며 또한 당신의 진리가 되지 않을 것이다.

그러므로, 나는 진리에 대해 말하는 것이 아니다. 나는 개념에 대해 말하고 있다. 그것은 나에게는 진리였으며 내가 알고 있는 것을 당신에게 전달하기 위해 이 시간대에 맞춰 나타난 것이다. 나에 대한 당신의 믿음이 중요한가? 나를 믿을 필요는 없다. 그것은 요구 사항이 아니다. 당신에게 요구되는 것은 당신 자신을 믿는 것이다. 그리고 나를 이용하라. 나를 하나의 땔감처럼 이용하라. 내가 하는 말을 들어라. 그리고 당신에게 맞는 것만을 선택하여 결정하라. 내가 가르치는 모든 것들을 사용할 필요는 없다. 내가 가르치는 것들이 아무런 도움이 되지 않는다면 나를 욕해도 좋다. 나를 욕하기는 쉬울 것이다.

지칠 때까지 하라. 그런 후 책임감을 가지고, "보라, 정말 내가 이것을 간절하게 원한다면, 나는 반드시 이룰 것이다."라고 자신에게 말하라. 그렇게 일어난다. 완벽한 믿음은 순식간에 일어난다. 완전한 치료, 치유 그리고 회복은 순식간에 일어난다. 당신들 대부분이 그러한 것을 이루는 데 오랜 시간이 걸리는 이유는 무엇인가? 의심과 불안으로 가득 차 있기 때문이다. 그러한 의심과 불안을 완전히 없앨 수 있다면 당신이 원하는 것들을 순식간에 이룰 수 있다. 당신이 그것을 구현하는데 그 정도밖에 걸리지 않는다.

당신은 여기(1 차원)에 있다. 이 타임라인에서는 무엇인가를 구현하는데 오랜 시간이 걸린다. 만약 당신 육체가 여기(1 차원)에 있고 의식은 여기(7 차원)에 있다면 어떻게 될까? 당신이 7 차원에 있는 존재들과 같은 믿음을 가지고 있다면 어떻게 되겠는가? 우리는 그들을 마스터라 부른다. 그들은 육체를 가지고 살지만, 의식과 에너지는 7 차원에 있다. 그들은 여기에서 물리적 육체를 가지고 7 차원의 의식과 에너지를 사용한다. 그들의 육체는 여기(1 차원)에 있지만, 의식은 여기(7 차원)에 있어 그들이 무엇인가 말을 하면, 그것은 순식간에 구현된다. 당신이 1 차원에 머물면서 단지 먹는 것과 외모 그리고 중독에만 빠져 있다면 자신이 원하는 것이 일어나는데 얼마나 오랜 시간이 걸리는 줄 아는가? 당신들 대부분이 너무도 성급하여, 제로 포인트와 하나가 되는 것에는 전혀 시간을 보내지 않고 꿈을 꾸는 것에만 대부분의 시간을 보낸다. 그래서 당신은 계속 1 차원에 머무는 것이며 당신의 타임라인 또한 그런 식으로 흐른다.[1] 그렇다면 그것은 어떤 방향으로 흐를까? 그것은 미래와 반대방향인 과거로 흘러간다. 그렇기 때문에 오랜 시간이 걸리는 것이다.

학교에 다니는 학생들 중에 자신이 원하는 것을 이루지 못한 사람들이 있다. 왜 그럴까? 그들이 구현한 것들이 여기(1 차원)가 아니라 여기(4 차원 이상)에 머물러 있기 때문이다. 그들은 다른 면에서는 참으로 훌륭하다. 그들은 정말로 특별하다. 그들은 어떤 가르침들에 대해서는 완전히 이해하여 그것들을 육체로부터 여기(4 차원)까지 끌어올린다. 그러한 이해력을 가지고, 무엇인가에 집중하면 순식간에 그것을 구현한다. 그들은 그들의 의식을 여기(1, 2, 그리고 3 차원)로부터 여기(4 차원 이상)까지 진화시켜왔다. 그들의 마음은 이 차원(4 차원)에서 발전해가고 있다. 하지만 그들의 마음 모두 그곳에 있는

---

1   그림 22. 시간의 화살

것은 아니다. 많은 부분이 아직도 여기(낮은 차원들)에 머물러 있다. 무에서 유를 창조할 수 있는 사람들이 있겠지만, 그들에게 자신을 치유하라고 하면 어떤 일이 일어나겠는가? 당신들은 무에서 유를 창조할 수 있는 그런 사람들에게 감동하여 그들을 만나길 원할 것이다. 하지만 내가 그들에게, "저 사람을 치유하라."라고 말한다면 어떻게 될까? 갑자기 그들의 수용 능력은 이 차원(4차원)에서 이 차원(1차원)으로 떨어질 것이다. 왜 그럴까? 그들은 어떤 것은 받아들이지만 다른 어떤 것은 받아들이지 못하기 때문이다. 그들은 그들 자신이 받아들일 수 있는 것들은 순식간에 구현할 수 있지만, 그렇지 않은 것들은 금방 구현하지 못한다.

그렇다면 당신은 어떠한가? 당신도 마찬가지이다. 나는 오늘 당신에게 모든 지식을 전달할 것이다. 그러면 당신은 이 세상 사람들의 99.9%보다 두뇌에 대해 훨씬 더 많은 것을 알게 될 것이다. 그리고 어느 누구도 알지 못하는 7개의 몸에 대해서도 알게 될 것이다. 그런 다음에 당신은 훈련하는 것을 배우고 이곳을 떠날 것이다. 그 후 당신은 원하는 것 세 가지와 바꾸고 싶은 것 세 가지를 이룰 것이다.

만약 당신이 자신을 절대적으로 받아들일 수 있는 상태로 끌어올린다면 원하는 것들을 순식간에 이룰 수 있을 것이다. 여기를 떠나는 날부터 모든 것들이 무너지고 엉망진창이 되기 시작할 것이다. 왜냐하면 당신의 현재를 묶어주고 유지하는 끈끈이는, 에너지와 당신의 집중력이기 때문이다. 당신이 어떤 것에 대한 초점을 바꾸는 순간, 그것으로부터 집중력이 떨어져, 모든 에너지가 흩어진다. 당신의 대인 관계가 변하기 시작할 것이며, 회사에서 해고당하고, 키우던 고양이가 당신의 다리를 물 것이고, 새는 날아가 버리고, 개는 광견병에 걸릴 것이다. 모든 것들이 와해될 것이다.

이러한 일들이 일어날 수 있다는 것을 예상하라. 왜 그런지 아는가? 많은 것들이 망가지는 것을 보는 순간이 바로 그것에 대한 태도를 바꾸었다는 것을 의미하기 때문이다. 당신이 그것에 대한 태도를 바꾸는 순간, 그것은 떨어져 나간다. 모든 것들이 허물어질 것이다. 만약 당신이 여기에서 같은 태도를 고집한다면, 이전과 같은 에너지를 다시 형성할 것이다. 그것이 당신을 병들게 한 바로 그 에너지이다. 만약 당신이 무분별한 삶을 믿고 산다면 그것이 당신의 건강을 해치는 것이라는 경고를 듣는다 해도, 당신은 항상 그러한 상태로 있을 것이다. 반면 파괴를 일으켰던 에너지 — 그것은 같은 에너지이지 새로운 에너지가 아니다 — 에 대해 초점을 바꾸는 그 순간 그 에너지는 더 이상 파괴를 하지 않게 될 것이다. 마음이 바뀌면, 그 에너지는 흩어지고 찬란한 건강의 에너지로 다시 모이게 된다. 몇 명이나 내 말을 알아들었는가? So be it.

    자, 덧붙여 말하자면, 나는 러너들을 좋아한다. 많은 사람들이 원하는 만큼 자주 러너를 보내지는 않지만, 당신이 여기에서 배운 내용을 모두 가르칠 수 있는 러너들을 보낼 것이다. 언제나 그들을 축복하라. 누군가가 당신에게 호통칠 때 문득 그들이 하는 말들이 사실이라는 것을 깨달으면 웃으며 그들을 안아주어라. 그들이야말로 러너이다. 그들을 때리거나 밀치지 마라. "당신의 말이 맞아. 일깨워줘서 고마워!" 그렇게 말한다면 당신의 적은 어떻게 반응할까? 적을 안아 준다면 그들은 더 이상 당신에게 적개심을 갖지 않을 것이다. 그들의 무례함에 감사해 한다면 더 이상 적이 있을까? 내 말을 알아들었는가? So be it.

    자, 우리가 오늘 — 당신들에게 들었던 또 다른 이야기가 있지만 그것에 대해서 말하지 않겠다 — 배우려고 하는 가르침에 대해 아주 세심한 주의를 기울여라. 당신이 배운 것과 관련하여 옆 사람과 심도 있게 대화하라. 그러면 배운 것들을 쉽게 잊지 않을 것이다. 어떤 것이건 그것에 대한 사전 지식이 없다면 당신은 아무것도 구현하지 못할 것이다. 알겠나? 몇 명이나 내 말을 이해하겠는가? So be it.

제 6 장
오라장

인간의 육체를 감싸는 에너지 밴드

오라장(場)이라는 말을 들어본 사람이 있는가? 손들어보라. 오라장, 오라를 찢을 수 있다고 믿는 사람들은 손을 들어보라. 그렇게 믿는 사람들이 있는가? 어떻게 에너지를 찢을 수 있을까? 어떻게 생각을 찢을 수 있을까? 오라는 에너지 밴드를 일컫는 형이상학적 용어로써 그것은 본질적으로 두 겹으로 이루어져 있으며 모든 인간의 주위를 감싸고 있다. 이것이 에너지 밴드의 모습이다.[1] 이것이 당신이라고 가정하면, 당신은 육체를 둘러싸고 있는 에너지, 즉 두 개의 밴드를 가지고 있다. 다시 말해서 이것은 단순히 회색 오라, 푸른색 오라, 무지개색 오라가 아니라는 말이다. 이것은 에너지에 대한 아주 구체적인 설명이다. 왜냐하면 오라는 실제로 여러 가지 다른 차원 의식과 그에 따른 주파수를 가지고 있기 때문이다. 자, 팔을 옆으로 벌려보라. 양팔을 옆으로 벌린다. 바로 그것이 당신 육체를 둘러싸고 있는 장(場)의 넓이이다. 다시 양팔을 벌리고 당신의 장(場)안에 누가 들어와 있는지를 보라. 이것을 집단 사회의식이라고 할 수 있을까? 우리는 정말로 그렇게 말할 수 있다. 주위를 둘러보라. 이제 옆을 보라. 양옆을 보면서 당신의 장(場)에 누가 들어와 있는지 보라.

---

1   그림 16. 분리된 마음 - 이미지로 사는 것

당신의 손끝까지 뻗어 있는 이 장(場)은, 사실 두 개의 밴드로 구성되어 있다. 첫 번째 밴드는 여기(팔꿈치)에서 끝나고, 두 번째는 여기(손가락 끝)에서 끝난다.[2] 이 장은 모두 당신 주위를 둘러싸면서 움직인다. 오라장은 손가락 끝, 혹은 손끝 가까운 곳에 있는 장 외에는 육안으로 볼 수 없다. 검은 천이 달린 벽에 두 사람을 세운 후 작은 등 하나만 키고 반대편 끝에서 그들을 바라본다면, 낮은 진동수로 육체를 둘러싸고 있는 첫 번째 밴드를 볼 수 있을 것이다. 실제로 그것을 볼 수 있을 것이다. 불빛 때문에 보이는 것이 아니다. 단지 그것이 두뇌에 보이기 때문에 보이는 것이다. 이해하는가?

어제 배웠던 일곱 가지 차원에 대해 기억하는가?[3] 당신들 중 몇 명이나 기억하는가? 처음에는 보이드가 숙고하는 모습을 손으로 따라 했으며, 그다음에는 그것을 그림으로 그렸던 것을 기억하는가? 만약 당신이 우리가 시작했을 때를 기억한다면, 두 점 사이에 존재하는 에너지에 대한 이야기가 생각날 것이다. 몇 명이나 기억하는가? 우리는 그것을 시간이라고 말했다. 우리가 에너지를 다음 차원으로 끌어내려 느리게 한다면 어떤 일이 일어나는지 기억하는가? 어떤 일이 일어나는가? 우리가 에너지를 이 시간의 장(6차원)으로 끌어내리면 그 에너지에 어떤 일이 일어나는지 옆 사람에게 말해보라.

에너지를 밑으로 끌어내려 느리게 한다면, 그것은 스스로 이런 모양으로 감길 것이다.[4] 파동처럼 움직이는 그 에너지의 모습을 뱀처럼 움직인다고 말한다. 만일 우리가 모든 원자핵을 여기에서 시작하여 제일 밑으로 끌어당기면, 과학은 생명에 대하여 무척 당황해 할 것이다. 그들은 소립자, 원자 입자 — 그들은 그것을 아원자장이라고 부른다 — 에 대해 당황해 할 것이다.

---

2 팔을 최대한 양 옆으로 뻗으면, 첫 번째 밴드는 팔꿈치 부분에서 끝나고, 두 번째 밴드는 손가락 끝 부분에서 끝난다.
3 그림 9. 제로 포인트로부터 의식과 에너지의 하강
4 그림 11. 일곱 차원에 존재하는 에너지

오라장

그림 16. 분리된 마음 — 이미지로 사는 것

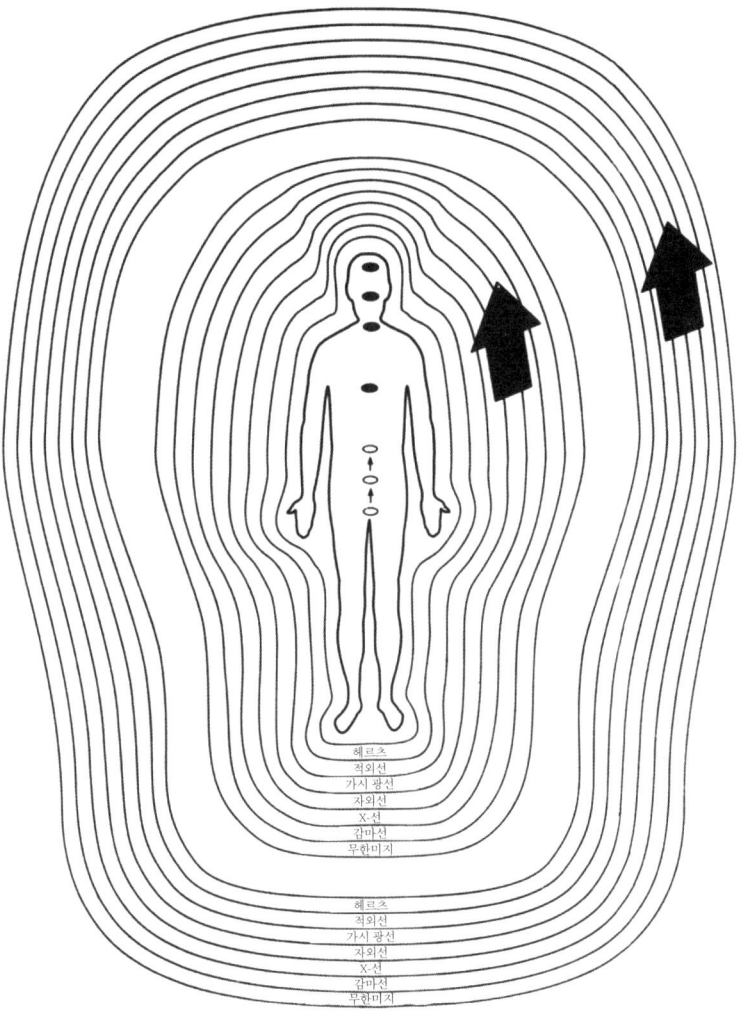

당신들 모두는 원자가 어떻게 생겼는지 알고 있다. 원자를 쪼갠다면, 우선 전자와 양성자로 쪼갤 수 있다. 만약 원자 껍질과 그곳의 탄력을 없애 원자를 벗겨낸다면, 실질적으로 원자를 여기(1차원)부터 시작하여 여기(7차원)까지 쪼갤 수 있다. 그리고 모든 부분은 그것에 해당하는 시간 차원과 동등하다. 몇 명이나 이것을 이해하는가?

과학은 생명을 미세한 것으로부터 시작하여 큰 것을 이해하지 않고, 큰 것으로부터 시작하여 미세한 것을 이해하려고 한다. 알겠는가? 졸지 마라. 여기 이 칠판이나 당신의 육체를 포함한, 모든 물질들은 원자로 구성되었으며, 만약 당신이 원자들을 형제애로 똘똘 뭉치게 하여 응결시킨다면, 이러한 원자들은 거친 물질을 창조한다. 그러면 거친 물질은 분자를 만든다. 분자는 세포 조직을 만든다. 몇 명이나 이해하겠는가? So be it.

그래서 당신의 몸에서 아주 작은 세포를 떼어낸다고 하더라도 아원자에 비하면 그것은 여전히 거대하다. 내 말을 이해하는가? 아름다운 학생들이여, 그것이 무엇을 의미하는가? 이는 모든 생명이 의식과 에너지가 입자의 형태로 응결되어 형성되었다는 것을 말하는 것이고, 과학은 이러한 입자들이 어떻게 형성되었는가를 알려고 한다. 하나의 원자가 어떻게 또 다른 원자와 결합하여 전자를 공유할 수 있을까? 그들은 어떻게 그것을 알 수 있을까? 다시 말해, 원자의 배후에 어떤 지성이 있는 것일까? 당신의 육체 또한 원자로 만들어졌는데, 당신이 입고 있는 옷과 피부는 왜 다르게 느껴지는 것일까? 당신에게 말하건대, 모든 원자는 의식에 따라 다른 원자와 관계를 형성한다. 즉 의식이 바로 그들을 함께 묶어주는 양식이다.

에너지는 움직이는 의식이라는 것을 기억하라. 그것은 움직이는 것이다. 그렇기 때문에 에너지가 있다면, 거기에는 필연적으로 의식이라 불리는 장(場)이 존재한다. 그래서 모든 원자와 원자의 궤도까지, 즉 원자를 구성하는

오라장

모든 부분은 마음을 가지고 있다. 이렇듯 모든 원자 구조는 마음을 가지고 있다.

하나의 원자를 만들기 위해 전체 피라미드가 필요하고, 원자장을 응결시키기 위해 시간과 마음이 필요하다는 것을 우리가 이해한다면, 이 세상에 있는 모든 것들이 어떻게 만들어졌는지 쉽게 설명할 수 있다는 것을 알게 될 것이다.[5] 우리는 모두 자유로운 형태의 에너지를 가지고 있다. 우리는 초월적 지성을 가지고 있으며 하나의 생각에 집중하면 그것은 하나의 생각체가 되고 그 생각체는 에너지의 주군이 된다. 그리고 에너지는 변화하여 관계를 형성하고, 생각의 패턴을 채우기 위해 응결된다. 내 말을 이해하는가? 모든 나무, 모든 곤충, 모든 모래알들은 초월적 지성으로부터 나온 것이다. 모든 모래는 입자라는 형태로 된 응결된 에너지이지만, 그것을 결속시키는 것은 마음이다. 마음이 원자장에서 입자들을 연결시킨다. 입자가 자신을 스스로 끌어당기게 되는 것이다. 몇 명이나 내 말을 이해하는가?

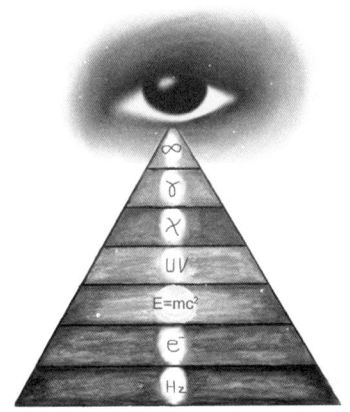

---

5 그림 11. 일곱 차원에 존재하는 에너지

예수아 벤 조셉의 기적

거대한 것들은 눈에 보이지 않는 것들로 만들어졌다. 눈에 보이는 것들은 보이지 않는 것들로 만들어졌다. 눈에 보이는 것들을 바로 잡기 위해, 당신 자신이 처한 현실의 풍경을 바꾸기 위해, 이러한 것들을 잘라 버리라는 것이 아니다. 우리 삶 밖으로 모래를 쓸어 버리라는 것이 아니다. 큰 구조에 맞춰 우리의 마음을 바꾸는 것에 관한 것이다. 그러면 큰 구조는 무너지고 그것은 새로운 형태를 취하기 위해 새로운 관계로 다시 응결한다. 이 말을 이해하는가?

자, 그러면 다른 차원들은 어디에 있을까? 이 빠른 시간들은 어디에 있을까? 예수아 벤 조셉이 그리스도가 되었을 때, 그가 행했던 일은, 여기(7차원)의 흐름 속에 사는 것이었다. 그의 육체는 여기(1차원)의 시간 흐름 속에 있는 모든 입자들로 구성되었다. 그는 그의 의식과 마음을 줄곧 7차원인 이곳까지 끌어올리는 데 남은 생을 보냈다. 그리하여 그는 이 왕국(7차원)에 흐르는 마음과 이 왕국(6차원)에 흐르는 의식을 불러일으킬 수 있었다. 그는 그 의식을 자신의 3차원적인 두뇌로 받아들일 수 있었기에, 3차원적인 사람처럼 생각하는 대신 6차원적인 신처럼 사고했다. 내 말을 이해하겠는가?

바로 여기 이 왕국(6차원) — 졸지 마라 — 이 천국은 이 천국(1차원)과 굉장히 달라 보인다. 왜 그럴까? 그곳에는 상상조차 할 수 없는 생명체들이 있는데, 당신은 그것들을 떠올릴 어떠한 참고기준도 없기 때문이다. 당신이 상상할 수 있는 유일한 것은 여기(1차원)에 있는 것뿐이다. 이 왕국(6차원)과 그것의 신비함, 무한함 그리고 영원함을 창조한 마음은 이 존재가 여기(1차원)에서 발전시킨 것과 똑같은 마음이다. 예수아 벤 조셉이 생명을 어떤 식으로 보았는지 살펴보라. 그는 어떤 것을 보더라도, 그것은 정확히 자신의 생각과 일치하는 것이 되리라는 걸 알았다. 내 말을 이해하는가? 맹인을 만났을 때 맹인은 그에게 눈을 뜨게 해달라고 간청하였다. 그러자 그는 허리를 굽혀 진흙을 주워 그것에 침을 뱉었다. 그는 진흙과 침, 이 둘의 입자 관계에 새로운 생체장을 만들었던 것이다. 예수아 벤 조셉은 진흙을 주워 빚은 후 장님의 눈에 붙이는 내내 장님의 완전한 시력을 보고 있었다. 그리하여 진흙은 완전한 시력을 위한 촉매제가 된 것이다. 내 말을 이해하는가? 그가 맹인의 눈에 그 진흙을 바르자, 생체장 또는 형태장은 시신경이 후두엽에 연결되도록 순식간에 복원되어 맹인이 눈을 뜰 수 있었던 것이다. 이해하겠는가?

그래서 우리는 그를 기적을 행하는 사람이라 부른다. 예수아 벤 조셉처럼 입자장과 연결되어 매일매일을 보낼 수 있다면 얼마나 강력할까? 그는 어떻게 그러한 일을 할 수 있었을까? 그는 길을 가다가 눈에 보이는 것이 있으면 — 순간적으로 선택한다 — 그 광경을 있는 그대로 받아들일 것인지 혹은 그것을 바꿀 것인지 알아차렸다. 길을 가다가 흙먼지가 일어날 때 그것이 재미있다고 생각되면 그것을 그대로 받아들인다. 내 말을 이해하는가? 먼지는 변하지 않는다. 길을 가다가 먼지가 일어난다고 해서 짜증낸 적이 얼마나 많은가? 그렇게 짜증나면 더욱더 화가 나지 않는가? 그가 군중에게 다가가 가르침을 전하고 먹을 것을 나눠 주려 했을 때 — 잘 들어 보라 — 오천명의 사람들이 모였고, 단지 한 조각의 빵과 한 마리의 생선밖에 없다면, 당신은 뭐라고 하겠는가? 이럴 때 당신은 어떻게 했을까? 당장 시장으로 가자고 할 것이다. 그렇지 않은가? 그러나 그는 마음과 물질 간의 상관관계를 알고 있었던 마스터였기에, 그가 한 일은 오직 자신이 본 것에 대한 그의 마음을 바꾸는 일이었다. 그리하여 그의 마음속에서 빵과 물고기는 중식을 위한 씨앗이 되었다. 그가 그것을 씨앗으로 보는 한, 그는 빵과 물고기를 무한히 공급할 수 있었다. 내 말을 이해하는가? 그러면 그러한 공급은 어디에서 오는 것인가? 생선 한 마리와 빵 한 조각에서 왔다. 그가 했던 일은 그것을 무수히 만들어 내는 것이었다. 그는 흩어지고 재응고되는 에너지를 취해 생선과 빵으로 응결시키는 틀을 만들어 그것들을 모방해 계속 만들 수 있었다.

잠시 생각해보라. 누군가가 장미에게 장미가 되라고 말했고, 누군가가 장미에게 어떤 향기를 가지라고 말했으며, 또 다른 누군가는 머리 속에서 장미를 붉은 벨벳으로 묘사하였다. 누군가가 그 일을 했던 것이다. 장미는 저절로 피어난 것이 아니다. 그것은 장미가 되도록 창조되었던 것이다. 이뿐만 아니라 나무와 새, 물 그리고 모든 자연이 그러한 방법으로 창조되었다. 누군가가 그것들의 진화에 대해 집중했었다. 그자들이 누구일까? 바로 당신이다. 당신이 그것을 기대했던 것이다. 이 말을 이해하는 사람들은 손들어보라.

예수아 벤 조셉은 6차원까지 도달한 마스터였다. 그는 단지 마스터였을 뿐, 그리스도가 된 적은 없었다. 그리고 그의 역할은, 어려운 일이지만, 그의 마음으로 현실과 맞서는 것이었다. 당신의 생각이 당신 주위에 있는 모든 생명에게 영향을 미친다고 말한다면, 그리고 잠시 멈추고 그것에 대해 숙고한다면, 당신의 생각으로 인하여 삶이 어떻게 고정되는지 알 수 있을 것이다. 도시로 가기 위해 차를 몰면서 도시가 나올 것이라는 예상을 하면, 곧 도시가 나타난다. 거지를 볼 것이라고 예상하면, 거지는 반드시 그곳에 있을 것이다. 가는 도중에 고장 난 차가 도로에 있을 것이라고 예상하면, 당신은 반드시 고장 난 차를 보게 될 것이다. 그것이 사실이고 당신에게 그러한 힘이 있다는 것을 안다면, 매일 마음으로 물질적 현실을 거부하고 그것을 덮어씌워야만 했던 존재나, 존재들에게 입문이 어떠했을지를 상상해보라. 그들의 마음은 아주 강력하여 그곳에 없던 것을 만들 수 있었다.

대단하지 않은가?

　당신의 현실이 당신보다 더 강하다고 생각하는가? 그렇지 않다. 당신이 더 강하다. 그러나 당신의 에너지는 어디에 있는가? 당신의 에너지는 삶에서 당신이 받아들인 평범한 것들에 있다. 당신은 질병을 받아들이고, 걱정거리들을 받아들이고, 자신의 한계를 받아들인다. 그리고 당신은 그것들을 받아들이기 때문에 그것들을 동결시킨 후, 그 에너지를 하나의 관계에 가두어 버린다. 이러한 것이 당신이 일상적으로 하는 일이다. 당신은 신이다. 그럼에도 당신은 그런 일을 하고 있다. 그러나 매일 아침에 일어나 당신이 처한 현실을 거부하고 평범했던 일들을 놀랄만한 일들로 바꾼다고 상상해보라. 그 다음 날 일어나면 몇 가지는 변하겠지만 모든 것이 다 변한 것은 아닐 것이다. 그렇다고 이전으로 돌아가 지루한 현실을 받아들일 것인가? 아니면 어떤 생명체든, 어떤 상황의 에너지 장이든 받아들여서 순식간에 변화시킬 수 있는 강력한 마음을 창조할 것인가? 그러기 위해선 무엇이 필요할까? 그것은 눈에 보이는 것에 대해 집중하는 것이 아니라, 당신이 보기를 원하는 것에 대해 끊임없이 집중하는 것이다.

양자역학에서의 관찰자 효과

　양자역학 — 양자란 역학적인 활동을 하는 에너지의 작은 다발을 의미한다 — 은 숭고한 과학이며, 이 학문은 과학계에서 지지를 받아 점차 입지를 넓혀가고 있다. 아이작 뉴턴의 현실장(場)과 양자역학의 다른 점은, 양자역학에서는 과학자들이 경험했듯이 입자가 어떻게 될 것이라고 생각하면 그렇게 된다 — 항상 그러하다 — 는 것이다. 그래서 과학자들은 입자의 행동이 절대적으로 관찰자에게 달렸음을 이해하기 시작하였다.

과학자가 빛을 가지고 실험한다고 상상해보라.[6] 그 과학자는 보드판을 꺼내 슬릿(가늘고 긴 틈새)을 만든다. 이것을 어떻게 했는지 보여줄 것인데, 아주 재미있다. 그는 보드판을 사이에 두고 광자들을 쏘아 보내려 한다. 이것은 보드판이고 여기에 벽면이 있다. 그는 조그마한 광자 기계를 가지고, 보드에 매우 가는 슬릿을 만들어, 빛을 쏘면 빛은 직선 방향으로 뻗어 나갈 것이다. 빛이 장애물을 통과한다면, 벽면에 나타나지 않을거라 여겨지는 부분에도 작은 점들이 보일 것이라 예측하여, 그것을 관찰하려고 했다. 이제 그는 기계를 작동시켜 광선을 쏘았다. 그러면 빛이 어떻게 하는지 아는가? 빛은 슬릿을 피해 벽에 부딪힌다. 그것은 매우 놀랄만한 일이었다. 그는 말했다. "빛은 자신만의 마음이 있었어. 빛이 그렇게 하는 것을 어떻게 알았던 것일까? 음, 이것을 치워봐야겠다." 그는 슬릿을 막아버려 빛이 더 이상 통과할 수 없게 하였다. 그런 다음 그는 기계를 켜서 빛을 쏘았고 벽면은 빛으로 포격당했다.

그다음 그 과학자는 또 다른 실험을 했다. 빛에게 두 개의 선택권을 준 것이다. 그는 여기에 슬릿을 만들고 그 밑에 또 다른 슬릿을 만든 후 다시 빛을 켰다. 그러자 빛의 절반은 이 슬릿을 통과하고, 다른 절반은 다른 슬릿을 통과했다. "빛이 그렇게 하는 것을 어떻게 알았던 것일까?" 그렇게 하는 것을

---

[6] 1803년 토머스 영은 이중 슬릿을 통하여 빛이 본질적으로 파동임을 입증했다. 이어서 알베르트 아인슈타인은 막스 플랑크의 연구를 이어받아 빛은 광자라 불리는 입자들로 구성되어 있다고 결론지었다. 그럼에도 알베르트 아인슈타인은 영(Young)의 실험을 부정할 수 없었다. 이 두 과학자의 발견은 파동―입자의 이중성이라는 문제를 불러일으켰다. 그것은 빛이 파동이냐 입자냐에 관한 문제였다. 1924년 닐스 보어, H. A. 크라메르스, 존 슬레이터는 문제의 파동이 확률 파동이라면 입자 ― 파동의 이중성이 해결될 수 있다고 제안했다. 확률 파동은 임의의 순간에 입자가 붕괴되는 장소를 확률적으로 보여준다. 결국 에르빈 슈뢰딩거와 하이젠베르크의 연구 결과를 바탕으로 양자역학 이론이 발전하고 응용되었으며, 그 덕분에 한 원자의 위치와 특징적 에너지 레벨을 정확히 예측할 수 있었다. 양자역학의 연구로부터 나온 가장 중요한 결론은 현실의 본질에 관한 관찰자의 역할이다. 데이비드 봄은 그의 저서 《Wholeness and Implicate Order》(London: Routledge, 1980), p.134, 에서 "오히려 가장 중요한 것은 쪼갤 수 없는 전체성이다. 즉, 관찰 도구는 관찰되는 대상과 분리될 수 없다는 것이다."라고 결론 내렸다. 몇몇 근대의 양자역학 물리학자들은 물질계 안에서 의식의 관계와 역할에 대해 탐구함으로써 관찰자의 역할을 매우 중요하게 여기고 있다. 아밋 고스와미의 《The Self―Aware Universe》(New York: Tarcher/Putnam, 1995)를 참고할 것.

어떻게 알았단 말인가? 빛의 입자들을 관찰하는 관찰자는 누구인가? 누구인가? (청중: 그 과학자요.) 더 큰소리로 말하라. 맞다. 그 과학자는 빛에게 무엇을 하려고 했는가? 실험을 하려 하지 않았는가? 그는 마음속에서 빛이 통과하는 방법을 생각하고 있지 않았을까? 그랬을까? 자, 만약 그랬다면 그의 마음이 바로 그 빛이 하려고 했던 일이었다. 과학자는 빛이 그 슬릿을 통과하리라 여겼기 때문에, 빛은 그 슬릿을 통과해야 한다는 것을 알았다. 이해했는가? 몇 명이나 이해했는가?

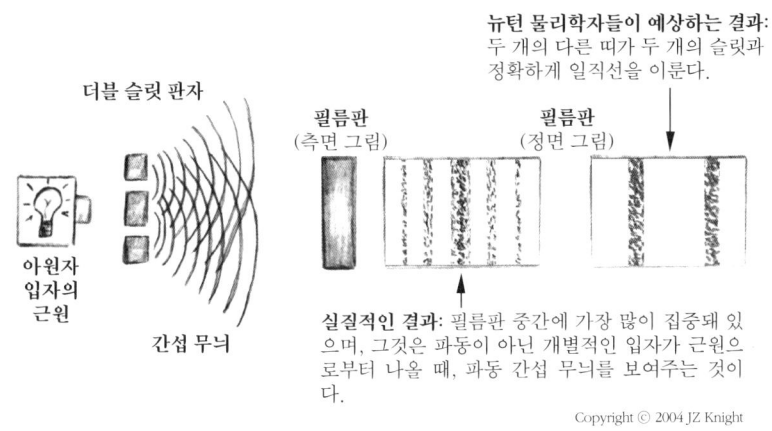

그림 17. 이중 슬릿 실험

이제 과학은 이것을 관찰자 효과라고 하며 그에 따르는 많은 것들을 이해하기 시작했는데, 이것은 제로 포인트와 거울 의식을 이해하는데 중요하다. 그들이 수소 원자와 그 주위의 전자에 대하여 항상 내렸던 결론은 공전하고 있는 전자들이 언제나 궤도 안에 있다는 것이다. 왜냐하면 그들이 이것에 대해 연구했을 때 전자가 원자핵 주위에 다양한 궤적을 그리는 것을 보았기 때문이다. 그런데 그들은 관찰자가 언제나 입자들에 영향을 준다는 사실을 깨 닫고 나자 다음과 같은 결론을 내렸다. 원자 주위를 돌고 있는 것은 입자라기 보다는 전자구름이다. 다시 말해 그것은 구름처럼 움직였을 뿐이다. 그들은 옳았다. 그들이 언제 전자를 발견했는지 아는가? 그들이 전자가 그곳에서 발 견되리라 예측한 순간이었다. 그럴싸하지 않은가?

자, 우리가 등을 돌리면 이 모든 원자들이 어떤 일을 할지 상상해보라. 당 구대를 떠올려 보라. 당신이 고개를 돌려 그것을 보면, 모든 공은 제자리에 있다. 당신이 등을 돌리자 그것들은 희미해져 버린다. 당신이 고개를 돌려 그것들을 바라보는 순간, 그것들은 다시 원래 상태로 되돌아간다. 이것이 그 들의 방식이다. 당신이 자고 있는 동안에도 지구가 여전히 둥글다는 것을 어 떻게 아는가? 당신이 여전히 이곳에 있을 거라고 어떻게 아는가? 이것은 과 학에 있어 위대한 도약이었다. 만약 그것이 옳다면, 그들은 다음 차원으로 나아가 삶을 창조하는 것은 당신이라고 말해야 하기 때문이다. 하지만 그들 이 어떻게 감히 그렇게 말할 수 있을까? 그들은 화형 당하거나, 총살대에 오 르게 될 것이다. 그렇게 말하는 것은 이단이기 때문이다. 하지만 그것은 진 실이다. 그런데 대부분의 사람들은 형상에 끊임없이 매달리고 있다. 그것이 어떤 법인지 아는가? 당신은 형상에 복종해야 하고, 그 형상을 부수는 것은 법에 어긋나는 일이라고 그 법은 말한다. 당신은 합의된 법에 의해 움직이고 있는 것이다. 당신은 그런 방식에 동의하고 있다. 몇 명이나 이해하겠는가? 그리고 만약 당신들이 이 장(場)들에 영향을 미치고 있다면, 무엇으로 그렇게 할까?

예수아 벤 조셉이 자신의 마음을 높은 상태로 끌어올린 후 그 상태를 유 지했을 때, 그는 사실상 이 세상에 속한 것이 아니라, 이 세상에 머물렀던 것 이다. 그의 영적 자아는 여기(6 차원)로부터 나온 반면 그의 육체는 여기(1 차원)에 머무르고 있었다. 그래서 그가 여기(6 차원)에 이를 때까지는 죽을 수 없었던 것이다. 그것이 최후의 시험이었다. 그는 마지막 입문으로써 죽는 것에 동의해야 했던 것이다. 진정한 최후의 시험이 아닌가? 당신이라면 죽음과 어떻게 맞서겠는가? 우선, 당신은 죽어야만 한다. 그렇지 않으면 그것은 시험이 아니다. 그렇지 않은가?

그 시험이 얼마나 두려웠을까 상상해보라. 당신들 중 어느 누구도 그러한 일을 할 수 없을 것이다. 신을 이 세상에 완전히 구현시킨 모습이 어떠한 것인가를 상상해보라. 그는 어떻게 그런 일을 할 수 있었을까? 그의 마지막 시험은 모든 사람들 앞에서 죽는 것이었다. 그의 마음은 그렇게 강력했으며, 그는 그런 마음을 '내 안의 하느님 아버지' — 그의 내면에 존재하는 하느님 아버지는 바로 여기(제로 포인트)에 있는 존재이며 우리 모두의 안에 존재한다 — 라 불렀다. 그의 마음은 아주 강력하여 그의 육체가 죽어 부패하는 것도 허용할 수 있었다. 그리고 그는 적당한 때가 되면 육체와의 관계성을 회복하여 육체를 복구하려 했다. 그것이 가능할 수 있을까? 학생들이여, 그것이 정말 가능할까? 과학자들이 우리가 입자에 영향을 준다고 말한 것에 따른다면, 그것이 정말 가능할까? 물론이다.

여기에서의 허점이 어디에 있을까? 그것은 우리가 삶에 대한 두려움으로 한 번도 제대로 살아가고 있지 않다는 데 있다. 죽음에 대한 두려움 때문에 우리는 한 번도 제대로 살고 있지 않다. 여기 이 자리에 있는 사람들 중에 "내 시체를 눕혀라. 그러면 나는 부활할 것이다."라고 말할 수 있는 그러한 현실을 어느 누구도 만들지 못했기 때문에, 그런 능력을 가지고 있는 사람은 여기에 없다. 어느 누구도 그런 경지까지 진보하지 못하였다. 아직 그렇게 살아본 적이 없기 때문이다. 그 당시 예수아 벤 조셉이 가지고 있던 육체는 어떤 모습이었을까? 그의 육체가 삼일 동안 부패한 후에 그는 다시 부활하였다. 부활한 것은 무엇이었을까? 어제 우리가 그린 피라미드의 그림을 다시 보라.[7] 어제 나는 우리가 여기 이 시간으로 하강하였다고 말했었다. 정말이다. 우리 모두는 그렇게 하강해왔다. 하강하면서 우리 모두는 흔적을 남겼다. 그 말은 제로 포인트에서 1 차원까지 하강하는 동안 우리는 각각의 차원을 구성하는 환경과 마음의 원인이 되었다는 것이다. 그래서 우리는 이미 각기 다른 시간의 틀에 맞는 육체를 가지고 있다. 각 차원마다 그곳에 해당하는 다른 육체가 이미 존재한다. 믿기 어려운가? 우리는 여기에서 인간의 육체를 가지고 있다. 우리는 여기, 여기, 여기, 여기, 여기 그리고 여기(일곱 가지 모든 차원)에 육체를 가지고 있다. 그러한 육체는 우리가 남겨 두고 온 흔적이다. 그것은 마음이며 그것들은 똘똘 말려 있고 펼쳐지기를 기다리고 있다. 마치 이 작은 것이 말려 있는 것처럼 말이다.[8]

집중에 의해 이러한 차원에 존재하는 육체와 접촉하는 그 순간 — 우리의 수용 능력이 이러한 차원 중 하나와 동등해질 때 — 우리는 그 차원에서 새로운 환경을 펼치기 시작하며, 그것은 의식의 흐름이 되어 우리 두뇌 안에 있는 파충류 뇌로 흘러간다. 그것은 마음의 흐름이며, 여기로 흘러 신피질을 활성화한다. 이런 차원과 접촉할 때 그곳이 아주 익숙하다는 느낌이 들면서 육체를 남겨 두고 온 것에 대해 의아한 생각이 들 것이다. 그러나 그곳을 떠나면 그것이 다시 여기의 환경으로 똘똘 말려버리기 때문에 당신은 그것이 하나의 꿈이었다고 생각할 것이다.

---

7 그림 9. 제로 포인트로부터 의식과 에너지의 하강
8 그림 9. 제로 포인트로부터 의식과 에너지의 하강

오라장

그림 18. 접혀 있는 일곱 개의 몸

　　모든 인간은 일곱 개의 몸을 가지고 있고 그것들은 모두 이 육체(물질적인 육체)안에 포개져 있으며, 그것들은 당신의 손끝까지 뻗쳐 있는 오라장으로 빛을 발한다. 일곱 개의 모든 몸은 당신이 지금 가지고 있는 물질적 육체를 구성하고 있는 거친 물질 안에 다 들어 있다. 당신이 이 타임라인에서 1,050만 년을 살아왔고 455,000년 전에 여기(두뇌)에 급격한 변화가 일어났다 ― 우리는 약 40,000년 전이 되어서야 두뇌를 개발하였다 ― 면, 모든 육체는 한 번도 3차원 이상으로 올라가지 못한 채 윤회의 굴레에 갇혀 있다는 것이 된다. 이것은 무엇을 뜻하는가? 이는 우리가 매번 태어날 때마다 우리 육체 안에 4개의 또 다른 빛나는 육체를 온전히 지니고 있다는 것을 의미한다. 우리는 3개의 육체를 가지고 죽음을 맞게 되지만, 라이트 바디(용어정리 참고) 안에 4개의 다른 주파수를 가진 4개의 또 다른 몸들이 들어 있다. 빛으로 간다고 해서 모든 것이 끝나는 것은 아니다. 그곳은 우리에게 익숙한 장소일 뿐이다. 빛의 육체 속에는 포개어진 4개의 다른 육체가 있으며 그것은 각기 다른 시간대에 존재한다. 그 육체들은 그곳으로 가기 위한 우리의 매개체이다. 내 말을 이해했는가?

그리스도의 부활과 일곱 가지 의식 차원

전생에서 당신은 빛 너머로 가본 적이 없다. 이 세상에 환생하기 전 빛 속에서 당신은 전생을 회고하였다. 즉 라이트 바디 상태에서 전생을 회고하였다. 회고가 시작되면, 모든 에너지가 풀리고, 당신이 전생에 무엇을 했으며, 누구였으며, 무엇을 이루었고, 어떻게 발전하였으며 그리고 어떤 면에서 발전하지 못했는가를 영상을 통하여 보게 된다. 그것은 단지 에너지를 풀어 영상으로 당신에게 보여주는 것이다. 그런 후 당신은 인간의 육체 상태가 아닌 라이트 바디 상태에서 다음 생에 환생하기로 결정한다. 당신은 자신이 다시 육체를 가지고 태어나면 더 잘할 수 있을 것이라고 생각한다. 빛으로 간 존재들이 전생을 바라보면서 그것들을 인지한다는 것이 흥미롭지 않은가? 그들에게는 두뇌가 없다. 그런데 어떻게 그들이 본 것들을 판단할 수 있단 말인가? 그들도 두뇌가 있기 때문이다. 그렇다면 그 두뇌란 무엇인가? 그것은 단지 머리 안에 들어 있는 회색의 물질 덩어리가 아니라 그 당시 그들이 거하고 있는 육체와 동등한 두뇌이다.

죽으면 당신은 즉시 적외선 차원으로 이동한다. 그것은 심령 영역이다. 그곳으로부터 한 줄기 빛이 나타나고 당신이 그 빛을 따라가면 실질적으로 적외선 영역의 낮은 곳에서 높은 곳으로 이동하는 것이다. 그러면 당신은 빛을 만나게 된다. 그 빛은 누구일까? 당신이다. 그곳에서 당신은 모든 것을 보게 된다. 그곳에서 당신의 물질적 생을 결정하는 동안에도, 빛에 들어 있는 4개의 다른 잠재적인 삶 혹은 육체들이 존재한다. 그런데도 당신이 했던 유일한 일들은 항상 이곳으로 돌아오는 일이었다. 내 말을 이해하겠는가? 그렇게 당신은 상위의 씰들 즉 4개의 다른 육체들을 전혀 바꾸지 않았다. 우리는 그것들을 감추어진 것들이라 부른다.

우리는 매번 라이트 바디를 바꾼다. 라이트 바디는 당신이 지금 입고 있는 물질적 육체와 비슷한데 다만 좀 더 젊고 건강할 뿐이다. 라이트 바디는 왜 당신의 육체와 비슷한 모습을 하고 있을까? 왜냐하면 마음이 육체에게 지금과 같은 모습이 되라고 하여 그것을 빛의 장으로 둘러싸지 않는 한, 당신은 지금의 모습을 가질 수 없기 때문이다. 몇 명이나 이해하겠는가? 그리하여 우리는 매번 라이트 바디, 적외선 육체, 물질적인 육체를 사용한다. 그러나 상위 4개의 영역에 있는 감추어진 육체는 사용하지 않는다.

자, 졸지 마라. 잠에서 깨어나라. 오늘 나는 당신에게 많은 지식을 전달하고자 한다. 그러니 지루해하지 마라.

이러한 모든 육체들은 당신 안에 존재하며 그리고 당신을 둘러싸고 있다. 당신의 손을 보면서 우리가 방금 다루었던 원자장에 대해 생각한다면 ― 이것에 대해 생각해보라 ― 원자 한 개로부터 방출되는 빛은 이러한 육체 중의 하나에서 방출되는 빛과 같은 것이다. 즉 손을 구성하고 있는 모든 원자는 일곱 개의 시간 차원의 합성체이다. 알겠는가? 그래서 손은 7개 차원이 이것(물질)으로 응결되어 나타난 결과물인 것이다. 그런데 우리가 그 현실을 받아들이지 않는다면 어떻게 될까? 지금 현재 자신의 모습을 부인하고 다른 모습이 되기를 원한다면 그것이 가능할까? 그럴 수가 있을까? 몇 명이나 내 말을 이해하는가? 물론 가능하다. 양자역학은 이러한 일이 전자에게만 적용되고 당신에게 적용되지 않는다고 말하지 않았다. 당신의 몸을 둘러싸고 있는 이 장(場)안에 7개의 육체가 들어 있으며 그것들은 각각 당신 자신의 세포 안에 숨겨져 있다. 세포가 죽으면 먼저 육체 하나를 포기한다. 그것은 적외선에 있는 육체이다. 적외선 육체 안에는 높은 차원에 있는 모든 육체가 들어 있는데, 당신은 그것들을 하나하나 버린다. 이해하겠는가?

그렇다면 이것, 이것, 이것, 그리고 이것(상위 4개의 육체)은 예수아 벤 조셉이 그리스도가 된 것과 무슨 상관이 있을까? 그는 위에 있는 신의 왕국과 접촉할 수 있음을 증명해야 했다. 그는 수많은 기적과 가르침을 통해 그것들을 증명하였다. 모든 사람들이 두려워하는 것은, 죽음이다. 그 당시 헬레니즘 사상을 따르던 유대인들은 윤회 사상을 믿었던 유일한 민족이었다. 아브라함을 따르던 유대인들은 윤회 사상을 믿지 않았다. 그들은 지옥이 있다고 믿었는데, 그것은 그들이 가장 두려워하던 것이었다. 지옥이라는 말은 단지 얕은 무덤을 일컬은 말이었으며, 그들이 죽어서 얕은 무덤에 묻힌다면 사지가 잘려나갈 수도 있다고 믿었다.

예수아 벤 조셉은 그 당시 사람들에게 죽음 후에 삶이 있음을 보여주어야만 했다. 이를 위해 그는 자신의 생명을 희생해야 했다. 그래서 그는 바로 여기(1 번째 씰)와 여기(2 번째 씰)에 있는 의식을 빼내야 했다. 그리고 그는 자신의 육체가 죽도록 내버려 두고, 여기(7 번째 씰)까지 다른 모든 육체를 계속 펼치면서 올라왔다. 그리고 그는 말했다. "나의 아버지와 나는 하나다." 곧이어 그는 다음과 같이 말했다. "나의 마음은 이 끔찍한 시대의 다윗의 집으로부터 온 것이 아니다. 나의 마음은 내 안에 존재하는 나의 아버지이다." 이렇듯 최초의 마음을 선언하고 나서 그는 모든 육체를 벗어야만 했다. 심지어 라이트 바디까지 말이다. 그는 그것을 계속해서 입고 있을 수 없었다. 그는 라이트 바디를 벗고 블루 바디(Blue Body)로 현현해야 했다. 그는 블루 바디 ― 그것은 시바이다 ― 를 벗고 골든 바디(Golden Body)로 현현해야 했다. 그는 골든 바디를 벗고 로즈 바디(Rose Body)로 현현해야 했다. 그리고 그는 무한 미지(Infinite Unknown)로 가야 했다. 그는 그곳에 갔다. 이 일을 해내고 나서야 비로소 그는 불멸의 존재가 된 것이다.

그가 육체를 부활시켜 생명을 불어넣은 곳은 바로 여기(7 차원)였다. 그가 불어넣은 것은 영원한 생명이었다. 즉 여기에 있는 그의 육체는 거의 빛의 속도로 진동하였다. 그리고 사람들과 소통하면서 가르침을 전달하기 위해 자신의 진동수를 낮추었다. 그의 육체는 어떻게 그렇게 빨리 진동할 수 있었을까? 그의 의식이 7 차원에 있었기 때문이었다. 신은 이제 인간이 되었다. 그는 자신의 육체를 끌어올려 그것의 물질을 재구성하였지만, 신의 영역에서 재구성하였기 때문에 그렇게 빨리 진동했던 것이다. 그가 떠났을 때 그는 어디로 갔을까? 그는 단지 계속하여 진동수를 높여나갔다. 즉, 그는 원자 주위를 돌리기 시작하여 결국에는 그것이 원자핵까지 영향을 미쳐 원자핵이 돌기 시작하였다. 그렇게 계속 돌리면서 모든 입자들이 자유로운 공간 속으로 들어가게 하였다. 그는 7개의 육체를 펼치고 있었던 것이다. 그가 사라졌을 때, 그는 빛에서부터 모습을 감추었다.

그때서야 그는 비로소 일어선 자, 그리스도라고 불리게 되었다. 그것이 그의 마지막 시험이었다. 그것은 그의 의식이 신과 절대적으로 하나가 되었으며 죽음조차도 그의 마음을 이길 수 없다는 것을 의미한다. 이후 예수아 벤 조셉에 대한 수많은 신화와 전설 그리고 종교가 탄생하였다. 그러나 지금까지 당신에게 알려지지 않았던 예수아 벤 조셉의 진정한 가르침은 예수가 당신의 삶을 구원하는 것이 아니라 그는 단지 인간 내면에 존재하는 신의 힘을 증명해 보인 마스터였다는 것이다. 어느 누구든 그것을 볼 수 있는 눈을 가졌다면, 이 말을 이해할 것이다. 어느 누구든 그 메시지를 들을 수 있는 귀를 가졌다면, 그가 인간의 영이 영원으로 변화될 수 있음을 보여주었다는 것을 충분히 이해할 것이다. 또한 그것은 오직 그만 보여준 것이 아니다. 그것은 유구한 세월을 통해 모든 문화에서 드러났고 입증되었지만, 사람들은 금새 잊어버렸다.

지금 우리는 무엇을 갖게 되었나? 예수가 신의 독생자라는 종교를 갖게 되었다. 그러나 모든 사람들이 신의 자녀들이기 때문에 그 말은 합당하지 않다. 그리고 그는 당신을 구원할 수 없다. 만약 그렇게 할 수 있었다면, 그는 이미 1세기쯤에 그리했을 것이다. 이해하겠는가? 그의 메시지는 이것이었다. 그런데 그는 어째서 자신의 제자들에게 이것을 가르치지 않았을까? 그들은 보통 사람들이었기 때문이다. 그들은 어부였다. 그들은 세관원이었다. 그들은 그저 당신들과 똑같은 사람들이었다. 그런데 그가 어떻게 이러한 것들을 가르칠 수 있었겠는가? 가르칠 수 없었다. 그는 단지 우화를 통해 그리고 스스로 행동으로 보여줌으로써 가르칠 수 밖에 없었다. 그는 말했다. "믿음을 가져라. 눈이 당신에게 거짓말을 한다면 눈을 뽑아라. 당신은 믿는데 당신의 팔이 믿지 못한다면 팔을 잘라라." 이 말은 육체가 무엇을 하건 그것이 진리가 아니라는 것을 비유적으로 표현한 것이다. 알겠는가?

제 7 장
쿤달리니 에너지와 일곱 개의 씰

일곱 개의 씰

　모든 사람들이 이것과 똑같은 트라이어드를 가지고 있으며 당신의 육체를 둘러싸고 있는 힘은 육체 주위만을 둘러싸고 있는 것이 아니라 육체 안에도 있다.[1] 인간의 육체는 두뇌와 일곱 개의 센터를 가지고 있는데 — 이것들은 차크라가 아니다 — 씰(seal)이라고 부른다. 차크라는 두 개의 에너지 선이 교차하면서 만나는 곳이며, 그곳이 하나의 차크라 포인트이다. 이 일곱 개의 센터는 일곱 개의 씰이라 부른다. 모든 사람들이 일곱 개의 씰을 가지고 있으며 여기에 있는 그림인 피라미드의 모습과 동일하다. 얼마나 간단한가? 이것의 중요한 점은 당신의 에너지가 어느 씰에 있는가이다. 여기 있는 사람들 중에, 여기(1 번째 씰) 성욕만이 중요한 사람들은 몇 명이나 되는가? 당신의 고통과 괴로움은 바로 여기(2 번째 씰)에 해당된다. 당신은 고통받으려 하고 다른 사람들에게 고통을 준다. 여기(3 번째 씰)에 해당되는 당신은 호전적인 사람이다. 당신은 강력한 사람이다. 당신은 강압적으로 다른 사람을 지배한다. 당신은 강압적으로 다른 사람을 지배하거나 다른 사람에게 지배당한다. 이러한 태도들은 바로 여기(처음 세 개의 씰)에 해당된다. 그것들을 씰이라고 한다.

　여기 대강당 안에 있는 사람들 모두가 세 개의 씰이 열려 있다. 그것은 무

---

[1] 그림 9와 그림 19 참고

엇을 의미하는가? 처음 세 개의 육체 에너지가 이 차원 즉 이곳 3차원적인 지구에서 그리고 이 시간의 흐름 속에서 활동하고 있다는 것을 의미한다. 이곳에 존재하려면 이러한 씰들이 열려야 한다. 그리고 이러한 씰들은 매일 에너지를 전달하고 있다. 무엇을 생각하건, 당신의 육체 안에서 그에 맞는 에너지가 열린다. 예수아 벤 조셉을 생각해 보라. 그는 1번째 씰의 강력한 작용하에 태어났고, 청년기를 거치면서 1번째와 2번째 씰을 활성화시켰다. 그리고 3번째 씰을 혹사 — 사막에서 40일간의 마지막 시험인, 보크타우(Boktau, 중대한 테스트라는 의미이며, 람타 깨달음 학교에서 행하는 적어도 30일 이상의 긴 리트리트의 명칭을 말한다. 보름 동안 열리는 리트리트는 미니 보크타우라고 한다)를 통해서 — 함으로써 그의 힘을 시험하였다. 이 차원에 있는 누구라도 그 경지까지는 이룰 수 있다. 그것은 지성을 비하하는 것이 아니다. 신피질이 뛰어나게 발달한 사람이 있을 수 있지만, 이곳 사람들의 에너지는 대부분 여기(1번째 씰)에만 머문다. 신피질이 뛰어난 사람들은 대개 이 차원에서의 적응력이 뛰어나 여기(처음 세 개의 씰)의 에너지가 열려 있다.

예수아 벤 조셉에 대해 생각해보자. 장님을 치유하기 위해서, 그는 여기(하위 세 개의 씰)에서 나오는 것이 아닌 여기(상위 네 개의 씰)에서 나오는 에너지가 필요했다. 기적을 이루기 위해 그는 5번째 차원에 존재하는 마음을 개발하고 구현해야 했다. 그것은 무엇을 뜻하는가? 그 순간 그의 모든 에너지가 여기(하위 세 개의 씰)에 있는 것이 아니라, 여기(상위 높은 차원의 씰)에 있다는 것을 의미한다.

오늘날 당신의 육체는 다음 페이지에 나오는 그림처럼 일곱 개의 씰을 가지고 있다. 당신이 받은 자료 안에 이 그림이 들어 있으니 그것을 꺼내도록 한다.[2] 여기 이 그림은 육체가 바로 여기에 있는 문들(하위 3개의 씰)을 중심으

2　그림 19. 일곱 개의 씰: 인간의 육체에 있는 7가지 의식 차원

로 결속되어있는 것을 나타낸다. 그래서 모든 인간의 몸 안에 있는, 여기(1 번째 쩔), 여기(2 번째 쩔) 그리고 여기(3 번째 쩔) 중심에서 에너지가 소용돌이치며 나온다. 여기 3개의 쩔이 진동하여, 에너지가 성욕, 고통 혹은 권력으로 구현 — 양팔을 다시 한번 벌려보라 — 된다면 당신은 그러한 태도로 얼마나 많은 사람들에게 영향을 미치게 될까? 벌린 팔을 양쪽으로 움직여 보라. 내 말을 알아듣겠는가? So be it. 우리가 이것들(상위의 4개 쩔)을 열 수 있다면, 이것들(상위에 있는 4개의 높은 주파수 밴드)도 열리는 것이며, 그리고 이것들(상위 4가지 의식 차원)도 활성화되는 것이다. 그렇게 한다면 모든 현실을 바꾸고 재창조하기 위한 숭고한 마음을 불러일으킬 수 있을 것이다.

그림 19. 일곱 개의 씰: 인간의 육체에 있는 7가지 의식 차원

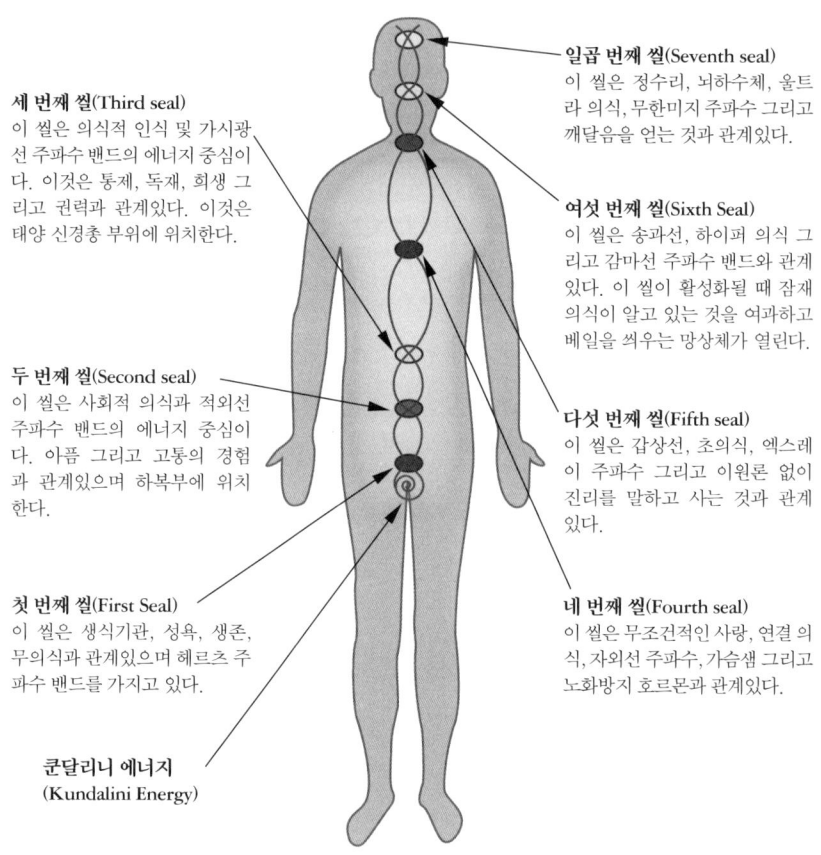

일곱 번째 씰(Seventh seal)
이 씰은 정수리, 뇌하수체, 울트라 의식, 무한미지 주파수 그리고 깨달음을 얻는 것과 관계있다.

여섯 번째 씰(Sixth Seal)
이 씰은 송과선, 하이퍼 의식 그리고 감마선 주파수 밴드와 관계있다. 이 씰이 활성화될 때 잠재의식이 알고 있는 것을 여과하고 베일을 씌우는 망상체가 열린다.

다섯 번째 씰(Fifth seal)
이 씰은 갑상선, 초의식, 엑스레이 주파수 그리고 이원론 없이 진리를 말하고 사는 것과 관계있다.

네 번째 씰(Fourth seal)
이 씰은 무조건적인 사랑, 연결 의식, 자외선 주파수, 가슴샘 그리고 노화방지 호르몬과 관계있다.

세 번째 씰(Third seal)
이 씰은 의식적 인식 및 가시광선 주파수 밴드의 에너지 중심이다. 이것은 통제, 독재, 희생 그리고 권력과 관계있다. 이것은 태양 신경총 부위에 위치한다.

두 번째 씰(Second seal)
이 씰은 사회적 의식과 적외선 주파수 밴드의 에너지 중심이다. 아픔 그리고 고통의 경험과 관계있으며 하복부에 위치한다.

첫 번째 씰(First Seal)
이 씰은 생식기관, 성욕, 생존, 무의식과 관계있으며 헤르츠 주파수 밴드를 가지고 있다.

쿤달리니 에너지
(Kundalini Energy)

Copyright © 2004 JZ Knight

쿤달리니 에너지와 일곱 개의 쌀

몸 안에 있는 일곱 개의 쌀이 그려 있는 그림을 꺼내도록 한다.[3] 그것을 앞에 놓도록 한다. 자, 이제 그림에 나타나 있는 몸의 부위에 손을 올리면서 각각의 쌀에 대한 설명을 정확히 소리 내서 읽어보라. 손을 해당 부위에 올린 채 읽도록 한다. 시작하라.

쿤달리니 에너지

빨간색 색연필을 꺼내, 1번째 쌀 아래에 똬리를 틀고 잠자고 있는 뱀 — 잠자고 있는 뱀, 빨간색 — 을 그리도록 한다.

쿤달리니라는 말을 들어본 사람이 있는가? 쿤달리니란 아주 오래된 용어이다. 고대의 율법에서는 모든 인간의 몸 안에 잠자고 있는 뱀 혹은 잠자고 있는 용이 있다고 말하며, 그것을 생명의 용 혹은 뱀 에너지라고 한다. 그것은 척추 맨 밑에 코일처럼 감겨 있다. 또한 고대의 가르침에서 말하기를 이 뱀이 깨어나면 아주 놀랄만한 일이 일어난다고 한다. 여기에서 나오는 에너지는 1, 2, 3번째 쌀에서 나오는 에너지와는 다른 것이다. 그것은 일종의 거대한 양자 다발과 같은 것이다. 그것은 숨겨져 있는 아주 특별한 것을 위해, 그리고 인간의 진화를 위해 보존된 것이다. 뱀이 깨어나면 스스로 갈라진다고 한다. 척추와 두개골을 그려보면, 이 뱀은 척추의 맨 밑에 앉아 있다. 척추는 모든 신경계로부터 온몸으로 전기적인 정보를 보낸다는 것을 알라. 그래서 척추와 이 에너지는 이러한 특정 통로와 밀접한 연관이 있다. 이 통로란, 척추의 맨 밑에서부터 고요한 장소라고 하는 신피질 정면까지의 길을 일컬으며, 이것을 여정 그리고 깨달음의 여정이라 부른다. 이 뱀이 깨어나면,

---

3   그림 19. 일곱 개의 쌀: 인간의 육체에 있는 7가지 의식 차원

스스로 갈라져 척추 주위를 돌면서 춤을 춘다. 이것은 아주 강력한 에너지로서 이 통로를 향해 갈 땐, 척수액을 이용해 척추의 위아래로 움직이며 실제로 척수액을 이온화시키고 분자구조를 변형시킨다. 그래서 이 뱀이 척추에서 춤을 추며 올라가면, 몸 전체의 기본적인 DNA 패턴을 바꾼다. 더 나아가 그 뱀 에너지가 여기(소뇌)까지 도달하면 그 여정이 끝났음을 의미한다.

파충류의 뇌는 망상체(뇌간(腦幹)부 신경 세포의 조직)가 있는 뇌간의 윗부분을 감싸고 있다. 이것에 대한 그림을 나누어 줬으니 꺼내서 보아라.[4] 그것은 마치 거미줄 망처럼 생겼다. 자, 내 말을 잘 듣도록 한다. 잠재의식은 중뇌에 있는 것이 아니라 파충류 뇌인, 여기(소뇌 하부)에 있다. 그림에서 보다시피, 이 망상체는 실질적으로 어떤 정보들이 신피질로 흐를 수 있게 하는 스위치들의 본선이다. 이것은 컴퓨터이다. 이 컴퓨터로 프로그램된 것은 무엇이든 이곳으로 흘러 현실이 되며, 이것은 특히 인체에 큰 영향을 준다. 뱀 에너지 혹은 용 에너지인 쿤달리니 에너지가 척추로 올라가면서, 양극화된 에너지에 의해 척수액 전체가 이온화되어 척추 위아래로 흐른다. 그것이 망상체에 닿으면 모든 스위치들이 켜진다. 그것은 무엇을 의미할까? 잠재의식의 모든 문들이 활짝 열린다는 것이다. 그 에너지는 용맹한 정복자처럼 더욱더 힘차게 행진하면서 자신을 가로막는 모든 것들을 쳐부수고 불에 태워버리는데, 이것이 바로 쿤달리니의 행진이다.

이것이 중뇌 부위로 오면 시상과 맞닥뜨리게 되는데, 고대인들은 이를 수문장이라고 하였다. 신화나 구전에선 모든 사람들이 수문장을 성베드로라고 했지만 그렇지 않다. 그것은 성 탈라무스(Thalamus, 시상 視床: 간뇌의 대부분을 차지하는 회백질부로, 많은 신경핵군으로 이루어져 있다)이다. 쿤달리니 에너지가 이

---

4 그림 21. 두뇌

문을 열어 활성화시킨다. 그리고 시상은 중뇌에서 송과선을 보호하는 아주 중요한 일을 하는데 나중에 이것에 대해서 좀 더 자세히 배울 것이다. 시상은 신경 종말과 망상체에서 나오는 모든 섬유질이 만나는 집합소와 같은 장소이며, 그것은 전환점이다. 쿤달리니가 이 에너지를 연다고 하는 실질적인 의미는 잠재의식으로 숨겨져 있던 모든 것들이 두뇌의 특정한 지점인, 바로 여기 전두엽으로 자유롭게 흘러간다는 것이다. 그렇다면 왜 이것이 놀라운 일인가? 쿤달리니 에너지가 스위치를 켜 문이 열리면, 고대의 지식을 표면으로 떠오르게 하여 실질적으로 당신의 의식적인 마음이 잠재의식과 완전히 만나도록 하기 때문이다.

쿤달리니는 완전한 깨달음에 대한 찬사의 말이다. 왜냐하면 완전한 깨달음이란 당신이 베일 너머로, 지금까지 알려지지 않았던 것들을 보게 되는 것을 의미하기 때문이다. 당신은 순간적으로 존재하는 모든 것들을 경험하게 되며, 그리고 순간적으로 존재하는 모든 것들을 알게 된다. 눈부신 섬광 안에서 당신은 지금까지 살아온 모든 생과 앞으로 펼쳐질 모든 것들을 즉각적으로 알게 된다. 그런 일이 어떻게 가능할까? 쿤달리니 에너지 또는 근동(아라비아·북동아프리카·동남아시아·발칸 등을 포함하는 지역)에서 말하는 용의 힘은 바로 이곳(척추 맨 아랫부분)에 있으며, 암호화되어 있다. 그곳에 깨달음을 향한 로켓 연료가 들어 있다. 이 에너지를 트라이어드로 어떻게 설명할 수 있을까? 쿤달리니는 트라이어드의 어느 부분에 속할까? 어떤 곳에도 속하지 않는다. 앞에서 언급했듯이, 당신은 보이드에 의해 창조되어 제로 포인트가 되었고, 제로 포인트는 스스로 숙고하여 첫 번째 차원을 창조했다는 것을 기억하는가? 우리는 계속 하강하여 맨 아래인 여기 ― 1차원, 즉 3차원적인 세계로 여기가 바로 당신이 있는 곳이다 ― 에 존재하고 있고 인간의 두뇌를 움직이는 의식은 시계추처럼 움직인다고 이미 당신에게 말했었다. 꿈을 꾸기 위해, 그것은 그렇게 움직여야 한다.

시계추가 움직이는 것처럼 인간의 의식이 스윙할 때 과학에서도 인정하는 매직과 같은 순간이 있는데 그것은 스윙이 멈추는 순간이다. 자, 한번 이렇게 해보자.[5] 자, 잠시 손을 시계추처럼 부정/긍정, 아니오/네, 낮음/높음, 어둠/빛으로 움직여 보자. 이제 천천히 손을 움직이도록 한다. 그런 식으로 손을 앞뒤로 움직이다가 중간에 멈춰진 순간이 있는가? 손이 한 곳에 정지된 순간이 있는가? 내 말을 이해하겠는가? 그러한 순간이 있다. 그것은 양손이 일치된 순간이다.[6] 두 개의 의식 차원이 이렇게 일치 상태가 될 때, 우리는 이것을 '영원한 지금'이라 부른다. 영원한 지금, 그것은 자석의 중앙이다. 바로 그 순간에 거울에서 신에게로 반사되는 역동적인 에너지가 있다. 그것은 마치 터널 속에 있는 것과 같으며, 그 터널 에너지가 바로 쿤달리니 에너지이다. 인간의 의식 안에 있는 이 에너지는 잠에서 깨어난 적이 거의 없는데, 그 이유는 대부분의 사람들이 이것을 닫아놓고 계속 스윙하기 때문이다.[7] 이해하겠는가? 즉, 완전히 알고, 완전히 몰입하고, 자신이 인간이라는 것을 완전히 잊어버리는 경우는 거의 드물다는 것이다. 오직 우리의 두 개의 의식 차원, 즉 관찰자와 행위자가 일치될 때만 이러한 순간이 일어난다. 알겠는가? 만약 우리가 이것(쿤달리니 에너지)을 깨워 위로 올려 집중한다면, 이 두 개의 의식 포인트 사이에 존재하는 힘의 장은 강력한 자력과 같다. 이해하겠는가?

이것에 대해 아주 간단하면서도 단순하게 설명하겠다. 매번 꿈을 꿀 때마다, 당신의 의식은 여기(앞쪽으로 스윙)로 움직였다는 것이다. 그것은 꿈을

---

5 그림 12. 꿈꾸는 것
6 그림 13. '일치된 현재'(Now Alignment)
7 그림 14. 거울 의식의 스윙 운동

꾸는 것이다. 그것은 꿈을 꾸고 있다. 꿈을 다 꾸면, 그것은 이렇게(일치) 움직일 것이다. 즉 그것은 거울이다. 우리는 그것을 그림으로 그렸다.[8] 그렇지 않은가? 이제 자연스럽게 탄력을 받아 두 손이 하나가 된다. 피라미드가 제로 포인트를 향해 붕괴되고 있는 것이다. 그것은 현실에 영향을 주기 위해 그림을 신에게 가져가야만 하는 것을 의미하며, 이로써 모든 시간은 닫히고 우리는 어느 곳에도 있지 않게 된다. 잠시 동안 우리는 사라져 버린다. 두 개의 의식이 분리되면 어떤 일이 일어나는지 보라. 우리는 피라미드를 닫았다. 이제 우리는 이 공간과 에너지를 다시 아래로 끌어당기고 있다. 이렇게 끌어당기는 것이 왜 중요할까? 그것이 중요한 점은 우리의 꿈이 새로운 창조를 위해 쓰일 에너지를 위한 새로운 프로그램이 되었으며, 그리고 우리는 생각으로 그것을 끌어당기고 있다는 것이다. 그리하여 이 꿈에 따라 우리의 모든 육체를 구성하는 모든 원자들이 다시 배열되고 재프로그램 된다. 알겠는가?

우리는 자연스럽게 꿈을 꾸고, '지금 이 순간(Now)'에 집중하도록 되어 있다. '지금 이 순간' 외에는 아무것도 존재하지 않는다. 이것이 이루어졌을 때, 에너지가 몸 위로 이동하며 환희를 느끼게 된다. 그것은 용이 깨어나는 순간이며, 두 개의 의식이 하나로 일치되는 순간이다. 가까워졌다 다시 벌어지는 것이, 창조의 운명이다. 이것이 일치되었다가, 다시 벗어나면,[9] 뱀은 전체 세포 구조를 프로그램하고 다시 여기(1 차원)로 내려와 쿤달리니 에너지 형태로 붕괴된다. 거울 의식이 일치 상태에서 벗어나는 순간 현실이 재형성된다. 이런 식으로 일어나는 것이다. 옆에 앉은 사람에게 쿤달리니가 무엇인지 간략

---

8 우리가 집중하고 구현하고 싶은 그림
9 그림 14. 거울 의식의 스윙 운동

하게 설명하라. 이해했는가? 쿤달리니에 대해서 몇 명이나 이론적으로 이해했는가? 쿤달리니는 두 개의 의식이 오직 '지금 이 순간'에 있을 때만 존재한다. 오직 그때만 그 에너지가 존재한다.

몇 명이나 이 그림을 알아보겠는가?[10] 이것이 무엇인가? 카두시어스이다. 이것은 무엇을 상징하는가? 건강이다. 이것이 어떻게 보이는가? 음, 지팡이는 척추처럼 보인다. 지팡이 위에 있는 구는 두뇌를 나타낸다. 두 마리의 뱀이 서로 휘감아 오르며 구를 향해 가는 것이 쿤달리니 같지 않은가? 그런데 왜 구에 날개가 달렸을까? 날개는 무엇을 상징할까? 자유다. 비록 사람들이 카두시어스가 지닌 실질적인 의미를 잊어버렸지만, 절대적 건강과 행복을 나타내는 카두시어스가 의학을 상징하는 것은 결코 우연이 아니다. 왜냐하면 이 고대 상징이 우리에게 말하는 것은 우리가 눈부신 건강에 집중하면서 지금 이 순간에 존재한다면, 그리고 그 순간을 유지할 수 있다면, 치유된다는 의미이기 때문이다.

그림 20. 카두시어스(Caduceus)

이 에너지가 척추를 휘감으며 머리까지 올라가는 여정에서 만들어내는

---

10 그림 20. 카두시어스(Caduceus)

자기장을 이온화한다면, 그것이야말로 우리가 치유되는 유일한 방법이다. 그것은 우리 몸을 구성하고 있는 모든 원자핵의 회전을 바꾸고 DNA를 재조정하는 것이다. 마음으로 자신의 병을 치료한 사람들의 이야기를 들어본 적이 있는가? 그것은 그들이 자신들의 병을 어떻게 치유했는지를 말해준다.

두뇌

두뇌가 그려진 그림을 꺼내 내가 가리키는 부위의 명칭을 자신의 두뇌와 연관시키면서 큰 소리로 읽도록 한다. (청중: 파충류의 뇌) 더 크게 읽어라. 소뇌. 더 크게 말하라. 잠시 멈추도록 한다. 송과선은 한때 혼이 머무르는 곳이라고 여겨졌는데 그곳은 혼이 머무는 곳이 아니다. 계속하여 각 부위의 명칭을 읽는다. (청중: 중뇌, 뇌량, 신피질, 시상) 그림을 바라보라. 당신들이 해마를 하마라고 부르고 싶으면 그렇게 하라. 나는 상관없다. 이것은 해마이고, 편도체이다.

그림 21. 두뇌

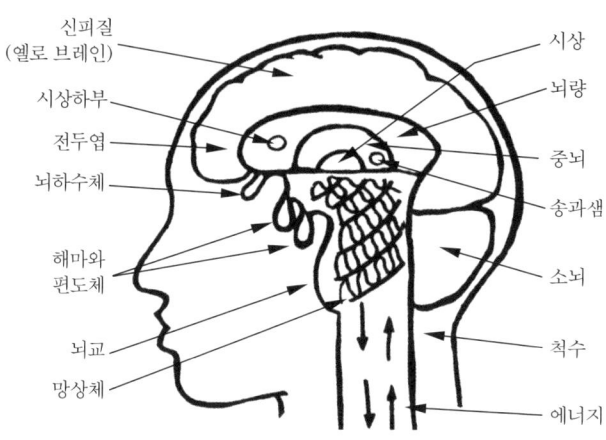

이 그림은 람타가 두뇌의 기능과 과정에 대해 가르칠 때 사용하는 만화 같은 평면적인 그림이다. 람타는 이 독특한 그림을 통해 두뇌의 각 부위에 대해 설명하고 이해를 돕기 위해 각기 다른 색상을 사용하여 강조한다. 두뇌에 관해 가르칠 때 항상 이 그림을 사용한다.

자, 이제 당신에게 익숙해진 두뇌 부위에 대해서 좀 더 자세히 살펴보자.[11] 이렇게 해보자. 여기 하나의 타임라인이 있다. 이 타임라인 그림에 줄을 긋고 숫자 1부터 적어라. 이 날 당신은 여기(1 차원)에 처음 내려왔다. 거기서 조금 내려온 지점에 455,000년 전이라고 기록한다. 그다음에 조금 더 밑으로 내려와서 선을 하나 더 긋고 40,000년 전이라고 기록한다. 그다음에는 35,000년, 그 바로 다음에는 올해의 연도를 적는다. 즉 첫째 날, 455,000년, 40,000년, 35,000년, 그리고 오늘까지 순서대로 적도록 한다. 다음에는 그 타임라인 아래에 1,050만 년이라고 적는다. 지금 우리는 시간의 화살을 사용하여 이야기하고 있다. 이것은 선형의 시간이다. 그러면 이제 이 화살이 어디서 시작되었는지 한번 살펴보자.[12]

그림 22. 시간의 화살

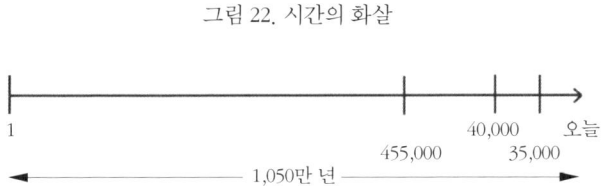

우리가 여기 시간대(455,000년 전)를 보면, 인간의 두뇌는 지금과는 아주 다르다는 것을 알 수 있다. 그 당시 인간의 두뇌에는 편도(Amygdala)가 없었다. 단지 해마가 있었을 뿐이다. 알다시피, 전두엽이나 신피질 같은 것도 없었다. 455,000년 전 두뇌의 크기는 어떠했는지 살펴보자. 단지 이 정도의 크기

11　그림21. 두뇌. 바티칸의 시스티나 성당 천장에 그려진 미켈란젤로의 '아담의 창조'를 보라. 람타는 미켈란젤로가 현실창조에 있어 두뇌의 기능을 이해했다고 설명한다. 이 그림은 전두엽에서 신이 인간에게 손을 뻗치는 장면을 묘사하였고 신과 천사들 아래에 있는 청록색 망토는 척수를 상징하여 이 그림이 두뇌를 표현하고 있음을 나타낸다.
12　그림22. 시간의 화살

밖에 되지 않았다. 고대 인간의 두개골을 본 적이 있는가? 두개골의 크기가 얼마나 작았을지 잠시 생각해보라. 기억하는가? 두개골의 뒤에 뇌량이 닿았다. 두개골은 단지 이 크기밖에 되지 않았다. 그것은 455,000년 이전의 것이었다. 이것이 최초의 두뇌였으며 잘못된 것이 아니었다. 그것은 파충류 뇌라고 불리는데, 그 이유는 그것들의 기원이 파충류 시대라 불리던 때까지 거슬러 올라가기 때문이다. 이것은 그만큼 오래된 것이다. 하지만 이것을 현재 파충류의 두뇌와 혼동하지 마라. 비록 몇몇 사람들은 그런 두뇌를 가진 것처럼 행동하지만.

자, 이제 뇌간에 대해 이야기해 보자. 우리의 팔로 예를 들자면 이렇게 올라오는 것이 뇌간이다.[13] 주먹을 이렇게 치켜 올려보라. 이것이 중뇌이고, 이것은 뇌간, 그리고 바로 이 안에 망상체가 있다. 이제 다른 손으로 손목을 꽉 감싸 쥐어보라. 파충류 뇌 혹은 소뇌는 척추를 꽉 잡고 있다. 다시 말해, 두뇌로부터 몸으로 혹은 몸으로부터 두뇌로 전달되는 모든 정보는 두뇌 이곳(소뇌)에서 편집 과정을 거친다. 손목을 꽉 잡았는가? 우리가 예상하는 것보다 놀라운 이 유인원의 두뇌는 훨씬 더 훌륭하다. 그 당시 인간의 모습은 지금과는 아주 달랐으며, 특히 두개골과 소뇌 부분이 아주 많이 달랐다. 그러나 이 두뇌는 처음부터 있었다. 진화하는 내내 우리는 그것을 가지고 있었다. 우리가 처음 육체를 가졌을 때 모든 차원의 에너지와 접촉했던 두뇌가 바로 이것이다. 이 두뇌의 세포 조직은 신피질과는 아주 많이 다르다. 면도칼로 소뇌에서 아주 미세한 부위를 떼어내 현미경으로 살펴보면, 그것이 신피질 전체를 합친 것보다 더 많은 세포와 원자를 가지고 있다는 것을 발견할 수 있을 것이다.

---

13 람타는 뇌간과 중뇌 부위를 예로 들기 위해 주먹을 쥐고 팔을 치켜든다.

그래서 거칠고 어두운 색깔을 띠는 이 장기는 여기에 있는 이런 모든 차원(7개의 모든 차원)과 교신하는 송신기와 수신기 역할을 한다. 사실상, 최초 인류의 조상인 우리는 6개 육체의 지성을 함께 지니고 있으며 이러한 구조를 통해 우리는 의식의 흐름을 펼친다. 옐로 브레인, 즉 신피질에는 의식의 흐름이 들어가지 않는다. 의식의 흐름은 오직 두뇌 뒤쪽에 있는 여기(소뇌)로 흐른다. 그래서 우리는 새로운 지식을 여기(신피질)가 아니라, 두뇌의 뒷문으로부터 얻는 것이다.

이 파충류 뇌는 우리가 떠나온 여러 가지 높은 차원과 교신하는 송신기와 수신기 역할을 - 455,000년 전까지 - 했다. 또한, 455,000년 이전의 송과선은 오늘날의 것보다 훨씬 거대했었으며 중뇌는 완전했었다. 파충류의 뇌가 잠재의식이 자리하는 곳이라면, 중뇌는 모든 심령활동이 일어나는 곳이다. 두뇌는 그렇게 창조되었다. 중뇌는 수신기로서 적외선에 민감하다. 중뇌는 두뇌에서 유일하게 적외선에 민감한 반응을 보이는 부위이다. 당신이 8헤르츠 차원인 이 세상에 존재한다면, 두 번째 차원인 적외선은 당신이 죽을 때 가게 되는 곳이다. 그것을 적외선 영역이라 한다. 하나의 밴드인 적외선은 낮은 파장과 높은 파장을 가지고 있다. 이것을 우리는 2차원의 현실이라고 하며, 우리가 태초에 왔던 곳과는 아주 멀리 떨어져 있다. 이 밴드의 파동이 여기 1차원보다 빠르기 때문에, 이 밴드를 심령 영역이라 불린다. 455,000년 이전의 유인원에게는 텔레파시 능력이 있어 오늘날의 동물처럼 의사소통을 하였다. 오늘날에도 동물은 아주 높은 텔레파시 능력을 가지고 있으며, 그들의 두뇌는 적외선에 아주 민감하게 반응한다. 적외선은 심령 밴드이다.

유인원들은 육체를 둘러싼 밴드를 통해 생각을 알아채고 받아들였다. 그들의 두뇌는 완벽한 수신기였다. 그들은 바로 이 부위로 소통하였다. 송과선은 종종 인간의 혼이라고 불리는데 그 이유는 의식과 동등한 두 개의 신경전달 물질을 옐로 브레인에서 생산하는 일을 담당하기 때문이다. 신경전달 물질인 세로토닌을 우리는 줄여서 '사라'라고 부른다. 사라는 낮의 여자이다. 송과선은 빛이 있을 때 세로토닌을 생산한다. 세로토닌을 하나의 열쇠라고 생각하라. 똑같은 세포를 가지고 있는 눈의 망막 — 망막은 송과선에 있는 세포와 동일한 세포를 가지고 있다 — 에서 빛이 줄어들어 어두워지는 순간, 망막은 사라의 생산을 멈추고 멜라토닌을 생산하라고 송과선에 신호를 보낸다. 멜라토닌은 두 번째 신경전달 물질이며, 그것은 육체를 잠들게 하기 위해 만들어진다.

그리하여 사람들은 인간의 활동을 켜고 끄는 스위치가 머리 안에 있음을 발견하고, 결국 그것이 바로 송과선이라는 것을 알게 되어 "아, 그것이 마스터 스위치구나."라고 말하지만 그렇지 않다.

우리는 그것을 6번째 썰의 분비선이라고 하는데, 그것은 마스터 스위치와 동등하게 중요하다. 왜냐하면 빛이 눈꺼풀에 들어가 — 이것이 눈꺼풀이 얇은 이유이며, 눈을 감아도 빛이 비치면 여전히 눈에 빛이 들어오는 이유이다 — 망막에 닿는 순간, 이 작은 분비선이 세로토닌의 생산을 시작하기 때문이다.

세로토닌은 감각을 깨워서 움직이게 하는 신경전달 물질이다. 그것은 잠들어 있는 모든 것을 열고 작동하게 한다. 송과선이 눈으로 들어오는 빛이 감소하고 있음을 감지하면, 그것은 전환되어 멜라토닌을 생산한다. 당신을 게으르고 무기력하게 하고 잠이 오게 하는 것은 멜라토닌이다. 송과선은 이렇게 굉장히 중요한 신경전달 물질을 생산하는 작은 공장이기도 하며, 또 다른 놀라운 일을 한다. 그것은 멜라토닌으로부터 피노라인(pinoline)이라 불리는 환각제를 합성하는 일이다. 적도록 한다, 피노라인.

송과선은 멜라토닌으로부터 피노라인이라 불리는 환각제를 합성한다.

피노라인. 어떻게 들리는가? 환각제처럼 들린다.

이처럼 송과선은 두뇌에서 마술사 역할을 한다. 자정을 지나 새벽 1시부터 3시까지 가장 깊은 숙면을 취할 수 있는데, 이때 사람들은 자각몽을 꾸게 된다. 단, 송과선이 충분한 시간을 통해 멜라토닌을 피노라인으로 바꿀 수 있을 때만 자각몽을 꾸게 된다. 왜 피노라인인가? 피노라인은 잠재의식이 사용하는 환각제로서 두뇌가 더 깊은 영역들과 교신할 수 있게 한다. 그래서 늦게까지 자지 않는 사람들은 피노라인을 만들 수 없기에 교신할 기회를 박탈당한다. 교신한다는 말은 수면 상태에 있는 신피질 전체에 분포된 피노라인이 뉴런을 역점화시켜서 이 존재(거울 의식)가 이 존재(제로 포인트)와 대화한다는 것이다. 또한 피노라인은 잠재의식의 문을 여는데, 만약 그렇게 된다면, 유체이탈이 일어난다. 게다가 그것은 이 타임라인에서 예언적인 통찰력을 얻게 한다. 그리고 피노라인은 당신으로 하여금 이러한 의식 차원(높은)으로 올라갈 수 있게 한다. 당신이 육체로 돌아오기 전, 신피질에서 짧게 터졌던 피노라인이 흡수되기 시작한다. 생산된 모든 피노라인이 흡수되어, 더 이상 공급할 수 없으면 피노라인의 문은 닫히고 당신은 육체로 다시 돌아오게 된다. 알겠는가? 이 말을 이해하는가? 송과선은 무엇을 만드는가? 더 크게 말하라. 그리고 자정이 지나면 어떻게 되는가? 신데렐라 이야기에 진실이 담겨 있지 않은가?

쿤달리니가 깨어나 여기(송과선)에 닿으면, 그것은 순간적으로 — 순간적으로 두 개의 의식 포인트와 에너지 일치에 의해 — 신경전달 물질인 세로토닌을 회전시켜 이온화한다.

회전시켜 이온화한다는 것, 그것은 무엇을 의미하는가? 멋진 말이지 않는가? 신경전달 물질인 세로토닌이 분자라면, 그것은 원자로 만들어졌음을 알 수 있을 것이다. 몇 명이나 동의하는가? 내 말이 맞는가? 그리고 세로토닌 분자를 구성하는 모든 원자들은 서로 협조하기로 합의했으며, 그러한 관계 안에서 각각 회전하면서 상호작용을 한다. 그들은 서로 전자들을 주고받으면서, 질량이 변화하고, 그 때문에 화학 성질이 변하게 된다. 그래서 만약 이것이 세로토닌의 분자구조라면 그 쿤달리니 에너지 — 뜨거운 바람의 쿤달리니 에너지가 일어나, 분자구조를 통과하는 강력한 자기장을 가진다 — 는 그 분자구조를 역회전시켜 그것의 성질을 변하게 한다. 그 분자는 부서져 재구성되는데, 재구성이 일어나는 곳은 가장 높은 차원의 육체 — 낮은 차원의 육체에서는 결코 일어나지 않는다 — 에서 일어난다. 세로토닌에서 가장 높은 잠재력을 가진 분자구조는 피노라인이다.

　이제 쿤달리니 에너지는 중뇌로 움직여, 성 탈라무스의 문을 연다. 에너지가 움직이는 동시에 대뇌 좌/우반구에서 일제히 점화가 일어난다. 모든 뉴런들이 점화하기 시작한다. 피노라인으로 인하여, 두뇌가 눈 깜짝할 사이에 완전하게 변하면, 두뇌는 영원한 지점까지 돌아갈 수 있는 타임라인을 기록할 수 있게 된다. 옆에 앉은 파트너에게 내가 방금 말한 것을 설명하도록 하라. 아름다운 사람들이여, 이제 당신은 당신 양쪽 귀 사이에 있는 것에 대해 좀 더 많은 것을 알게 되었는가?

　이것은 무엇인가? 뇌하수체는 일곱 번째 썰이다. 이것은 제왕이다. 그 이유는 뇌하수체가 옐로 브레인에 직접적인 영향을 미치고 머리부터 발끝까지 몸 전체에 있는 다른 모든 샘선의 스위치를 켜는 역할을 하기 때문이다. 뇌하수체는 이 일을 하기 위해 특정 호르몬들을 분비하고, 그 호르몬들은 송과선의 스위치를 켠다. 그러면 송과선에서 호르몬과 신경전달 물질을 분비하고, 그것들은 인체 안에 있는 나머지 분비샘의 스위치를 켠다. 만약 바로 여

쿤달리니 에너지와 일곱 개의 씰

기에 있는 이것(뇌하수체)을 없앤다면, 인간의 체구는 작아지고 수명도 짧아질 것이다. 태초에, 455,000년 그 이전에, 이 특정한 뇌하수체에 돌연변이가 일어났다. 즉, 그 당시의 뇌하수체는 지금과 같은 기능이 없었다. 그러한 기능이 필요하지 않았기 때문이다. 그래서 초창기의 호모 에렉투스의 두뇌를 홀로그램으로 본다면, 7 번째 씰이 없었음을 알 수 있을 것이다. 7 번째 씰은 에너지를 사용함에 따라 진화한 것이다.

이것은 두뇌이다. 앞에서 이미 언급했듯이, 옐로 브레인이 탄생한 시점은 신들(Gods)이 내려와 원시적 존재였던 당신과 그들의 유전자를 섞었을 때였다. 455,000년 전부터 40,000년 전까지는 당신에게 육체적으로 새로운 가능성을 심어준 형제와 자매들의 DNA가 당신의 DNA에 심어지는 기간이었다. 이 돌연변이 교배에 의해 태어난 첫 번째 그룹은 몽골인의 모습을 하고 있었다. 그들은 올리브색의 피부와 까만 머리를 하고 있었으며 그중에는 몸에 털이 많은 사람도 있었다. 당신의 시간으로 말하자면, 크로마뇽인의 두뇌가 완전히 자리 잡힌 시기인 40,000년 전이 되어서야 비로소 다양한 피부와 머리색 그리고 다양한 색의 눈동자가 나왔다. 여기 이 거대한 신피질은 그 당시 신들이 가졌던 신피질과 똑같은 것이었다. 그중에는 크로마뇽인보다 더 큰 신피질을 가지고 있던 신들도 있었으나, 그들이 인간에게 준 것은 크로마뇽인과 똑같은 신피질이었다.

당신은 육체를 통해 반사적으로 그리고 유전학적으로 사용하거나, 말을 하거나 균형을 이루거나 혹은 기억하는 것 이외에는 두뇌를 별로 사용한 적이 없다. 당신은 두뇌를 아주 조금밖에 사용하지 않았다. 신피질의 대부분은 여전히 사용되지 않고 있으며, 그것들은 무엇인가 일어나기를 기다리고 있다. 즉, 그것들은 깨어나기를 기다리고 있다. 어떻게 하면 그것들이 깨어날 수 있을까? 오늘은 두뇌에 대해 더 이상 가르치지 않을 것이다. 다음 강연 때 이것에 대해 배울 것이다. 오늘날 두뇌가 사용되는 방식이자, 오늘 오후 당신들이 두뇌를 사용하려는 방식은 여기 눈과 눈썹 위에 있는 전두엽에 무엇이 있건, 그것은 현실로 된다는 것이다. 과학에서 이곳을, 고요한 장소라고 부른다. 명상하는 사람들이 집중하는 곳도 바로 이곳이다. 이곳에 정신을 모은다. 관찰자가 모든 에너지 장에 영향을 주어, 그것을 현상 유지하거나 혹은 그것을 바꾸기에, 이 두뇌가 여기에 무엇을 심건 그것은 법이 된다.

그렇다면 어떻게 두뇌가 그런 일을 할까? 옐로 브레인은 홀로그램 이미지를 점화할 수 있게 만들어졌다. 그 점화장치는 바로 생각이다. 두뇌의 모든 뉴런은 다른 뉴런과 연결되어 있다. 하나의 생각으로 노란 색깔을 만들기 위해 만 개 이상의 뉴런이 동시에 점화되어야 태양과 같은 노란 색깔을 만들 수 있다. 그리하여 두뇌는 이미지를 만들고 창조하고 상상하는데 사용된다. 두뇌는 상상하는 기계라 할 수 있다. 신피질은 이미지를 만들어 낸다. 여기 신피질에 있는 이미지들은 현실을 무시한다. 그것이 현실을 만들고 현실이 일어나도록 하는 것이다. 그것이 현실을 지속하거나 변화시킨다. 과학은 그것을 '관찰자'라고 한다.

한 과학자가 슬릿을 통해 빛의 간섭이 일어나는 실험을 할 때, 그는 이미 그러한 결과를 생각하고 있었다.[14] 그는 그것을 생각하면서 그 실험을 하였다. 그것이 그의 실험 계획이었다. 그의 신경망은 이미 어떻게 할 것인가에 대한 계획을 하고 있었다. 빛이 보드를 통과할 때, 그는 그것에 슬릿이 있다는 것을 알았다. 그 순간 그의 두뇌는 전체 계획을 동시에 점화하였다. 그것을 생각이라 부른다. 생각의 흐름이 발생하면서, 계획에 대한 이러한 생각이 빛에 영향을 주어 빛이 슬릿을 통해 원래대로라면 나타나지 않았을 벽면 쪽

---

14 그림 17. 이중 슬릿 실험

으로 움직이도록 한 것이다. 여기(전두엽)에 무엇이 있건 그것은 현실이 된다. 그래서 옐로 브레인은 위대한 설계자이며, 전두엽은 원형을 설계하고 일관성 있는 생각을 하는 역할을 한다. 이미지가 없이는 파동을 입자 형태로 붕괴할 수 없기 때문에, 전두엽은 가능한 한 많은 이미지를 당신, 영에게 제공한다. 알겠는가?

우리의 사고방식에 대한 인지

잠시 이것에 대해 생각해 보라. 만일 당신의 모든 생각들을 매일 관찰할 수 있다면 어떻게 될까? 당신들 대부분은 자신의 생각을 관찰하지 않는다. 당신이 하는 말에 대해서도 전혀 자각하지 않는다. 당신은 야만인처럼, 쓰레기처럼 말하며, 점점 신이 되는 것과는 멀어진다. 심지어 당신은 말을 힘으로 사용하지도 않는다. 일주일 내내 자신의 생각들을 관찰하면 어떨까? 당신이 그렇게 한다면 어떨까? 그러면 일련의 생각들이 당신이 지금까지 살아온 삶을 창조하는 데 필요한 이미지라는 것을 확실히 알게 될 것이다. 만약 우리가 그러한 이미지를 바꾸면 어떨까? 우리가 이미지 혹은 그림을 바꾸면 우리의 현실을 바꾸게 된다. 아주 간단하다. 그래서 나는 당신에게 위대한 러너를 보낼 것이다. 그 러너는 일주일 동안 당신이 자신의 생각을 매우 주의 깊게 관찰하도록 할 것이다. So be it.

나는 지난밤 당신에게, "원하는 것 세 가지를 생각하라."라고 말했다. 내가 당신에게 무엇이라고 말했는가? "생각하라."라고 말했다. 당신은 자리에 앉아 두뇌에게, "자, 화일을 꺼내라. 우리가 원하는 것, 원하는 것, 원하는 것, 원하는 것은 무엇인가? 자, 우리가 원하는 것은 무엇인가? 흠, 원하는 것이라." 당신 두뇌는 생각을 형성하고 있는 중이다. 우선 당신은 무엇인가를 원했고 두 가지 더 원하는 것을 생각하려고 노력하였다. 당신이 원하는 것을 생각하고 있다는 것을 알았는가? 당신이 원하는 것을 생각해야만 한다는 것이 흥미롭지 않은가? 만약 지니가 당신 눈앞에 있다면, 당신은 처음 5분 동안은 어떤 말도 할 수 없을 것이다. 당신은 원하는 어떤 것이건 가질 수 있는데도, "내가 원하는 것을 가질 수 있다면, 나는 내가 원하는 것을 이룬 후에야 다른 모든 것을 원할 것이다. 그것만이 이 순간 내가 생각할 수 있는 유일한 것이기 때문이다."라고 항상 말할 것이다.

두뇌는 당신에게 이미지를 제공한다. 원하는 것을 정했을 때, 당신은 옐로 브레인이 당신과 협조할 수 있도록 좀 더 창조적으로 원하는 것을 만들었어야 했다. 그러면 그것이 당신에게 이미지를 제공했을 것이다. 그때 당신이 무엇을 했는지 아는가? 당신은 그 이미지에 대해서 생각하였다. 그 외에 당신은 또 무엇을 했는지 아는가? 그 이미지를 판단하였다. "아니야. 그런 일은 나에게 절대로 일어나지 않아. 나는 그럴만한 자격이 없어. 그것은 나에게 너무 과분해. 정신 차려." 내가 당신에게 하고 싶은 말도 정신 차리라는 말이다. 당신은 이미지를 올려놓고 그것을 분석하였다. 몇 명이나 그렇게 했는가? 몇 명이나 자신이 원하는 것에 대해 그런 식으로 판단했는가? 이제 당신은 그러한 분석이 좋지 않다고 생각하지 않는가? 만약 어떤 것을 창조하고 그것에 대해 어떠한 분석이나 판단도 하지 않고, "내가 원하는 것이야."라고 말한다면 어떤 일이 일어날까? 어떤 일이 일어날까? 몇 명이나 당신이 그렇게 할 수 있을 것이라고 생각하는가? 그러나 당신이 그것에 대해서 비판한다면 어떤 일이 일어나겠는가? 이 홀로그램에 대해서 분석한다면 어떨까? 어떤 일이 일어날까? 당신은 그것을 얻을 수 없다. 왜일까? 그것이 분석 당하고 있기 때문이다. 비록 그 그림이 여기에 있다고 하더라도, 그것이 분석되고 비판되기 때문에 어떤 것을 하도록 허용되지 않는다. 당신은 한 번도 그것을 내버려 두지 않았다. 그것은 분석하에 있으면, 절대로 구현되지 않는다. 몇 명이나 이해하는가?

 엘로 브레인을 원형 즉 이미지를 제공하는 자라고 생각하며 그 이미지를 여기 전두엽에 두도록 한다. 여기 전두엽에 있는 것은 그것이 무엇이건 제로 포인트와 일치 상태가 된다. 쿤달리니를 통해 에너지가 나오는 것처럼 두뇌 뒷문인 소뇌로부터 에너지가 나와 전두엽에 완전한 힘을 실어준다. 이것은 에너지가 없으면 어디에도 가지 못한다. 전두엽에 그 이미지가 일어나게 한다면 우리는 그것에게 가장 큰 에너지를 주는 것이며, 그 이미지를 전두엽에서 빼버리면 그것으로부터 에너지를 거두어 버리는 것이다. 즉 그것의 에너지를 제한하는 것이다.

 두뇌의 기능과 두뇌가 에너지와 현실에 주는 영향을 이해하는 과정에서, 이 지식의 좋은 점은 이것이 어떤 것에 유효하게 작용한다면, 다른 모든 것에도 유효하게 작용한다는 것이다. 이점은 분명하다. 두뇌에 숨겨져 있는 어느 부위도 사용하지 말라고 적혀진 법은 없다. 당신은 모든 것을 창조한다. 이 과학을 배우고 훈련한다면, 당신에게 불가능한 일은 없을 것이다. 정말 유감스럽게도 사람들은 이 원리를 적용하지 않는다. 그들은 너무 게으르다. 이것은 정말 효과가 있다. 만약 당신이 한 개의 깃털을 구현할 수 있다면, 모든 것들이 같은 에너지기에, 당신은 그리스도가 될 수 있는 능력을 구현할 수 있다.

 허기진 아이들처럼 이것을 먹어 치워라. 태도가 모든 것을 좌우한다. 당신이 삼키는 작은 과자 조각 하나에도 행복하고, 행복하길 바란다. 잠시 시간이 나면 산책하면서 폐를 정화하고, 독서를 하고, 휴식을 취하라. 내가 다시 돌아오면 당신이 원하는 세 가지를 각각 한 단어로 요약하라. 당신들을 깊이 사랑한다.

학생: 람타, 사랑합니다.

람타: 나는 그러한 사랑을 받을 자격이 있다. 그것뿐이다.

제 8 장
마무리 연설

당신 내면의 신에게 인사드립니다. 그 신이 어디에 있는지 잊지 않도록 기도합시다. 같이 한 잔의 물을 마십시다.

오 나의 사랑하는 하느님이여,
나는 선언합니다.
내가 집중하는 그것을
나는 확고히 원합니다.
그것은 곧바로 구현됩니다.
So be it.
인생을 위하여.

모두 자리에 앉도록 하라. 자, 시작하자. 육체의 호흡은 영의 의지를 영적으로 보여주는 것이다. 오직 영이 몸에서 활동할 때만 육체는 숨을 쉰다. 영이 육체를 떠나면 육체는 더 이상 생명의 숨결을 지니지 않는다. 이제 옛사람들이 신과 소통하기 위해 정적인 자세와 호흡을 필요로 한 이유를 이해할 것이다. 호흡이 영의 의지이기 때문이다. 우리가 영의 의지를 알 수 있다면, 그것은 호흡을 통해서이다.

무대 위에 올라온 세 명의 마스터들을 주시하라. 그들이 이러한 자세를 하고 숨 쉬는 모습을 보라.[1]

그림 23. C&E 자세

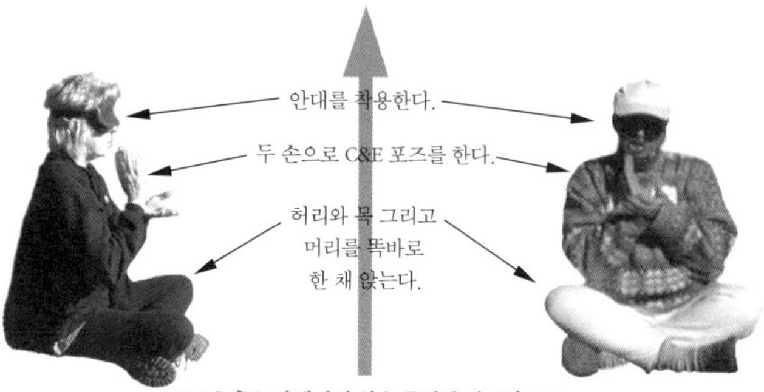

안대를 착용한다.
두 손으로 C&E 포즈를 한다.
허리와 목 그리고 머리를 똑바로 한 채 앉는다.

C&E 호흡은 아랫배에 힘을 주면서 의도적으로 에너지를 두뇌로 끌어올려 입을 통해 숨을 내쉬는 것이다.

안대를 착용하라. 그리고 트라이어드를 만들라.[2] 우리는 트라이어드와 함께 시작할 것이다.

앞에서 시범을 보이는 사람들을 유심히 관찰하라. 그들이 어떻게 앉아 있는지 보라. 그들이 하는 모든 행위를 하나도 빼놓지 말고 주시하라.

잠시 멈추도록 한다. 그들을 볼 때 놀랄만한 어떤 일도 일어나지 않는 것처럼 보이지만, 그들에게 지금 어떤 일이 일어나고 있는지 아는가? 당신은

---

[1] 이 책에 나온 설명은 오직 참고를 위한 것이며, C&E 훈련을 위한 적절한 설명 지침서가 아님을 밝혀둔다. 람타의 C&E 훈련법을 배우고 연습하고자 하는 학생들은 람타의 깨달음 학교에 와서 수업에 참석하여 개인적 지도를 받아야 한다.

[2] 입문자들은 위대한 작업(Great Work)의 어떤 특별한 훈련을 할 때 안대를 쓰고 트라이어드를 만드는 법을 배운다. 학생들은 이마 혹은 7 번째 씰, 즉 트라이어드의 정점으로부터 이 훈련을 시작한다. 계속 집중하면서 손을 이마에서 왼쪽 무릎으로 천천히 움직인 후 다시 오른쪽 무릎을 향해 천천히 움직인다. 마지막으로 다시 이마를 향해 올리며 트라이어드를 그린다. 이 트라이어드는 하강과 진화를 상징한다.

마무리 연설

그들이 숨을 쉬고, 또 쉬고 또 쉬는 모습을 보았다. 그들은 자신들을 보고 있는 당신에 대해서 생각할까? 아니다. 그들은 무엇에 집중하고 있는가? 그들은 오직 에너지를 위로 끌어 올리는 데만 집중한다. 그들의 마음은 오직 그것에만 집중한다. 그들 중 두 사람이 잠시 숨을 멈춘 것을 보았는가? 왜 그랬는지 궁금했었는가? 그들은 자신의 몸속에서 흐르는 느낌과 에너지를 살폈던 것이다. 우리는 그것을 빛을 탄다고 말한다. 그들은 정확한 의도를 가지고 숨쉬기를 원하며, 그들이 집중하던 것을 멈추고 허용할 때, 그들의 머리로 에너지가 흘러들어 아주 크게 자랄 것이다. 그것이 바로 그들이 창조하기를 원하는 것이다.

그들이 3차원적인 느낌보다 더 가벼운 느낌을 갖게 되었을 때, 그들은 이 일을 할 준비가 된 것이다. 그전까지 그들은 이 일을 할 수가 없다. 그들의 자세를 보았는가? 그들이 손을 어떻게 하고 있었는지 보았는가? 어떻게 숨을 내쉬는지 보았는가? 그들이 어떻게 몸을 차분하게 가라앉히는지 보았는가? 이것을 정확하게 한다 — 당신은 이것을 할 수 있다 — 면, 그것은 하나의 습관이 되어 아무런 집중 없이도 할 수 있을 것이다. 당신이 처음 그 습관을 통해 가질 수 있는 유일한 힘은 트라이어드를 만드는 일일 것이다. 그러나 숨을 강하게 하는 일에 집중하지 않는다면, 당신 몸에서 일어나는 체온의 변화를 느끼지 못할 것이며, 잠시 멈춰 에너지가 당신의 머리로 돌진할 때, 빛을 탄다는 것을 느낄 수 없을 것이다. 당신은 그저 딴생각을 하면서 숨을 내쉬는 것이다. 자, 다른 모든 것들과 마찬가지로, 태도가 모든 것을 좌우한다. 그러한 태도는 현실을 창조하지 않는다.

당신들 앞에서 시범을 보이는 세 명의 마스터들은 자신들이 하는 일에 완전히 몰입해서 이 훈련을 하고 있다. 그들은 당신과 함께 그 훈련을 하는 것이 아니다. 그들은 당신에게서 완전히 떨어져, 현실을 창조하기를 원하는 중이다.

어떤 특정한 이미지에 강력하게 집중하려면 우선 두뇌가 준비되어야 한다. 몸의 주파수가 올라가야 한다. 몸의 주파수가 올라가면, 두뇌는 알파 주파수로 올라가 자유자재로 유체이탈할 수 있다. 우리는 어떤 것에도 집중할 수 있으며, 그것은 그렇게 이루어질 것이다. So be it.

자, 이제 허리를 쭉 펴고 똑바로 앉도록 한다. 그런 후 안대를 이마에 착용하라. 당신은 앞에 나와서 시범을 보이는 사람들과 함께 호흡하는 법을 연습할 것이다. 조용한 음악을 들으면서 숨을 들이마실 때, 숨결에 당신의 의지가 들어가야 한다. 당신의 힘을 활짝 열도록 하라. 그리하여 그 숨결이 강력해지도록 하라. 내가 그만두라고 할 때까지 계속 호흡하도록 한다. 음악을 들으면서 연습하라. 그들이 하는 대로 따라 하도록 한다. 당신이 호흡하는 법에 익숙해지면 그때 구현하는 법을 보여주겠다.

진정한 이교도 춤을 당신과 함께 추기를 무척 원하지만, 그것은 다음 강연 때 배울 것이다.

지난 이틀 동안 내가 가르쳤던 모든 것들 — 신이, 당신 자신의 실체가 되는 — 내가 당신에게 말한 모든 것들은 당신이 창조했던 것들이 구현되었을 때 확실하고 분명한 진리로 다가설 것이다. 당신이 정말로 운이 좋다면, 당신은 오늘을 그리고 오늘 여기에서 배운 것들을 절대로 잊지 않을 것이다. 이제 당신은 신과 사랑에 빠질 것이며, 생전 처음으로 자신이 지금까지 무엇을 놓치면서 살았는지 깨달을 것이다. 당신이 할 수 없는 것은 없다. 당신에게 불가능한 것은 없다. 당신이 그러한 마음과 이미지를 만들 수 있는 두뇌를 가지고 있고, 또한 외적 현실에 굴하지 않고 그것을 굳게 붙잡는 힘이 있다면, 당신은 언제나 원하는 것을 얻을 수 있다.

455,000년 전에 여기에 왔던 모든 위대한 신들(Gods)도 이러한 방법을 사용하였다. 그들은 이미 예전부터 이러한 원리를 알고 있었다. 그들은 진화적

마무리 연설

인 차원에서 점점 발전하였다. 그들은 다른 왕국에서 다른 육체를 가지고 다른 삶을 살아가고 있으며 그들의 수명은 아주 길다. 그 중 일부는 수천 년간 죽지 않고 산다. 당신도 누릴 수 있는 권리이다. 당신은 그들이 한때 이곳에 왔었다는 것을 알기 시작하였다. 내가 당신들에게 가르치는 모든 것들은 진정으로 효과가 있다. 만약 효과가 없다면 이 학교에 다니는 학생들이 계속해서 여기에 오지 않을 것이다.

이제, 지난 이틀간의 장황한 연설과 가르침 그리고 당신이 적고 말했던 모든 것들을 통해 당신의 내면에 신이 존재하며, 그 신성함의 근원인 의식과 에너지가 현실의 본질을 창조한다는 것을 알게 되었을 것이다. 오늘 날짜를 적고 당신의 삶에서 바꾸거나 구현하고 싶은 목록을 작성하라. 집에 돌아가면 당신이 일어났을 때나 잠자기 전에 쉽게 볼 수 있는 장소에 그것을 걸어 놓도록 한다. 그리고 그것들이 이루어지는 날짜를 기록하라. 내가 가르친 모든 것들을 믿을 수 있는 유일한 방법은 당신 스스로 그것을 경험하는 것이기 때문이다.

내일 아침 평소보다 일찍 일어나 조용한 장소에서 안대를 착용하고 바람처럼 숨을 내쉬면서 당신의 하루를 창조하라. 당신의 삶에 생명과 힘을 불어넣고 그것을 느끼도록 하라. 무엇인가 경이로운 것에 집중하라. 어쩌면 그날은 하나의 모험이 될 수도 있으며 하루가 끝날 때 당신은 더욱더 많은 지식을 얻고 성장했을 수도 있을 것이다. 내가 가르친 것들을 연습하라. 그리고 배운 것들이 마음에 든다면, 앞으로도 더 많은 것을 배울 수 있다.[3] 당신은 더 많은 것을 배우기 위해 다시 여기로 올 것이다. 나는 당신에게 경이로운 것들을 가르칠 것이다. 열린 마음과 성장할 수 있는 많은 여유를 갖고 오라. 그

---

3   JZK 출판사, 고대 지혜의 도서관에서 출판된 다양한 책들, 테이프들, 비디오들을 참고하거나 람타의 깨달음 학교로 연락하면 좀 더 자세히 알 수 있다.

러는 동안 바람이 불 때면 나를 기억하라. 러너가 오면 나를 생각하라. 신이 내면에 존재한다는 사실을 결코 의심치 마라. 마스터들이여! 당신들을 깊이 사랑한다. 나는 깨달은 자 람타이다. 오늘 강의는 여기에서 끝마친다.

부록

워크북

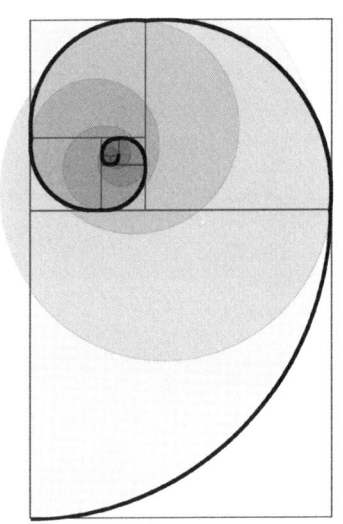

지시사항

다음에 나오는 도형들의 색을 책에 나오는 것과 똑같이 칠하는 것이 중요합니다. 이 도형들은 람타의 핵심 개념을 정확히 이해할 수 있도록 도와줄 것입니다. 여기에 나오는 도형을 오려 교육을 받거나 이 책을 읽을 때 사용할 수 있습니다.

칼라 코드

일곱 가지 차원	의식	에너지	색상
7 차원	울트라 의식	무한 미지	골든 로즈
6 차원	하이퍼 의식	감마선	연한 핑크색
5 차원	초의식	X 선	황금색
4 차원	연결 의식	자외선	바이올렛 블루
3 차원	자각 의식	가시광선	노랑
2 차원	사회의식	적외선	빨강
1 차원	무의식	헤르츠	붉은 밤색

Copyright © 2004 JZ Knight

제로 포인트로부터 의식과 에너지의 하강

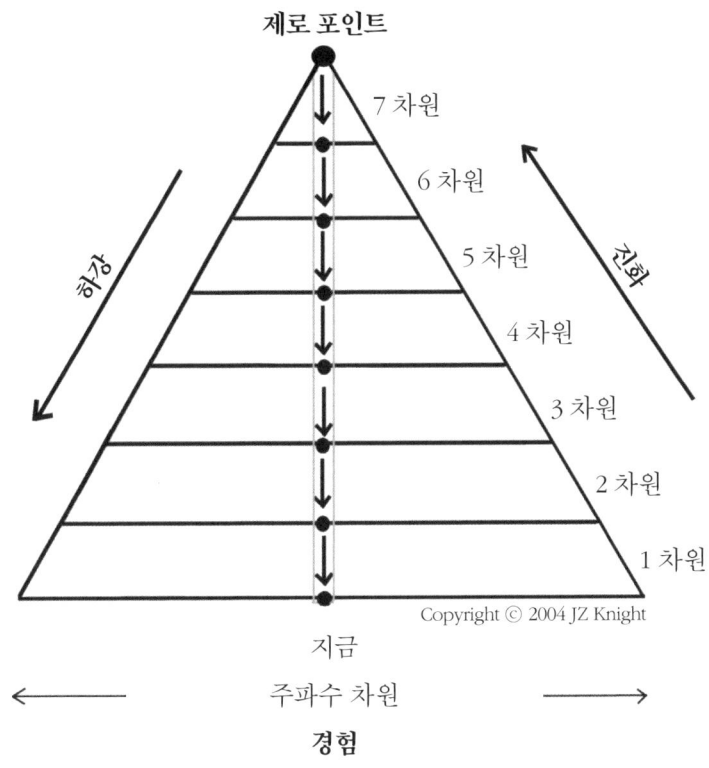

칼라 코드

일곱 가지 차원	의식	에너지	색상
7 차원	울트라 의식	무한 미지	골든 로즈
6 차원	하이퍼 의식	감마선	연한 핑크색
5 차원	초의식	X 선	황금색
4 차원	연결 의식	자외선	바이올렛 블루
3 차원	자각 의식	가시광선	노랑
2 차원	사회의식	적외선	빨강
1 차원	무의식	헤르츠	붉은 밤색

Copyright © 2004 JZ Knight

분리된 마음(Binary mind)

이것은 두 개의 마음을 의미합니다. 분리된 마음은 개별적 존재들의 지식과 육체적 경험들이 잠재의식과 연결되지 않은 채 만들어진 마음 상태를 말합니다. 분리된 마음은 1, 2, 3 차원을 기준으로 얻은 지식과 이해 그리고 신피질의 사고방식에만 의존합니다. 이러한 마음 상태에선 4, 5, 6, 7 차원의 씰들은 닫혀 있습니다.

워크북

분리된 마음 — 이미지로 사는 것

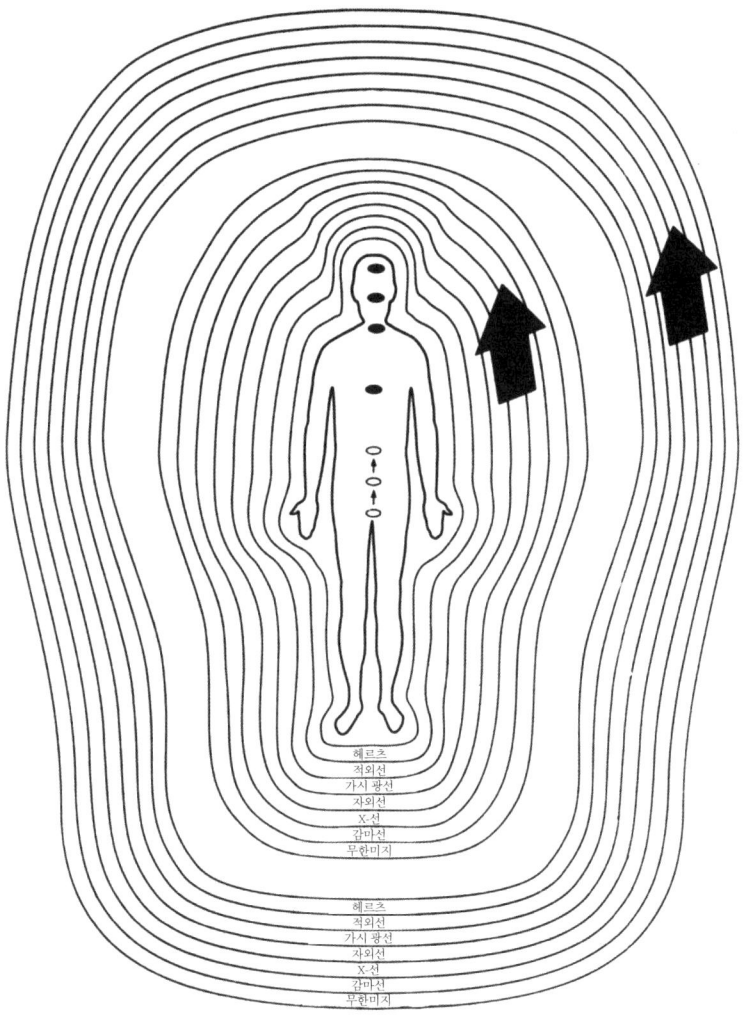

칼라 코드

일곱 가지 차원	의식	에너지	색상
7 차원	울트라 의식	무한미지	골든 로즈
6 차원	하이퍼 의식	감마선	연한 핑크색
5 차원	초의식	X 선	황금색
4 차원	연결 의식	자외선	바이올렛 블루
3 차원	자각 의식	가시 광선	노랑
2 차원	사회의식	적외선	빨강
1 차원	무의식	헤르츠	붉은 밤색

Copyright © 2004 JZ Knight

하나된 마음(Analogical mind)
이것은 하나된 마음의 상태를 의미합니다. 이것은 최초의 식인 관찰자와 이차 의식인 인성이 일치되어 나타나는 결과로 이러한 마음 상태에서 인체의 4, 5, 6, 7 차원의 씰이 열리게 됩니다. 이때 인체를 감싸고 있는 두 개의 밴드는 마치 큰 바퀴 속에서 작은 바퀴가 도는 것처럼 각각 서로 반대 방향으로 회전하며 강력한 소용돌이를 일으켜 우리의 전두엽에 있는 생각들을 붕괴시켜 현실에서 구현되도록 합니다.

워크북

하나된 마음 — 지금 이 순간에 사는 것

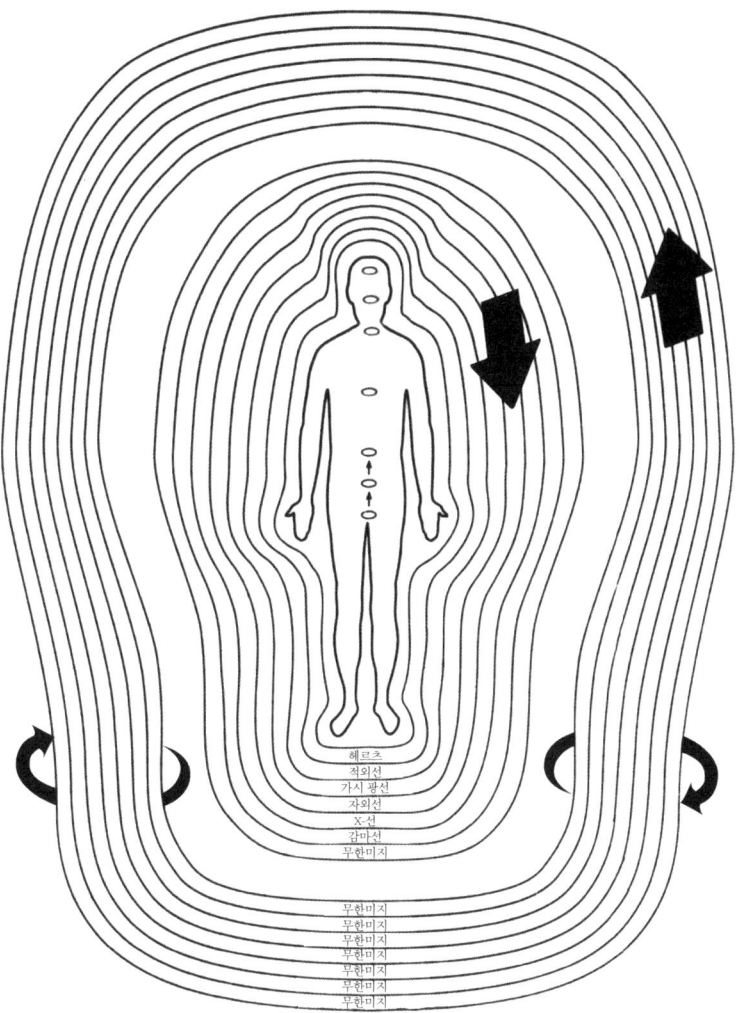

칼라 코드

두뇌 해부학	색상 참조
신피질	노랑
시상 하부	밝은 청색
전두엽	노랑
뇌하수체	감청색
해마와 편도체	인디고
뇌교	오렌지
망상체	빨강
중뇌	오렌지
시상	파랑
뇌량	초록
송과선	보라
소뇌	빨강
척추	오렌지
에너지	검정

워크북

두뇌

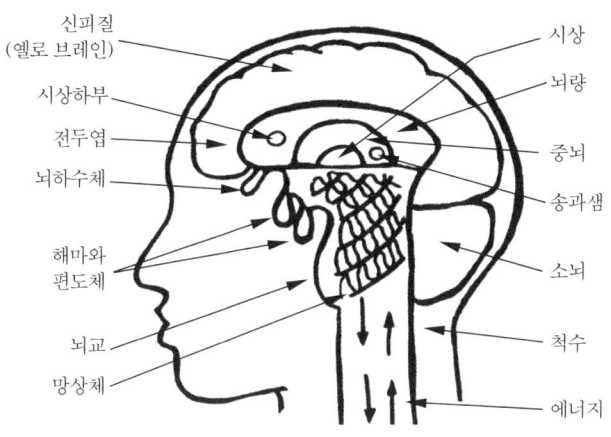

Copyright © 2004 JZ Knight

이 그림은 람타가 두뇌의 기능과 과정에 대해 가르칠 때 사용하는 만화 같은 평면적인 그림이다. 람타는 이 독특한 그림을 통해 두뇌의 각 부위에 대해 설명하고 이해를 돕기 위해 각기 다른 색상을 사용하여 강조한다. 두뇌에 관해 가르칠 때 항상 이 그림을 사용한다.

람타, 현실 창조를 위한 입문서

관찰자 효과와 신경 세포

관찰자는 가능성을 가진 파동 함수를 붕괴시켜
입자로 된 현실을 만든다.

Copyright © 2004 JZ Knight

관찰 행위를 통해 신경 세포가 점화하여 생각을 만든다.

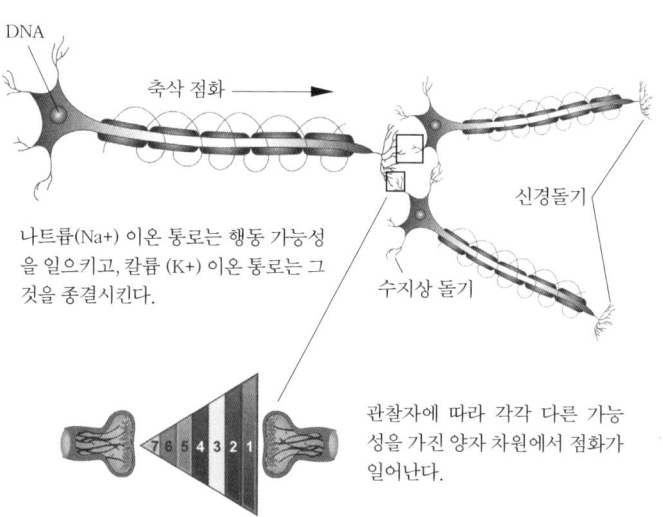

Copyright © 2004 JZ Knight

워크북

관찰자 효과와 신경 세포

이전 페이지의 그림을 이곳에 그려보세요.

세포 생물학과 사고 연결

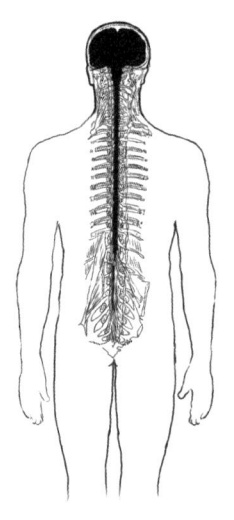

두뇌는 신체 모든 세포 조직과
연결되어 있다.

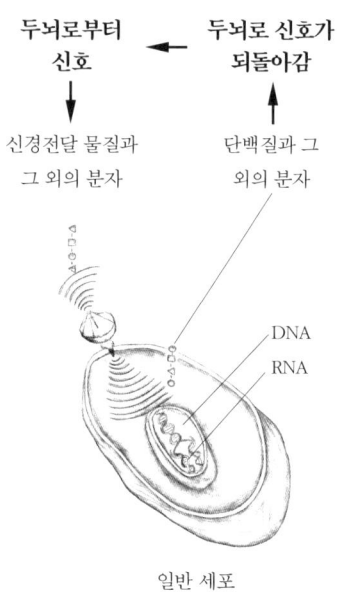

일반 세포

Copyright © 2004 JZ Knight

워크북

세포 생물학과 사고 연결

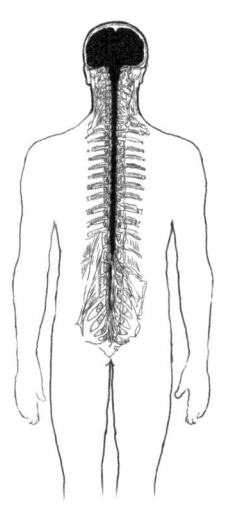 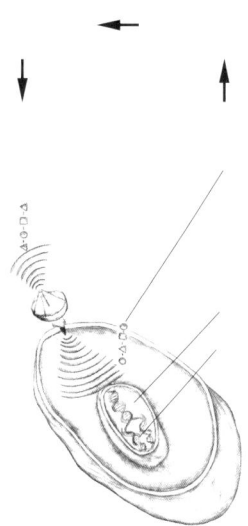

이전 페이지의 그림을 이곳에 그려보세요.

거미줄 같은 세포의 골격 구조

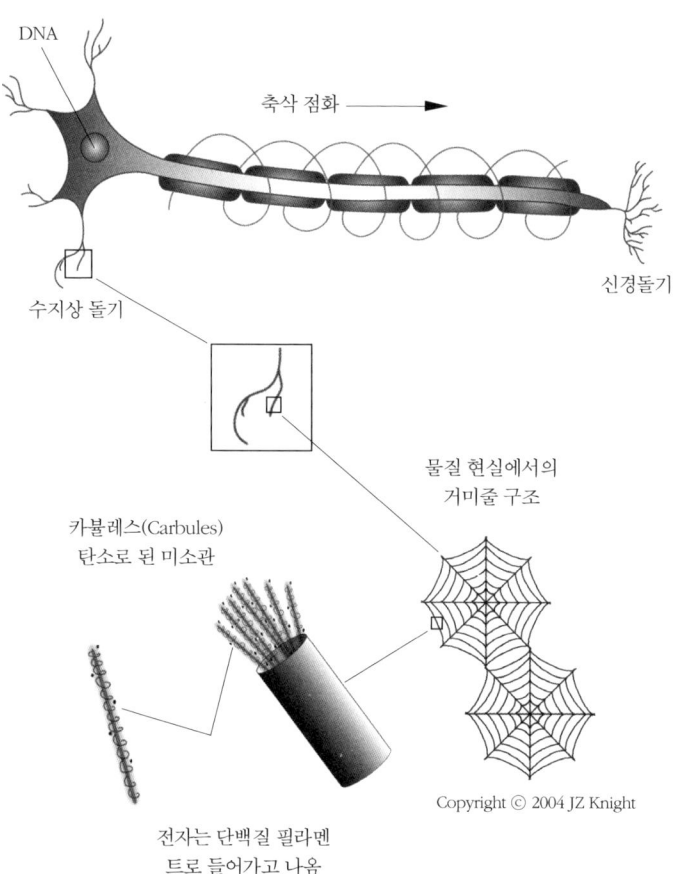

워크북

거미줄 같은 세포의 골격 구조

이전 페이지의 그림을 이곳에 그려보세요.

블루 바디(The Blue Body®)

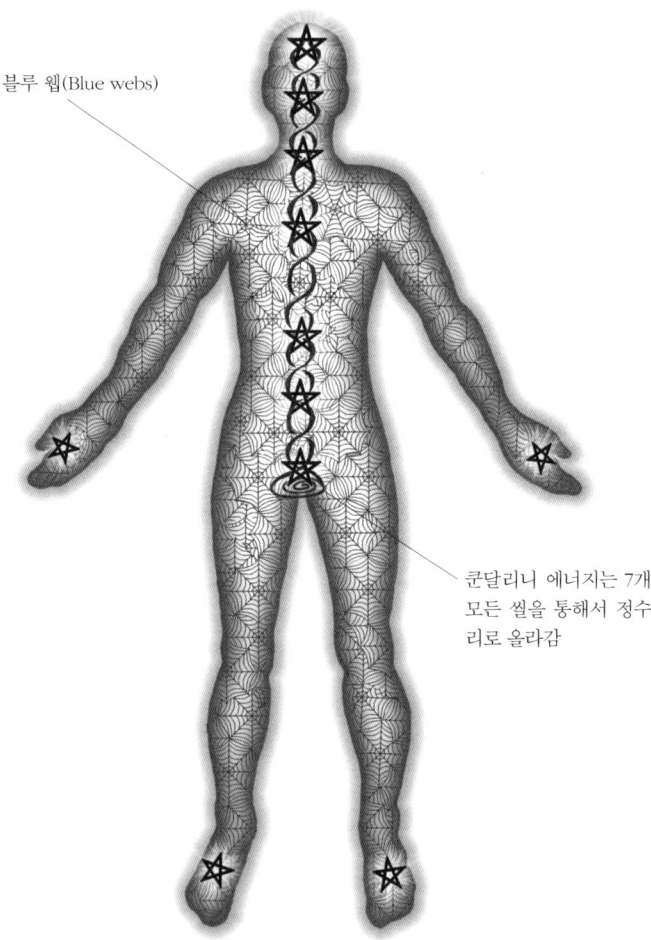

워크북

블루 바디(The Blue Body®)

이전 페이지의 그림을 이곳에 그려보세요.

용어정리

1 차원(First plane)
물질과 육체적 차원을 말하며 이미지(환상)의식 및 헤르츠 주파수의 차원입니다. 의식과 에너지가 가장 느리고 밀도가 가장 높은 형태로 응결된 세상이며 첫 번째 썰과 연결됩니다. 첫 번째 썰은 생식기, 성욕 그리고 생존과 관련되어 있습니다.

2 차 의식(Secondary consciousness)
제로 포인트가 보이드의 숙고하는 행동을 모방했을 때 스스로 거울반사현상을 일으켜 보이드의 탐험을 가능하게 한 기준점을 창조했습니다. 이 기준점을 거울 의식 혹은 2차 의식이라고 합니다. 자아(Self, the) 참고

2 차원(Second plane)
사회적 의식 및 적외선 주파수 밴드가 존재하는 차원입니다. 이 차원은 아픔, 통증과 연관 있으며 가시광선 주파수의 3 차원의 부정 극성(極性 Negative Polarity)입니다.

3 차원(Third plane)
자각의식 및 가시광선 주파수 밴드의 차원입니다. 또한 빛의 차원이며 정신적 차원으로도 알려져 있습니다. 블루 차원의 에너지가 이 주파수 밴드로 내려오면, 에너지는 +, - 양극으로 분리됩니다. 그 포인트에서 영혼이 둘로 나뉘어져 소울메이트 현상이 시작됩니다.

4 차원(Fourth plane)
연결 의식 및 자외선 주파수의 영역입니다. 이 차원은 낡은 것을 파괴하고 새로운 것을 창조하는 시바의 차원으로 표현되며, 아직 에너지가 +, - 양극으로 분리되어 있지 않습니다. 육체의 지속적인 변화와 치유를 위해서는 4 차원과 블루바디 레벨에서 먼저 변화가 있어야 합니다. 4 차원은 블루 차원 혹은 시바 차원이라고도 불립니다.

5 차원(Fifth plane)
초 의식과 X—ray 주파수 영역의 차원입니다. 또한 골드 차원 혹은 천국으로 알려져 있습니다.

6 차원(Sixth plane)
하이퍼 의식 및 감마선 주파수 밴드의 영역입니다. 이 차원에서 전체 생명과 존재의 자각이

하나가 됨을 경험합니다.

7 차원(Seventh plane)
울트라 의식과 무한미지 주파수 밴드의 차원입니다. 이 차원에서 하강의 여정이 시작되었습니다. 제로 포인트가 보이드의 숙고 행위를 모방했을 때 창조되었고 이어서 거울 의식 혹은 2차 의식이 창조되었습니다. 존재의 차원 혹은 공간과 시간의 차원은 두 개의 의식 포인트 사이에 존재합니다. 그 외의 모든 다른 차원은 7 차원의 시간과 주파수 밴드가 느려지면서 창조된 것들입니다.

1 번째 씰(First seal)
생식기관, 성욕 그리고 생존과 관련되어 있습니다.

2 번째 씰(Second seal)
사회적 의식과 적외선 주파수 밴드의 에너지 중심입니다. 아픔 그리고 고통의 경험과 관련되어 있으며 하복부에 위치합니다.

3 번째 씰(Third seal)
의식적 인식 및 가시광선 주파수 밴드의 에너지 센터입니다. 통제, 독재, 희생, 그리고 권력과 관련되어 있습니다. 이것은 태양신경총 부위에 위치합니다.

4 번째 씰(Fourth seal)
무조건적인 사랑이며 가슴샘과 관련되어 있습니다. 이 씰이 활성화되면, 호르몬이 분비되어 완전한 건강을 유지하고 노화를 중단시킵니다.

5 번째 씰(Fifth seal)
우리를 5 차원에 연결시키는 영적 육체의 에너지 센터입니다. 갑상선과 연관되어 있으며, 이 원론 없이 진리를 말하고 사는 것과 관련되어 있습니다.

6 번째 씰(Sixth seal)
송과선과 감마선 주파수 밴드와 관련 있습니다. 이 씰이 활성화될 때 잠재의식이 알고 있는 것을 여과하고 베일을 씌우는 망상체가 열립니다. 두뇌가 열린다는 말은 이 씰이 열려서 의식과 에너지가 활성화되는 것을 의미합니다.

7 번째 씰(Seventh seal)

정수리, 뇌하수체 그리고 깨달음을 얻는 것과 관련 있습니다.

7개의 씰(Seven seals)
인체 내에서 7단계의 의식을 구성하고 있는 강력한 에너지 센터들을 의미합니다. 2개의 밴드는 이 일곱 개의 씰에 의하여 밴드 내에 있는 육체를 뭉쳐 있게 합니다. 모든 인간의 육체 내에는 에너지가 중심에서 소용돌이처럼 나오는 처음 3개의 씰 혹은 센터가 있습니다. 처음 3개의 씰에서 나와 박동하는 에너지는 각각 성욕, 고통 그리고 권력으로 구현됩니다. 상위 4개의 씰들이 열리면, 좀 더 높은 자각이 활성화됩니다.

감정(Emotions)
감정은 경험을 통해서 일어나는 육체적, 생화학적 결과입니다. 감정들은 과거에 속합니다. 그것은 이미 경험된 것이 표현되도록 형성된 신경망 안에 있기 때문입니다.

감정체(Emotional body)
감정체는 과거의 감정, 태도 그리고 두뇌의 신경망을 구성하여 개인의 인성을 결정하는 전기화학적 패턴의 집합체입니다. 람타는 이것이 사람들을 깨어나지 못하게 유혹한다고 설명합니다. 또한 이것이 계속 윤회하는 이유입니다.

깨달음(Enlightenment)
인간이 완전히 자각한 상태로서, 영원하고 무한한 마음을 가지는 것을 말합니다. 척추 밑에 있는 쿤달리니 에너지가 7 번째 에너지 씰로 상승하여 뇌의 잠자고 있는 부위들을 열어줄 때 일어나는 결과입니다. 에너지가 소뇌 하부와 중뇌로 들어가 잠재의식이 열릴 때 깨달음이라 불리는 눈부신 섬광이 일어나는 개인적 경험을 합니다.

거울 의식(Mirror consciousness)
제로 포인트가 보이드의 숙고하는 행동을 따라 했을 때, 스스로 거울반사현상을 일으켜 보이드의 탐험을 가능하게 한 기준점을 창조했습니다. 이 기준점을 거울 의식 혹은 2차 의식이라고 합니다.

골든 바디(Golden body)
5 차원, 초 의식, X-ray 주파수에 속하는 육체입니다.

관찰자(Observer)
양자 역학에서 입자/파동의 붕괴를 일으키게 하는 관찰자를 지칭하는 말입니다. 이것은 위대한 자아, 영, 최초의식, 인간 내면에 존재하는 신을 의미합니다.

그리드(Grid^{SM}, The)
의식과 에너지를 끌어올려 정신적 심상화를 통해 의도적으로 제로 포인트의 에너지 장과 현실의 구조에 접근할 수 있게 람타에 의해 만들어진 훈련 테크닉의 서비스 마크입니다. 이 테크닉은 람타 깨달음 학교(RSE)에서 독점적으로 가르칩니다.

내면에 존재하는 신(God within)
이것은 관찰자, 위대한 자아, 최초의식, 영, 그리고 인간 안에 내재하는 신(God)을 의미합니다.

네임 필드(Name-field)
네임 필드는 필드워크 훈련을 실습하는 큰 운동장의 이름입니다.

라마야(Ramaya)
람타는 제이지 나이트를 자신의 사랑하는 딸이라고 부릅니다. 그녀는 라마야였으며, 람타의 생애에서 입양된 첫 번째 자식이었습니다. 람타는 러시아 대초원에서 버려진 라마야를 발견했습니다. 람타의 원정 기간 동안 많은 사람들이 그에 대한 사랑과 존경의 표시로 그들의 자식을 선물로 주었으며, 이 아이들은 람타의 집에서 자랐습니다. 람타의 아이들은 133명까지 늘어났지만 그의 혈통을 가진 자손은 한 명도 없었습니다.

라이트 바디(Light body)
이것은 빛을 방사하는 몸(光體)을 말합니다. 이 몸은 의식적 인식 및 가시광선 주파수 밴드인 3차원에 속합니다.

람(Ram)
람이란 람타라는 이름을 짧게 부른 것입니다. 람타는 아버지 신이라는 의미입니다.

람타(Ramtha, 어원)
바람의 신, 깨달은 자 람타라는 명칭은 아버지 신이라는 의미입니다. 또한 '람의 기적의 날'로 알려진 그날에 산에서 내려온 람을 지칭하는 것입니다. "이것은 아주 오래된 고대에 있었던 일입니다. 고대 이집트에는 위대한 정복자인 람에게 바친 대로가 있습니다. 그리고 그들은 람타의 대로를 걸어서 내려갈 수 있는 사람은 누구나 바람을 정복할 수 있다는 뜻을 이해할 만큼 매우 지혜로웠습니다." 노아의 손자인 아람의 이름은 아랍어인 아라 — 지구, 광대한 대륙 — 에서, 람타는 높다라는 뜻에서 유래하였습니다. 샘족에서 람타라는 이름은 높은 산에서 내려와 대원정을 시작했음을 뜻합니다.

러너(Runner)
람타의 생애 때 러너는 특별한 메시지나 정보를 가져오는 책임을 맡았습니다. 마스터 스승은 러너들을 다른 사람들에게 보내는 능력을 가지고 있어서 그들의 말과 의도를 경험이나 사건의 형태로 구현하게 합니다.

리스트(List, the)
리스트는 람타가 가르치는 훈련 중 하나입니다. 학생들은 그들이 알고 경험하기를 원하는 사항들을 리스트로 적은 다음, 아날로지컬 의식 상태에서 집중하는 법을 배웁니다. 이 리스트는 사람의 신경망을 새롭게 디자인하고 바꾸며 재프로그래밍하기 위해 사용하는 지도와 같습니다. 이것은 그 사람의 내면에서 그리고 그들의 현실 속에서 의미 있고 지속적인 변화가 일어나도록 도와주는 도구입니다.

마음(Mind)
마음은 뇌에 작용하여 각종 사고 형태, 홀로그램적 단편들, 또는 기억이라 불리는 신경 시냅스 패턴들을 일으키는 의식과 에너지 흐름의 산물입니다. 의식과 에너지의 흐름은 두뇌를 활발하게 유지합니다. 그것들은 힘의 원천입니다. 한 사람의 사고 능력은 의식과 에너지의 흐름에 마음을 부여합니다.

모/부 원리(Mother/Father Principle)
모든 생명의 근원, 아버지, 영원한 어머니, 보이드를 뜻합니다. 람타의 가르침에서 근원과 창조주(God)는 다릅니다. 창조주(God)는 제로 포인트 및 최초의식으로 간주되지만 근원이나 보이드 그 자체는 아닙니다.

무한 미지(Infinite Unknown)
7 차원 및 울트라 의식의 주파수 밴드입니다.

미지의 것을 깨닫는다(Make known the unknown)
보이드가 가지고 있는 무한한 가능성을 근원의식이 구현하고 의식적인 자각이 일어나도록 하기 위해서 근원의식에 주어진 최초의 신성한 사명을 표현하는 말입니다. 이 말은 창조와 진화의 역동적인 과정을 일으키도록 영감을 주는 강력한 의도를 표현하고 있습니다.

미지의 신(Unknown God)

미지의 신(God)은 람타의 선조들인 레무리아인들이 알았던 유일신입니다. 미지의 신(God)은 인간의 잊혀진 신성과 신성한 본질을 표현합니다

밴드(Bands, the)
밴드는 인체를 감싸며 뭉쳐 있게 하는 7가지 주파수를 가진 두 개의 띠를 의미합니다. 각 밴드의 7가지 주파수는 인체 내에 있는 7개의 의식차원과 연결된 7개의 썰과 서로 상호작용을 합니다. 밴드는 바이너리 마인드와 아날로지컬 마인드의 상태에 따라 변하는 오라장입니다.

보여주는 차원(Plane of demonstration)
물질계는 보여주는 차원이라고도 불립니다. 이 세상에서 인간이 자신의 감정적 이해를 확장하기 위해 물질로 창조적 잠재력을 증명해보고, 물질적 형태로 표현된 의식을 목격하는 차원입니다.

보이드(Void, the)
물질적으로 아무것도 없는 광대함이지만 잠재적으로 모든 것이 존재하는 상태를 의미합니다. 모/부 원리(Mother/Father Principle) 참고.

분리된 마음(Binary mind)
이것은 두 개의 마음을 의미합니다. 분리된 마음은 개별적 존재들의 지식과 육체적 경험들이 잠재의식과 연결되지 않은 채 만들어진 마음 상태를 말합니다. 분리된 마음은 1, 2, 3 차원을 기준으로 얻은 지식과 이해 그리고 신피질의 사고방식에만 의존합니다. 이러한 마음 상태에선 4, 5, 6, 7 차원의 썰들은 닫혀 있습니다.

블루 바디(Blue Body®)
이것은 네 번째 차원, 즉 브릿지 의식과 자외선 주파수 밴드에 속한 육체이며 라이트 바디와 물질계 위에 존재합니다.

블루 바디 댄스(Blue Body®Dance)
람타가 가르치는 훈련 중 하나로 학생들이 자신의 의식을 4 차원의 의식 수준으로 끌어올리는 훈련입니다. 이것은 우리를 블루 바디에 진입하게 하고 4 번째 썰을 열게 합니다.

블루 바디 힐링(Blue Body®Healing)
이것은 람타가 전수하는 훈련으로 학생이 치유와 육체의 변화를 목적으로 자신의 의식을 4 차원 의식과 블루바디로 올리는 것입니다.

용어정리

블루 웹(Blue webs)
블루 웹은 육체의 가장 세밀한 기본구조를 나타냅니다. 이것은 눈에 보이지 않는 육체적 구조로서 자외선 주파수 레벨에서 진동합니다.

빛의 세상(Light, the)
빛의 세상이란 3차원을 의미합니다.

사람, 장소, 사물, 시간 그리고 사건 (People, places, things, times, and events)
인간이 주로 경험하는 삶의 영역들로 인성이 감정적으로 집착하는 것들입니다. 이러한 영역들은 인간의 과거를 표현하며, 감정체의 내용을 구성합니다.

사회의식(Social consciousness)
2차원과 적외선 밴드의 의식입니다. 또한 인간 개성의 이미지 및 처음 3개의 썰이라고도 불립니다. 사회의식은 인간사회의 집단의식을 지칭합니다. 이것은 인류의 집단적 사고, 추측, 판단, 편견, 법, 도덕, 가치관, 태도, 그리고 감정의 모든 조합입니다.

상위 4개의 썰(Upper four seals)
상위 4개의 썰은 4번째, 5번째, 6번째, 7번째 썰을 말합니다.

생각(Thought)
생각은 의식과 다릅니다. 두뇌는 어떤 의식의 흐름을 처리하여 생각이라는 신경학적, 전자적, 화학적으로 새겨진 조각들(홀로그램 사진)로 바꿉니다. 생각은 마음을 짓는 벽돌입니다.

생명력(Life force)
생명력은 부/모, 영, 사람에게 내재된 생명의 숨결로서 사람들은 이것을 바탕으로 환상과 상상 그리고 꿈을 창조합니다.

생명의 서(Book of Life)
람타는 영혼을 생명의 서라고 말합니다. 영혼에는 개인의 하강과 진화의 모든 여정이 지혜의 형식으로 기록되어 있습니다.

신성한 사제(Hierophant)
성스러운 사제는 그들이 가르치는 것을 스스로 구현할 뿐 아니라 그의 학생들을 그러한 지식으로 입문하게 하는 마스터 스승입니다.

송신과 수신(Sending-and-receiving)
송신과 수신은 람타가 가르치는 훈련의 명칭입니다. 이 훈련에서 학생은 감각을 배제하고 중뇌의 능력만을 사용하여 정보에 접속하는 법을 배웁니다. 이 훈련은 학생들의 텔레파시와 예지력 등을 발달시킵니다.

시바(Shiva)
시바신은 블루 차원 및 블루 바디를 대표합니다. 이는 힌두교에서 유일신을 의미하는 시바와는 다릅니다. 오히려 이것은 4 차원 및 자외선 주파수 밴드에 속하는 의식의 상태를 표현하는 것이며, 4 번째 씰이 열리는 것을 의미합니다. 시바는 남성도 아니고 여성도 아닙니다. 4 차원 세상의 에너지는 +, - 양극으로 갈라지지 않았기 때문에 시바는 양성화의 존재입니다. 이것은 전통 힌두교에서의 부인이 있는 남성 신 시바와는 다른 아주 중요한 차이점입니다. 시바의 발밑에 있는 호랑이 가죽과 손에 들고 있는 삼지창 그리고 머리 위에 있는 태양과 달은 의식의 처음 3개의 씰을 초월하여 육체를 지배했다는 것을 상징하는 것입니다. 쿤달리니 에너지는 척추 아래에서부터 머리로 불같이 올라가는 에너지로 그려져 있습니다. 이것 역시 힌두교에서 시바를 5 번째 씰 혹은 목에서 나오는 뱀 에너지로 표현하는 것과는 다릅니다. 또 다른 상징적 이미지는 긴 실처럼 늘어뜨린 검은 머리카락과 수많은 진주로 된 목걸이들인데, 이것은 자신의 풍부한 경험이 지혜로 축적됐다는 것을 의미합니다. 화살 통, 활 그리고 화살은 시바가 그의 강력한 의지를 쏘아 불완전함을 무너뜨리고 새로운 것을 창조하는 것을 의미합니다.

신(God)
람타의 모든 가르침은 한마디로 "당신은 신이다."라는 말로 요약할 수 있습니다. 람타는 인류를 '자신의 천성, 신성한 존재로서의 본성과 정체성을 망각해버린 잊혀진 신'이라고 말합니다. 람타의 도전적인 이 메시지는 종교적 맹신, 신성 그리고 지혜로 가는 참된 진리에 대한 오해로 점철된 현대인들을 일깨우고자 하는 뜻이 정확하게 표현되어 있습니다.

신경망(Neuronet)
동일한 기능을 함께 수행하는 일련의 신경 그물 구조를 의미하며 '신경 그물망'의 줄임말 입니다.

신들(Gods)
신들(Gods)은 455,000년 전 다른 별 시스템에서 지구로 온 진보한 기술을 가진 존재들입니

용어정리

다. 이 신들은 우리와 그들의 DNA를 섞어 유전적으로 조작하여 인류를 변화시켰습니다. 그들은 인간의 신피질을 진화시켜 인간을 정복된 노동력으로 사용하였으며 이러한 사건에 대한 증거들은 수메르 서판과 공예품에 기록되어 있습니다. 또한 이 용어는 인간의 진정한 신분과 잊혀진 신들을 표현하기 위해 사용되기도 합니다.

신의 마음(Mind of God)
신(God)의 마음은 어느 차원, 어느 시대, 어느 행성, 어느 별, 어느 우주 지역이건 지금까지 살았거나, 미래에 살아갈 모든 생명체의 마음과 지혜로 이루어집니다.

신/남자(God/man)
완전히 깨달은 상태에 있는 한 명의 인간

신/여자(God/woman)
완전히 깨달은 상태에 있는 한 명의 인간

아날로지컬(Analogical, 일치된 상태)
지금 이 순간에 사는 것을 의미합니다. 그것은 시간, 과거 그리고 감정을 벗어난 창조의 순간입니다.

엉뚱함(Outrageous)
람타는 비범하고 별나며 예측할 수 없는 행동을 하는 아주 당당하고 열정적인 사람이나 사물을 긍정적으로 표현할 때 이 말을 사용합니다.

에너지(Energy)
에너지는 언제나 의식과 함께합니다. 모든 의식은 역동적인 에너지 영향력을 동반하고 있으며 사방으로 방사되거나 스스로 자연스럽게 표현됩니다. 이처럼 모든 형태의 에너지는 각각 자신을 정의하는 하나의 의식을 동반합니다.

예수아 벤 조셉(Yeshua ben Joseph)
람타는 예수를 그 당시 유태인 전통을 따라 예수아 벤 조셉이라 부릅니다.

옐로 브레인(Yellow brain)
람타는 분석적이고 감정적인 생각들이 모여 있는 곳인 신피질을 옐로 브레인이라고 말합니다. 이것을 옐로 브레인이라고 부르는 이유는 람타가 두뇌의 기능과 처리과정을 가르칠 때 사용한 2차원적인 만화와 같은 방식으로 그렸던 최초의 그림에서 신피질을 노란색으로 칠했기 때문입니다. 람타는 학습 효과와 이해를 돕기 위해 그림 속의 다른 뇌 부위들을 과장했으며 또한 다양한 색깔로 강조했다고 설명합니다. 이 특별한 그림은 두뇌에 대한 각종 강의에서 사용하는 표준 도안이 되었습니다.

울트라 의식(Ultraconsciousness)
7차원 및 무한 미지 주파수 밴드의 의식입니다. 이것은 초탈한 마스터의 의식입니다.

원숭이 마음(Monkey-mind)
인간의 개성이 가지고 있는 산만하고 불안정한 마음을 지칭합니다.

위대한 작업(Great Work)
고대 지혜 학교의 지식을 실질적으로 적용하는 작업을 말합니다. 이것은 인간이 깨달음에 도달하여 불사와 신성한 존재로 변하게 하는 모든 훈련들을 지칭합니다.

육체/마음 의식(Body/mind consciousness)
물질계와 인간의 육체에 속하는 의식입니다.

의식(Consciousness)
의식은 보이드가 스스로 숙고하여 태어난 산물로서 세상 모든 존재들의 본질이자 기본 구조입니다. 존재하는 모든 것은 의식에서 시작되었으며, 의식과 함께 흐르는 에너지를 통해 외적으로 구현된 것입니다. 의식의 흐름이란 연속적으로 흐르는 군집된 신(God)의 마음을 의미합니다. 의식과 에너지는 창조를 일으키는 역동적인 힘으로서 서로 떨어질 수 없는 불가분의 관계입니다. 이 세상에 존재하는 모든 것은 의식 안의 에너지 변조가 물질에 영향을 주어 시작되었고 구현되었습니다.

이웃걷기(Neighborhood Walk^{SM})
의식과 에너지를 끌어올려서 더 이상 원치 않는 신경망과 고정된 사고의 패턴을 우리가 선택한 새 신경망으로 의도적으로 연결하고 변경시켜 새롭게 대체하는, 제이지나이트가 고안한 훈련 기술의 서비스마크입니다. 이 테크닉은 람타 깨달음 학교(RSE)에서만 독점적으로 가르칩니다.

인격과 개성(Personality, the)
감정체(Emotional body) 참고

용어정리

인생 회고(Life review)
사람이 죽어 3 차원에 도달하면 방금 떠난 전생을 바라보면서 회고하는 일이 일어납니다. 이 때 그 사람은 관찰자, 배우, 그리고 자신이 행한 모든 행동을 받아들이는 수용자가 될 수 있는 기회를 갖습니다. 그 생에서 끝내지 못한 문제들이 인생 회고 혹은 빛의 회고시 나타나는데, 그러한 것들은 다음 생에서 해야 할 일이 됩니다.

자아(Self, the)
자아는 개성과는 다른 인간의 진정한 정체성을 의미합니다. 이것은 그 사람의 초월적인 면이며 2차 의식, 미지의 것을 깨닫는 하강과 진화의 여정을 걷고 있는 여행자를 지칭합니다.

잠재의식(Subconscious mind)
잠재의식은 소뇌 혹은 파충류 뇌에 자리 잡고 있습니다. 이 두뇌 부위에는 전두엽과 몸 전체에 독립적으로 연결할 수 있는 연결체계가 있으며, 모든 시대의 지혜인 신의 마음에 접속할 수 있는 힘을 가지고 있습니다.

제로 포인트(Point Zero)
보이드가 스스로 숙고를 통해 창조한 최초의 자각 포인트를 지칭합니다. 제로 포인트는 보이드의 최초의 자식이자 의식이 탄생한 곳입니다.

제이지 나이트(JZ Knight)
제이지 나이트는 람타가 자신의 채널로 선정한 유일한 사람입니다. 람타는 제이지를 자신의 사랑스러운 딸이라고 말합니다. 그녀의 이름은 라마야였는데, 람타의 생애 동안 그에게 주어진 아이들 중 가장 나이가 많았다고 합니다.

지복의 차원(Plane of Bliss)
혼들이 자신의 삶을 회고한 후, 다음 생에 대한 계획을 세우기 위해 가는 휴식처입니다. 이곳은 또한 어떠한 고통이나 아픔, 필요나 부족이 없고 모든 소원이 즉시 이루어지는 천국 혹은 낙원으로 알려졌습니다.

진화(Evolution)
진화는 가장 느린 주파수 레벨인 물질로부터 가장 높은 의식 레벨인 제로 포인트로 돌아가는 여정을 의미합니다.

처음 3개의 씰 (First three seals)
성욕, 아픔과 고통, 그리고 통제하는 권력에 관한 씰들입니다. 모든 복잡한 인간 드라마 속에서 통상적으로 작용하는 씰이 바로 이것들입니다.

초의식 (Superconsciousness)
5번째 차원 및 X-ray 주파수 밴드의 의식입니다.

최초의식 (Primary consciousness)
관찰자, 위대한 자아, 인간 안에 존재하는 신(God)입니다.

쿤달리니 (Kundalini)
쿤달리니 에너지는 인간의 생명력으로서 사춘기가 되면 상위의 여러 에너지 씰에서 척추 밑으로 내려옵니다. 이것은 인간 진화를 위해 저장된 큰 에너지 덩어리로 대개는 척추 밑바닥에 똬리를 튼 뱀의 모습으로 그려집니다. 이 에너지는 성욕, 아픔과 고통 그리고 권력, 희생과 관련된 처음 3개의 씰에서 나오는 에너지와는 다릅니다. 쿤달리지 에너지는 대개 잠자는 뱀 혹은 잠자는 용으로 표현되는데 이 에너지가 정수리로 올라가는 여정을 깨달음의 길이라고 합니다. 이 여정이 시작될 때 잠자던 뱀이 깨어나 두 갈래로 나뉘어 척추 주위를 돌며 춤추기 시작하면, 척수가 이온화되고 분자구조가 변하게 됩니다. 이러한 작용은 중뇌와 잠재의식으로 가는 문이 열리도록 합니다.

크라이스트 워크 (Christwalk)
람타가 고안한 것으로 완전히 의식이 깨어난 상태에서 아주 천천히 걷는 법을 배우는 훈련입니다. 이 훈련을 통해서 학생들은 한 발 한 발 걸으며 크라이스트의 마음(the mind of a Christ)을 구현하는 것을 배웁니다.

타후무 (Tahumo)
람타가 가르치는 훈련으로 학생들은 인간의 몸에 영향을 미치는 자연적 환경(추위와 더위)을 초월할 수 있는 능력을 배웁니다.

탱크 (Tank®, The)
람타 깨달음 학교의 훈련 중 하나로 미로를 사용하는 훈련의 이름입니다. 학생들은 안대로 눈을 가린 채 손으로 벽을 만지거나 눈 혹은 다른 감각을 사용하지 않고 오직 보이드에만 집중해 입구를 찾아 들어가는 것을 배웁니다. 이 훈련의 목표는 안대로 눈을 가린 상태에서 그 미로의 중앙이나 보이드를 대표하는 지정된 방을 찾는 것입니다.

용어정리

탱크 필드(Tank field)
탱크 훈련을 할 때 사용하는 미로가 있는 큰 운동장의 이름입니다.

토션 프로세스(Torsion Process^{SM})
람타가 고안한 것으로 의식과 에너지를 끌어올린 후 마음을 사용하여 의도적으로 하나의 토션장을 창조하는 훈련 기술입니다. 이 훈련을 통해서 학생은 시공에서 웜홀을 만드는 법, 현실을 바꾸는 법, 또한 사라지기, 공중 부양, 두 장소에 존재하기, 순간이동 등과 같은 다차원적인 현상을 창조하는 법을 배웁니다. 이것은 람타의 깨달음 학교(RSE)에서 독점적으로 가르칩니다.

트와일라잇(Twilight®)
람타가 가르치는 훈련을 표현하기 위해 사용하는 말로서 학생들은 자신의 의식적 자각을 유지한 채 육체를 깊은 수면과 유사한 정신적 상태 속으로 들어가는 법을 배웁니다.

트와일라잇 심상화 과정(Twilight® Visualization Process)
리스트 훈련 또는 기타 다른 심상화 형태로 된 훈련을 연습하기 위한 과정입니다.

필드워크(Fieldwork^{SM})
람타 깨달음 학교의 기초 훈련 중 하나입니다. 학생들은 자신이 알고 싶거나 경험하고 싶은 것을 종이 카드에 상징으로 그려 창조하는 법을 배웁니다. 그런 후 카드의 뒷면이 밖으로 향하도록 큰 운동장 울타리 사면에 부착합니다. 학생들은 안대를 하고 그들의 상징에 정신을 집중한 채 자유롭게 걸으면서 자신의 카드를 찾습니다. 의식과 에너지 그리고 아날로지컬 마인드의 법칙이 이 훈련에 적용됩니다.

하강(Involution)
제로 포인트 및 7 차원에서 시작하여 주파수가 가장 느리고 밀도가 가장 높은 물질계로 가는 여정을 말합니다.

하나된 마음 (Analogical mind)
이것은 하나된 마음의 상태를 의미합니다. 이것은 최초의식인 관찰자와 이차 의식인 인성이 일치되어 나타나는 결과로 이러한 마음 상태에서 인체의 4, 5, 6, 7 차원의 씰이 열리게 됩니다. 이때 인체를 감싸고 있는 두 개의 밴드는 마치 큰 바퀴 속에서 작은 바퀴가 도는 것처럼 각각 서로 반대 방향으로 회전하며 강력한 소용돌이를 일으켜 우리의 전두엽에 있는 생각들을 붕괴시켜 현실에서 구현되도록 합니다.

하루 창조하기(Create Your Day^{SM})

람타가 만든 훈련으로 하루를 시작하기 전인 이른 아침, 의식과 에너지를 끌어올려 그날 일어날 다양한 경험과 사건들을 강한 의도로 창조하는 기술입니다. 이 기술은 람타의 깨달음 학교에서만 독점적으로 가르칩니다.

하이퍼 의식(Hyperconsciousness)

6차원 및 감마선 주파수의 의식입니다.

혼(Soul)

람타는 혼을 생명의 서라고 말합니다. 혼에는 개인의 하강과 진화의 모든 여정이 지혜의 형태로 기록됩니다.

C&E® = R

의식과 에너지가 현실의 본질을 창조한다는 뜻입니다.

C&E®

의식과 에너지의 약자입니다. C&E는 람타 깨달음 학교에서 가르치는 기초훈련법으로 의식을 끌어 올리고 구현하는 훈련을 말합니다. 이 훈련을 통하여 학생들은 아날로지컬 마인드 상태로 들어가는 법, 상위의 4개의 씰을 여는 법, 그리고 보이드(Void)로부터 현실을 창조하는 법을 배웁니다. 람타 스쿨에 처음 입문하는 학생들을 위한 소개 워크숍이며 이 워크숍에서 학생들은 람타의 가르침에 대한 기본적 개념과 훈련을 배웁니다.

So be it

이것은 람타가 자주 사용하는 말로써 "나는 람타의 말을 들었고(So), 그것을 나의 입으로 말했으니(be), 그것을 경험하게 될 지어다(it)."를 의미합니다. 이 말은 또한 "나의 두뇌 안에서(So), 그것을 외부로 표현했으니(be), 그것을 경험할 지어다(it)."라는 의미로도 사용됩니다.

아이커넥의 책들

람타 화이트 북 —람타—

람타 화이트북은 모든 존재의 근원, 우리의 잊혀진 신성, 죽음 뒤의 삶, 진화, 사랑, 의식과 마음의 힘, 자연이 주는 가르침 등 인류의 오랜 질문들을 본격적으로 다룬다.

출간

파이어 사이드 시리즈
Defining the Master —람타—

"당신들 모두에게 마스터의 삶이 존재한다"

출간 예정

파이어 사이드 시리즈
Changing the Timeline of Our Destiny —람타—

"위대한 작업을 통해 현실을 바꾼다"

출간 예정

파이어 사이드 시리즈
FORGOTTEN GODS
Waking Up —람타—

"관찰자만이 길을 안다"

출간 예정

파이어 사이드 시리즈
Crossing the River —람타—

"삶의 비밀은 저 멀리 당신 밖에 있는 것이 아니다"

출간 예정

파이어 사이드 시리즈
A Master's Key For Manipulating Time —람타—

"시간여행, 과거와 미래를 바꾼다"

출간 예정

파이어 사이드 시리즈
Making Contact —람타—

"우리의 혼이 갈구하는 것은 무엇인가?"

출간 예정

파이어 사이드 시리즈
Buddha's Neuronet for Levitation —람타—

"우리 자신을 정복하고 감정을 입고 있는 우리 몸을 정복하면?"

출간

파이어 사이드 시리즈
Who Are We Really?
―람타―

"당신이 신이라는 걸 당신은 모르는가?"

출간 예정

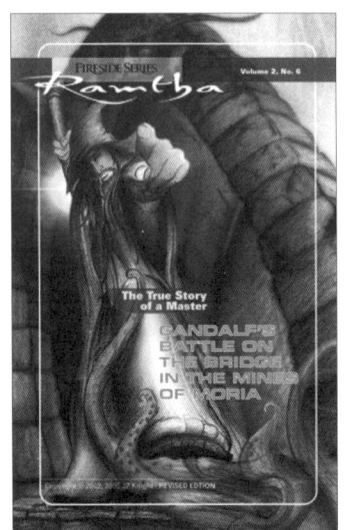

파이어 사이드 시리즈
The True Story of a Master
(Gandalf's Battle on The Bridge in The Mines of Moria) ―람타―

"인간 대 관찰자, 그에 얽힌 이야기를 알고 싶다면 반지의 제왕을 읽어라"

출간 예정

파이어 사이드 시리즈
When Fairy Tales Do Come True —람타—

"신데렐라의 넝마가 아름다운 드레스로 바뀌는 것을 설명할 수 있는 것은 수학뿐, 그것이 양자역학이다"

출간 예정

파이어 사이드 시리즈
Prophets of Our Own Destiny —람타—

"보이지 않는 것들로부터 당신을 차단시키는 것, 그것을 제거하라"

출간 예정

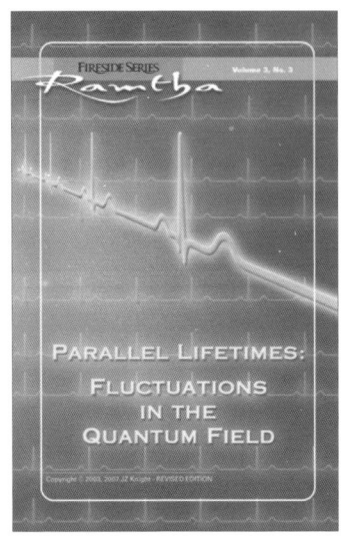

파이어 사이드 시리즈
Parallel Ligetimes : Fluctuations in The Quantum Field
(평행현실 : 양자장의 요동) 　―람타―

"누가 위대한 창조의 설계자인가?"

출간

파이어 사이드 시리즈
Jesus The Christ : The Life of a Master　―람타―

출간 예정

외계인 인터뷰
―로렌스 R. 스펜서―

1947년 저자 맥엘로이씨는 미 공군 여사단 의무부대 간호장교로 미 공군 509포격사단 파견 근무 수행 중에, UFO 추락 사건 현장을 직접 목격하게 되고, 현장에서 외계인이 보내는 텔레파시를 인지, 이를 받아들인 상부의 지시에 따라 2개월 간 외계인과의 인터뷰 임무를 수행하게 된다. 이 책은 그 인터뷰 사본의 내용이다.

출간

우리 모두를 위한 동화
아침식사는 구름으로
글 로라 에이슨
그림 켄트 시스나

"구름의 변화 무쌍함과 작가의 상상력으로 장식한 무한한 가능성의 여정에 독자를 초대합니다"

출간 예정